***ACCESO GRATIS** a la Lectura en la Nube*

Para visualizar el libro electrónico en la nube de lectura envíe junto a su nombre y apellidos una fotografía del código de barras situado en la contraportada del libro y otra del ticket de compra a la dirección:

ebooktirant@tirant.com

En un máximo de 72 horas laborales le enviaremos el código de acceso con sus instrucciones.

La visualización del libro en **NUBE DE LECTURA** excluye los usos bibliotecarios y públicos que puedan poner el archivo electrónico a disposición de una comunidad de lectores. Se permite tan solo un uso individual y privado

LA REGULACIÓN DE LA COMUNICACIÓN EN LA ERA DIGITAL

Contenidos, retos y objetivos de la nueva regulación española y europea del audiovisual

COMITÉ CIENTÍFICO DE LA EDITORIAL TIRANT LO BLANCH

María José Añón Roig
Catedrática de Filosofía del Derecho de la Universidad de Valencia

Ana Cañizares Laso
Catedrática de Derecho Civil de la Universidad de Málaga

Jorge A. Cerdio Herrán
Catedrático de Teoría y Filosofía de Derecho. Instituto Tecnológico Autónomo de México

José Ramón Cossío Díaz
Ministro en retiro de la Suprema Corte de Justicia de la Nación y miembro de El Colegio Nacional

María Luisa Cuerda Arnau
Catedrática de Derecho Penal de la Universidad Jaume I de Castellón

Manuel Díaz Martínez
Catedrático de Derecho Procesal de la UNED

Carmen Domínguez Hidalgo
Catedrática de Derecho Civil de la Pontificia Universidad Católica de Chile

Eduardo Ferrer Mac-Gregor Poisot
Juez de la Corte Interamericana de Derechos Humanos
Investigador del Instituto de Investigaciones Jurídicas de la UNAM

Owen Fiss
Catedrático emérito de Teoría del Derecho de la Universidad de Yale (EEUU)

José Antonio García-Cruces González
Catedrático de Derecho Mercantil de la UNED

José Luis González Cussac
Catedrático de Derecho Penal de la Universidad de Valencia

Luis López Guerra
Catedrático de Derecho Constitucional de la Universidad Carlos III de Madrid

Ángel M. López y López
Catedrático de Derecho Civil de la Universidad de Sevilla

Marta Lorente Sariñena
Catedrática de Historia del Derecho de la Universidad Autónoma de Madrid

Javier de Lucas Martín
Catedrático de Filosofía del Derecho y Filosofía Política de la Universidad de Valencia

Víctor Moreno Catena
Catedrático de Derecho Procesal de la Universidad Carlos III de Madrid

Francisco Muñoz Conde
Catedrático de Derecho Penal de la Universidad Pablo de Olavide de Sevilla

Angelika Nussberger
Catedrática de Derecho Constitucional e Internacional en la Universidad de Colonia (Alemania). Miembro de la Comisión de Venecia

Héctor Olasolo Alonso
Catedrático de Derecho Internacional de la Universidad del Rosario (Colombia) y Presidente del Instituto Ibero-Americano de La Haya (Holanda)

Luciano Parejo Alfonso
Catedrático de Derecho Administrativo de la Universidad Carlos III de Madrid

Consuelo Ramón Chornet
Catedrática de Derecho Internacional Público y Relaciones Internacionales de la Universidad de Valencia

Tomás Sala Franco
Catedrático de Derecho del Trabajo y de la Seguridad Social de la Universidad de Valencia

Ignacio Sancho Gargallo
Magistrado de la Sala Primera (Civil) del Tribunal Supremo de España

Elisa Speckmann Guerra
Directora del Instituto de Investigaciones Históricas de la UNAM

Ruth Zimmerling
Catedrática de Ciencia Política de la Universidad de Mainz (Alemania)

Fueron miembros de este Comité:
Emilio Beltrán Sánchez, Rosario Valpuesta Fernández y **Tomás S. Vives Antón**

Procedimiento de selección de originales, ver página web:
www.tirant.net/index.php/editorial/procedimiento-de-seleccion-de-originales

LA REGULACIÓN DE LA COMUNICACIÓN EN LA ERA DIGITAL

Contenidos, retos y objetivos de la nueva regulación española y europea del audiovisual

JOSÉ MARÍA VIDAL BELTRÁN

tirant lo blanch
Valencia, 2024

Copyright ® 2024

Todos los derechos reservados. Ni la totalidad ni parte de este libro puede reproducirse o transmitirse por ningún procedimiento electrónico o mecánico, incluyendo fotocopia, grabación magnética, o cualquier almacenamiento de información y sistema de recuperación sin permiso escrito de los autores y del editor.

En caso de erratas y actualizaciones, la Editorial Tirant lo Blanch publicará la pertinente corrección en la página web www.tirant.com.

La presente obra ha sido sometida a la revisión de pares ciegos según el protocolo de publicación de la editorial a efectos de ofrecer el rigor y calidad correspondiente tanto en su contenido como en su forma, aplicándose los criterios específicos aprobados por la Comisión Nacional E 016 (BOE num. 286, de 26 de noviembre de 2016).

© José María Vidal Beltrán

© TIRANT LO BLANCH
EDITA: TIRANT LO BLANCH
C/ Artes Gráficas, 14 - 46010 - Valencia
TELFS.: 96/361 00 48 - 50
FAX: 96/369 41 51
Email: tlb@tirant.com
www.tirant.com
Librería virtual: www.tirant.es
DEPÓSITO LEGAL: V-352-2024
ISBN: 978-84-1056-516-6
MAQUETA: Dissset Ediciones

Si tiene alguna queja o sugerencia, envíenos un mail a: *atencioncliente@tirant.com.* En caso de no ser atendida su sugerencia, por favor, lea en *www.tirant.net/index.php/empresa/politicas-de-empresa* nuestro procedimiento de quejas.

Responsabilidad Social Corporativa: http://www.tirant.net/Docs/RSCTirant.pdf

ÍNDICE

Introducción

En el ámbito de la generación de información y contenidos, así como en la difusión de estos en el proceso de comunicación de masas, la transición de las tecnologías analógicas a las digitales, especialmente en campo de la comunicación audiovisual, ya supuso un cambio radical que permitió aumentar de manera exponencial la oferta de contenidos y canales, al tiempo que cambió los modos de generación de contenidos e información.

Un cambio que, además, se aceleró con el aumento de capacidad de las redes de telecomunicaciones, con un mayor ancho de banda, tanto en enlaces alámbricos o inalámbricos, para transmitir y recibir datos a través de una conexión de red en un tiempo determinado. Que, unido a la aparición de nuevos formatos y a la capacidad de interacción de la red, ha transformado totalmente el mundo de la comunicación, pero también el modo de entender y disfrutar de los derechos y libertades relacionadas con el ejercicio de la comunicación.

Con esta profunda transformación tecnológica que ha sufrido la comunicación con el envite de la digitalización, el aumento de la capacidad de las redes y las posibilidades de la interconexión, o el cambio radical en los canales y formatos de la oferta, así como los nuevos modos de consumo de los usuarios, la regulación de la actividad comunicativa y de los medios de comunicación de masas deberá abordarse desde una nueva perspectiva.

Es cierto que se trata de un marco normativo reciente, si lo comparamos con otros ámbitos del derecho más clásicos y, además, un marco normativo en el que se han promulgado una gran cantidad de normas que se ven superadas al poco tiempo por los avances tecnológicos y las nuevas realidades comunicativas[1], pero

---

1 Basta, como ejemplo, citar que la aprobación de Ley 7/2010, General de Comunicación Audiovisual supuso la derogación, total o parcial, de otras 18 normas.

en estos momentos la transformación ha sido de tal calado que, no solo necesitamos actualizar, sino repensar nuestra regulación. A pesar de que, en algún momento se pensó que la aparición de internet era la herramienta definitiva que, sobre la base de la pluralidad de fuentes de generación y difusión de información, podía contribuir a lograr un mejor ejercicio de las libertades y derechos de expresión e información en el ámbito comunicativo. La realidad, sin embargo, nos ha demostrado que, en el ejercicio de estas libertades y derechos, la proliferación de medios y difusores, o el aumento de la pluralidad de fuentes y de tráfico informativo en la red, que podía suponer una mayor garantía en el disfrute de estos derechos y libertades, no ha sido así. Más bien, estas garantías se han visto mermadas por el aumento de la concentración y el monopolio en el dominio de las redes, los algoritmos o las plataformas. Y, a su vez, con los nuevos formatos y usos de la comunicación, la desinformación y las *fake news*, tienen una presencia mucho más alta de lo imaginable.

Por tanto, resulta preciso, no solo analizar el contenido del nuevo marco regulatorio que se está generando en la Unión Europea y en España para abordar la comunicación, sino realizar este análisis desde su origen, desde las bases y fundamentos constitucionales de los derechos y libertades que subyacen el proceso comunicativo para, posteriormente, conjugarlo con las nuevas realidades normativas españolas y europeas, desde un espíritu crítico y constructivo, en el que consigamos entender los cambios actuales y las perspectivas con las que deben regularse los nuevos formatos y usos de la comunicación.

1. Los precedentes en la regulación de los derechos y libertades que intervienen en la comunicación

Conforme hemos apuntado en los párrafos precedentes, resulta conveniente que, antes de abordar el estudio concreto de los contenidos, retos y objetivos de la actual regulación de la actividad comunicativa y los medios de comunicación, sentemos las bases de como se ha conformado y ha evolucionado hasta el momento presente, la regulación en este campo y, en especial, la regulación de las libertades y derechos que constituyen el sustrato de la actividad comunicativa y la regulación de los medios.

1.1. LOS PRECEDENTES Y EL RECONOCIMIENTO NORMATIVO DE LOS DERECHOS DE EXPRESARSE, ESCRIBIR E IMPRIMIR LIBREMENTE

Hasta la invención de la imprenta, la inexistencia de unos instrumentos que permitiesen la difusión a gran escala de unos determinados contenidos, escritos u orales, no hacía necesario, ni siquiera concebible, un marco normativo que regulase o restringiese las libertades y derechos relacionados con el proceso comunicativo. Quizás, entre los pocos antecedentes o, más bien, datos anecdóticos o curiosidades que podemos apuntar sobre las restricciones a la difusión de contenido o información estén las prohibiciones de César Augusto al *Acta Diurna*[2] en la Antigua Roma.

---

2 Las *Acta Diurna* eran una especie de gaceta de acontecimientos diarios sobre negocios públicos, o sobre eventos sociales y políticos, prototipo de los modernos periódicos, en la Antigua Roma. Al respecto, pue-

Sin embargo, la invención de la imprenta y la posibilidad de impresión y difusión masiva de textos escritos a partir del siglo XV, propicio el interés y el control por parte de las autoridades.

En concreto, en España, las primeras restricciones normativas las encontramos ya en la época de los Reyes Católicos. Así, la *Pragmática de Toledo, de 8 de julio de 1502*, ante las posibilidades que se abrían con la aparición de la imprenta, estableció la obligación de solicitar una licencia previa para la impresión y venta de libros. Con ello, estableció un mecanismo para revisar y controlar los libros que pudiesen imprimirse o distribuirse en sus dominios. A esta norma le siguieron otras muchas disposiciones con contenidos similares que detallaban o ampliaban estas restricciones, como: las *Ordenanzas de Carlos I, en 1554*, sobre «*las reglas que se han de observar en el consejo sobre licencias para imprimir libros nuevos*»; *la Pragmática de Felipe II, de 1558*, sobre «*la nueva orden que se ha de observar en la impresión de libros y diligencias que deben practicar los libreros y justicias*»; o, la *Orden de Felipe IV, dictada el 13 de junio de 1627*, que ordenaba la «*observación de las leyes precedentes*» y la absoluta prohibición de «*imprimir papeles algunos sin las licencias que se previenen*»..

Incluso, esta potestad de restringir o prohibir determinadas publicaciones, se atribuyó a algunas instituciones religiosas. Basta con referir en España las restricciones, quemas de libros o castigos que podía imponer la *Inquisición* que, desde su fundación en 1478, por el poder otorgado por los Reyes Católicos, hasta su abolición definitiva en 1834, le permitió mantener un férreo control sobre las publicaciones de libros o cualquier tipo de papel impreso para su difusión sobre cuestiones religiosas. Unas potestades refrendadas, además, en numerosas normas de los monarcas, como ejemplo, la *Orden, de Felipe II de 1558*, por la que se castigaba

---

de reseñarse que sobre una de ellas, las actas diarias del Senado (*acta diurna, commentaria Senatus*), el emperador César Augusto prohibió su publicación, aunque las acciones del Senado continuaron siendo registradas y sí podían difundirse con una autorización especial.

«introducir, vender, ni tener libro alguno de los prohibidos por el Santo Oficio de la Inquisición».

Por otra parte, en el ámbito propiamente civil, ante el *«aumento en el número y en la difusión de estos libros o papeles impresos»*, en 1682, Carlos II especializó esta especie de controles u órganos censores, instituyendo diversos *«Consejos»* que debían atender y actuar en razón del asunto en cuestión[3]. Precisamente, estos *Consejos* se convirtieron en el eje de las restricciones civiles a la difusión de los libros y otros papeles impresos. Al respecto, cabe destacar que el progresivo aumento en la impresión de *papeles periódicos*[4], motivó que, durante el reinado de Carlos III, se aprobasen otras normas restrictivas sobre dichos *«papeles»*, como: la *Real Orden, de 19 de mayo de 1785,* relativa al examen y licencias para imprimir *«Los papeles periódicos que no superasen los cuatro o seis pliegos impresos»*; o, la *Real Resolución, de 2 de octubre de 1788,* por la que se establecían las reglas que debían observarse en los *papeles periódicos,* cuya inspección, conforme ya se había previsto a la Real Orden de 1785, se atribuía a los Jueces de Imprenta. Incluso, determinadas normas, como, por ejemplo, la *Resolución de 24 de febrero de 1790,* firmada por Carlos IV, posibilitaron que, mediante un Auto del Consejo, de 12 de abril de 1790, se prohibiesen los *papeles periódicos,* a excepción del *Diario de Madrid,* en un claro intento de controlar la incipiente influencia de dichos *papeles periódicos* y posibilitar, también, el control sobre los contenidos de estas publicaciones.

---

3 Un ejemplo de estas normas es una Resolución de Felipe V, a consulta del Consejo, el 28 de septiembre de 1744, establece que el Consejo se abstenga de dar licencia para impresiones *«relativas a materias de Estado, tratados de paces y otras tales»*.

4 Una práctica que en España tuvo sus primeros ejemplos en el siglo XV, de forma dispersa, con la impresión, a partir de planchas de madera, de algunas relaciones de sucesos. Aunque la primera aparición de lo que en términos periodísticos se denominó "gacetas" y en términos jurídicos "papeles periódicos" se sitúa en 1661, año que se creó la Gaceta de Madrid.

El punto de inflexión en la conformación de los conceptos en torno a las libertades de expresión y difusión se va a articular, en una primera época, en la reivindicación para imprimir sin autorización previa.

Se acostumbra a citar el discurso del filósofo John Milton, en 1644, ante el Parlamento Inglés reclamando suprimir la autorización previa a la impresión de libros y papeles periódicos, como una primera defensa pública de la libertad de expresión[5]. Aunque, en esta misma línea podrían incluirse numerosas ideas y aportaciones de otros pensadores del Renacimiento que sitúan al ser humano, con sus libertades y derechos, en el centro de la conformación de un nuevo marco normativo y un nuevo modelo de Estado[6].

En el plano normativo, al margen de las propuestas de abolición de las restricciones o autorizaciones previas para la impresión[7] y entrando ya en el reconocimiento concreto de las libertades de expresión y difusión, siguiendo una línea cronológica, el primer referente que debe reseñarse es la *Declaración de Derechos del Estado de Virginia* en 1776. En dicha Declaración, por primera vez, en una norma se hace una mención explícita a que «*la libertad de prensa es uno de los grandes baluartes de la libertad, y que jamás*

---

5 Este discurso se recogió en una publicación: *Areopagítica*. Publicado y distribuido como un panfleto el 23 de noviembre de 1644, en el apogeo de la Guerra civil inglesa. Precisamente, el título "Areopagítica" es el nombre de una colina en Atenas y hace referencia a un discurso escrito por el orador ateniense Isócrates en el siglo V a.C.

6 No procede aquí referenciar todos los autores, basta con apuntar las aportaciones de: Thomas Hobbes, John Locke, Voltaire, Jean-Jacques Rousseau, Montesquieu, Denis Diderot… y la influencia que tuvieron en ideas que sustentaron las revoluciones en Inglaterra y Francia o las constituciones de los Estados Unidos en los siglos XVII y XVIII.

7 La referencia histórica más relevante es la propuesta presentada en el Parlamento de Inglaterra de 1688, de la supresión de la "licensing act", una norma que establecía la autorización previa para publicar periódicos.

puede ser restringida por un gobierno despótico» (Cláusula 12). Con posterioridad, aunque la *Constitución Federal de los Estados Unidos*, en 1787, no recogió esta libertad, cuatro años más tarde, con la aprobación de una modificación a dicha Carta Magna, con la llamada «Primera Enmienda» en la *Carta de Derechos* (*Bill of Rights* el término por el que se conocen las diez primeras enmiendas de la *Constitución de los Estados Unidos de América*) de 1791, se establece que el Congreso no promulgará ninguna ley por la cual se limite la libertad de palabra o la de prensa.

Aunque, el gran punto de inflexión o, más bien, la referencia fundamental en el reconocimiento de las libertades de expresión y difusión, debemos situarla en el art. 11 de la *Declaración de Derechos del Hombre y del Ciudadano*, aprobado por la Asamblea Constituyente de la Revolución Francesa en 1789, al reconocer que «*La libre comunicación de los pensamientos y opiniones es uno de los derechos más preciosos del hombre; en consecuencia, todo ciudadano puede hablar, escribir e imprimir libremente, con la con la salvedad de responder por el abuso de esta libertad en los casos determinados por la ley*».

Este punto de la *Declaración*, sin duda alguna, es el que marcó los contenidos o las pautas regulatorias de estas libertades en los textos constitucionales y las normas de buena parte de los países modernos durante el siglo XIX y principios del XX. Por ejemplo, en España, las Cortes de Cádiz, primero, con el Decreto IX, de 10 de noviembre de 1810, proclamando la «*libertad de escribir, imprimir y publicar las ideas políticas sin necesidad de licencia, revisión o aprobación alguna anteriores a la publicación, bajo las restricciones y responsabilidades que se expresarán en el presente Decreto*» (art. 1). Y, después, con la *Constitución de Cádiz*, de 19 de marzo de 1812, al establecer en su art. 371: «*Todos los españoles tienen libertad de escribir, imprimir y publicar sus ideas políticas sin necesidad de licencia, revisión o aprobación alguna anterior a la publicación, bajo las restricciones y responsabilidad que establezcan las leyes*».

Este mismo espíritu y contenidos, con diversos matices, se mantuvo en las otras constituciones españolas del periodo señalado, así como en las de otros muchos países europeos y americanos que incluyeron el reconocimiento formal de las libertades y derechos de expresión y difusión (*o de hablar, escribir, imprimir y publicar,* como se acostumbraba a detallar) en buena parte de sus textos constitucionales, a partir de los cuales debía articularse su desarrollo legislativo en el proceso comunicativo.

Sin embargo, la traslación de estas libertades y derechos al marco normativo y su plasmación en la actividad de los medios de esa época tuvo un carácter más formal que real y, además, estuvo determinada por los vaivenes del momento político. Lo vemos en el siguiente apartado con mayor detalle.

1.2. LAS PRIMERAS REGULACIONES DE LOS MEDIOS A TRAVÉS DE LOS QUE SE DIFUNDEN ESTOS DERECHOS Y LIBERTADES (PRENSA E IMPRENTA, RADIO Y TELEVISIÓN)

Conforme se ha apuntado, a pesar del reconocimiento de las libertades y derechos de expresión y difusión en los textos constitucionales, su aplicación práctica distó mucho de garantizar algo más que el reconocimiento formal de estas libertades y derechos, y la mayor parte de las leyes -generalmente denominadas de prensa e imprenta- que se fueron adoptando en el siglo XIX, apenas incluían mecanismos para garantizar su ejercicio.

Al respecto, también conviene precisar que eran unas normas novedosas para los legisladores y, a su vez, estaban ligadas a los intereses políticos directos, por todo lo que podía suponer de incidencia sobre la opinión pública. Todo ello, provocó cambios constantes en estas normas y el mantenimiento de numerosos controles sobre los contenidos y la difusión de los *papeles periódicos.* Baste apuntar, como ejemplos, que en la Francia post revolucionaria se publicaron más de dieciocho leyes de prensa entre 1815 y 1848 en las que imperaban las restricciones y controles sobre el ejercicio de estas libertades. Y tuvo que esperarse hasta la *Ley, de 29 de julio de 1881*, de libertad de prensa, adoptada durante la *III República*, para configurar un marco jurídico que garantizase de manera efectiva estas libertades, detallando las libertades y responsabilidades de la prensa francesa, y conformando un nuevo marco legal para la publicación y difusión de la prensa; aunque, lógicamente, sometida a ciertas formalidades administrativas y a los delitos de prensa. Dicha Ley, se considera como el texto legal fundacional de la libertad de prensa y la libertad de expresión en Francia, inspirado directamente en el artículo 11 de la Declaración de los Derechos del Hombre y del Ciudadano de 26 de agosto de 1789.

En España, también ocurrió algo parecido[8]. Los vaivenes políticos fueron determinando la regulación y el mayor o menor reconocimiento del ejercicio de las libertades de expresión, prensa e imprenta en las diversas constituciones y en leyes del siglo XIX y XX, hasta la nueva configuración de estas libertades a partir de lo establecido en la Constitución de 1978.

Así, en un breve repaso a estas normas sobre la libertad de prensa e imprenta, debemos referir el *Decreto IX* de las Cortes de Cádiz, de 10 de noviembre de 1810, *sobre la libertad de imprenta,* como primer texto que desarrolla estos derechos y libertades. Un Decreto que se aprobó como paso previo y necesario poder abordar con garantías un proceso constituyente, tuvo un escaso ámbito de aplicación y una corta vigencia temporal.

Tampoco los postulados de la *Constitución de Cádiz*, de 19 de marzo de 1812 que, como ya hemos recogido, reconocía en su art. 371 la libertad de todos los españoles para escribir, imprimir y publicar sus ideas políticas sin necesidad de licencia, revisión o aprobación algu-

---

8 Para un mayor detalle de los antecedentes normativos nacionales e internacionales pueden consultarse, entre otros: LINDE, VIDAL y MEDINA, *Derecho Audiovisual*, Colex, Madrid, 2013, págs. 91-145; VIDAL, J.M. *Libertades informativas y medios de comunicación*, Tirant lo Blanch, Valencia, 2019, págs. 25-51.

na anterior a la publicación, tuvieron una proyección temporal y aplicación práctica en la sociedad española. De hecho, la vigencia de este precepto de la Constitución de Cádiz decayó al poco tiempo de promulgarse, ante los nuevos aires absolutistas que restablecieron, con el *Manifiesto de Valencia*, de 4 de mayo de 1814, las disposiciones de la *Novísima Recopilación*. Incluso, en el ámbito de los «*papeles periódicos*», estas restricciones a las libertades de expresión e información se agudizaron al prohibirse, el 2 de mayo de 1815, la publicación de cualquier papel de prensa impresa, salvo «*La Gaceta Oficial*» y el «*Diario de Madrid*». Y, aunque, con el pronunciamiento de Riego, el 1 de enero de 1820, se recuperó la vigencia de la *Constitución de Cádiz* y la libertad de imprenta, derogando las medidas preventivas y represoras, mediante *los Decretos LV y LXIX, de 22 de octubre de 1820 y 12 de febrero de 1822*, por los que se aprobaron la *Ley y la Ley adicional sobre libertad de imprenta*, la entrada de los «*Cien mil Hijos de San Luis*» en 1823, de nuevo, permitió el triunfo del absolutismo y la anulación, por el *Decreto-Manifiesto* del Rey Fernando VII, de todos los actos y disposiciones aprobados en el «*trienio constitucional*». A su vez, una *Real Orden de 16 de octubre de 1824* ordenó la recogida de libros, folletos, caricaturas y sátiras impresas desde 1820, y, un año más tarde, mediante la *Real Cédula de 12 de julio de 1825* se aprobó un nuevo reglamento de imprenta, totalmente restrictivo.

En España, por tanto, a efectos prácticos, el verdadero desarrollo normativo de estas libertades, debemos fijarlo tras la muerte de Fernando VII y la subida al trono de Isabel II. Primero, con el *Real Decreto de 4 de marzo de 1834* y *la Real Orden de 1 de junio de 1834* que reconoció y proclamó estos derechos y libertades y, después, con *la Ley de Prensa, de 22 de marzo de 1837*. Este reconocimiento se consolidó con la proclamación de estas libertades en la *Constitución de 18 de junio de 1837* que, en su artículo 2, definió la libertad de imprenta como el derecho de los españoles a imprimir y publicar libremente sus ideas sin censura previa y remitiendo al jurado la calificación de los delitos de imprenta.

A los pocos años, la nueva *Constitución, aprobada en 1845*, de talante más conservador, mantuvo la libertad de prensa e imprenta, proclamando, también en su artículo 2: «*Todos los españoles pueden imprimir y publicar libremente sus ideas sin previa censura, con sujeción a las leyes*». Aunque, en este mandato constitucional, se suprimió la referencia a la «*calificación por jurado*» de la Constitución de 1837, posibilitando la creación de tribunales especiales para los delitos de prensa. Así, el *Real Decreto de 6 de julio de 1845*, sustituyó el sistema de Jurados de la legislación precedente por unos Tribunales Especiales controlados por los gobernantes y, además, se clasificaron y calificaron los tipos de "*papeles impresos*" para tener un mayor control sobre los mismos. A su vez, el *Decreto de 28 de marzo de 1846*, contempló la posible suspensión de periódicos por parte del Gobierno, aunque después debía comunicarlo a las Cortes.

También, durante la vigencia de la *Constitución de 1845* y tras una mayor flexibilización de los controles sobre la prensa durante el Bienio Progresista (1854-1856), se aprobó una nueva *Ley de Imprenta*[9], *de 13 de julio de 1857*, que introdujo numerosas novedades, como la definición de lo que era un periódico, la figura del editor responsable, o las facultades para suspender de oficio o a petición del fiscal los escritos subversivos. Una Ley que, a su vez, con la vuelta de los conservadores, se modificó en 1864, aprobando una nueva *Ley de Imprenta*[10]. Y, dos años más tarde, de nuevo, el 6 de mayo de 1866, se modificó con una nueva *Ley de Imprenta*[11] de talante menos restrictivo. Aunque, al poco tiempo,

---

9 Una Ley propuesta y refrendada por el ministro de la Gobernación de ese momento y sobre el que recaían las competencias sobre esta materia, Cándido Nocedal.

10 Una Ley propuesta y refrendada por el ministro de la Gobernación de ese momento y sobre el que recaían las competencias sobre esta materia, Antonio Cánovas del Castillo.

11 En este caso, durante el periodo de Presidencia de Gobierno de Leopoldo O'Donnell y refrendada por el ministro de la Gobernación Posada Herrera.

la *Ley de 7 de marzo de 1867*, por la que entró en vigor el Decreto preparado por González Bravo, supuso, de nuevo, una vuelta a mayores restricciones de estas libertades de prensa e imprenta.

Con la Revolución de septiembre de 1868 y el inicio del período denominado *Sexenio Democrático* (1868-1874), se procuró garantizar una mayor libertad de prensa y se aprobó el *Decreto-Ley de 23 de octubre de 1968*, durante el Gobierno de Sagasta, que supuso un gran cambio en la regulación de estas libertades, consagrando una efectiva libertad de imprenta, la supresión de la censura y cualquier otro requisito previo, la remisión al Código Penal los delitos cometidos por medio de imprenta, y la supresión del «*Juzgado especial de imprenta con todas sus dependencias*» (art. 4). A su vez, la *Constitución de 1 de julio de 1869* ratificó, en sus artículos 17 y 23 estos postulados.

Este paréntesis en un reconocimiento más efectivo de estas libertades duro muy poco, puesto que, con la proclamación de la *I República*, la agitación y los movimientos de rebelión existentes motivaron que el Gobierno de Castelar, el 20 de septiembre de 1873, promulgase un *Decreto* limitando la libertad de prensa por razones de guerra, encomendando a los gobernadores civiles que los periódicos «*no publiquen cuanto contribuya a la rebelión y sedición*». A este le siguió otro *Decreto de 22 de diciembre de 1873*, que lo anuló, pero autorizó a los gobernadores civiles a que sancionasen las publicaciones que incitasen a la rebelión, o el *Decreto de 18 de julio de 1874* que solo permitía publicar las noticias de la guerra carlista aparecidas en la Gaceta.

La *Restauración* de la monarquía borbónica el 29 de diciembre de 1874, con el pronunciamiento del general Arsenio Martínez Campos, asimismo, comportó una nueva regulación de estas libertades y la aprobación de varias normas sobre prensa e imprenta. Primero, con los *Decretos sobre prensa e imprenta, de 29 de enero de 1875 y 18 de mayo de 1875* y, después, con *la Ley sobre Libertad de Imprenta, de 31 de diciembre de 1875*, restableciendo estas libertades en el periodo previo a la redacción de la nueva Constitución de 1876. El nuevo texto constitucional, en su artículo

13, estableció el derecho de todo español «*emitir libremente sus ideas y opiniones, ya de palabra, ya por escrito valiéndose de la imprenta o de otro procedimiento semejante, sin sujeción a la censura previa*», en unos términos parecidos a la Constitución de 1869 que ya hemos mencionado.

Para cumplir los mandatos constitucionales y, a su vez, no quebrar una tradición de constantes cambios en la regulación de estas libertades, que ya parecía consolidada, el Gobierno de Cánovas aprobó una nueva *Ley de Imprenta,* que fue sancionada por el Rey Alfonso XII el *7 de enero de 1879.* Esta Ley, intentó conciliar cierto grado de libertad de prensa con la defensa del régimen monárquico restablecido, pero su extenso articulado y casuismo exagerado propició su reforma y la aprobación de una nueva Ley pocos años más tarde y, esa sí, perduró durante muchos años en la regulación española.

La *Ley de Imprenta, de 23 de julio de 1883,* redactada en unos términos similares a la *Ley, de 29 de julio de 1881* aprobada en Francia, que hemos comentado en párrafos precedentes, es la norma que, por su contenido y duración temporal, mejor recoge y mantiene los postulados de la *Declaración de Derechos del Hombre y del Ciudadano* de 1789.

En los veintiún artículos de esta Ley de 1883, partiendo del derecho reconocido en la Constitución de 1876, sobre las libertades de prensa e imprenta que, por cierto, las extendió a cualquier «*otro procedimiento mecánico de los empleados hasta el día, o que en adelante se emplearen*» (art. 1), se: distinguió entre libros, folletos, impresos, carteles y periódicos (art. 3); eliminó las restricciones y requisitos para la publicación de libros y otros papeles, así como para fundar periódicos (art. 5-8); reguló minuciosamente el derecho de rectificación (art. 14); o, remitió los delitos de imprenta al Código Penal y a los Tribunales ordinarios (art.19). En conjunto, esta Ley articuló una redacción coherente, más neutral y no tan restrictiva como sus antecesoras inmediatas. Además, esta Ley de 1883, a pesar de las reformas o derogaciones de parte de su articulado y la aprobación de otras disposiciones que podían incidir sobre el ejercicio de estas libertades, como comentaremos en los párrafos posteriores, va estar vigente durante más de ochenta años, hasta que fue derogada expresamente por la *Ley de Prensa e Imprenta de 1966.*

La proclamación de la *II República,* y la *Constitución, aprobada el 9 de diciembre de 1932,* también incluyó entre los derechos y deberes de los españoles (Título III, arts. 25 a 43) la libertad de expresión y de difusión. En concreto, en su art. 34, establecía: «*Toda persona tiene derecho a emitir libremente sus ideas y opiniones, valiéndose de cualquier medio de difusión, sin sujetarse a la censura previa. En ningún caso podrá recogerse la edición de libros y periódicos sino en virtud de mandamiento de juez competente. No podrá decretarse la suspensión de ningún periódico sino por sentencia firme*». Este mandamiento constitucional, con un contenido similar a las constituciones precedentes, permitió el mantenimiento del *status quo* en torno a estas libertades que regulaba la Ley de 1883. Aunque, con las restricciones de la *Ley para la Defensa de la República,* o la *Ley de Orden Público* de 28 de julio de 1933.

La sublevación militar de 1936 y el inicio de la Guerra civil supusieron una absoluta quiebra en el ejercicio formal de estas libertades. Además, los postulados fundamentales de la Dictadura respecto del ejercicio de estas libertades diferían mucho de los principios recogidos en los mandatos de las Constituciones del XIX y XX que hemos reseñado. Y, también, eran muy distintos los objetivos en torno al ejercicio práctico de las libertades de expresión y el control sobre los medios de difusión.

Baste como ejemplo, apuntar que, durante la guerra civil, desde el bando «*nacional*», se promulgó una nueva «*Ley de Prensa*» que reformó en buena parte, aunque sin derogarla, la *Ley de 1883.* Con esta nueva *Ley de Prensa, de 22 de abril de 1938,* se pretendió someter la prensa a los designios del nuevo Régimen[12], como se

---

12 Una buena muestra de ello es su Preámbulo, en el que ya se apunta: «*Uno de los viejos conceptos que el nuevo Estado había de someter más urgentemente a revisión era el de la Prensa... Cuando en los campos de batalla se*

recogía en su art. 1 que «*incumbe al Estado la organización, vigilancia y control de la institución nacional de la prensa periódica*», estableciendo la censura, así como medidas de intervención, vigilancia y control sobre la profesión periodística y la prensa en general. Además, los principios recogidos en esta *Ley de Prensa de 1938*, a pesar de ser una Ley promulgada en momentos de guerra, se mantuvieron vigentes, en mayor o menor grado, durante buena parte de la Dictadura. Incluso, podemos afirmar que se ratificaron con el art. 12 del Fuero de los Españoles, de 17 de julio de 1945, al establecer que «*todo español podrá expresar libremente sus ideas mientras no atenten a los principios fundamentales del Estado*».

Esta regulación tan restrictiva se matizó, sin embargo, con la nueva *Ley de Prensa e Imprenta de 1966,* también conocida como «*Ley Fraga*», ministro en aquel momento de Información y Turismo. En dicha Ley 14/1966, de 18 de marzo *de 1966,* que derogó las Leyes de 1883 y 1938, se marcaron unos nuevos postulados respecto a las libertades informativas y de prensa, aunque en modo alguno se acercó a los postulados que rigen en los sistemas democráticos. Así, mientras que en el Preámbulo planteaba los grandes principios que deberían guiar la prensa de la época, al señalar que la «*libertad de expresión, libertad de Empresa y libre designación del Director son postulados fundamentales*

---

luchaba contra unos principios que habían llevado a la Patria a un trance de agonía, no podía perdurar un sistema que siguiese tolerando la existencia de ese «cuarto poder», del que se quería hacer una premisa indiscutible... Correspondiendo a la Prensa funciones tan esenciales como las de transmitir al Estado las voces de la Nación y comunicar a ésta las órdenes y directrices del Estado y de su Gobierno; siendo la Prensa órgano decisivo en la formación de la cultura popular y, sobre todo, en la creación de la conciencia colectiva, no podía admitirse que el periodismo continuara viviendo al margen del Estado». A partir de estas premisas y dejando muy claro en su art. 1 que «*incumbe al Estado la organización, vigilancia y control de la institución nacional de la prensa periódica*», se estableció la censura, así como medidas de intervención, vigilancia y control sobre la profesión periodística y la prensa en general.

de esta ley», en el articulado que le sigue, limitaba y recortaba estos principios. Sin embargo, debe advertirse que esta «*Ley Fraga»*, va a convertirse en el eje de la articulación y organización de las libertades informativas y de prensa en el último período franquista, así como, en la parte no derogada, en la transición democrática y sigue vigente en la actualidad, en todo aquello que no ha sido derogado, expresa o tácitamente, por oponerse a los nuevos principios constitucionales sobre libertades informativas y de difusión, sigue vigente.

En este ámbito concreto, al margen de otras referencias legales sobre la radio o la televisión que serán objeto de análisis en las siguientes páginas, deben citarse las normas que fueron dictándose para desarrollar o completar algunos aspectos de la *Ley de 1966.* Entre ellas, deben destacarse: el *Decreto 774/1967 de 13 de abril,* o los *Reales Decretos 1926/1976, de 16 de julio y 3148/1976, de 3 de diciembre, sobre el Estatuto de la Profesión periodística*; la *Ley 9/1968, de 5 de abril, sobre secretos oficiales*, y el *Decreto 242/1969, de 20 de febrero,* por el que se desarrollan las disposiciones de dicha Ley; *la Ley de 8 de abril de 1967,* por la que se reforman algunos artículos del Código Penal; o, la *Orden de 5 de mayo de 1976* sobre la inscripción en el Registro de Empresas Periodísticas de los títulos publicaciones periódicas.

Por su parte, las normas sobre la radiodifusión y la televisión suponían un nuevo reto en la regulación de las libertades y derechos de información y difusión que, hasta la aparición de estos nuevos medios de comunicación de masas, se habían concebido y articulado, únicamente, sobre los postulados de la imprenta y de la prensa escrita.

Sin embargo, dejando al margen los postulados de la *Constitución de la II República* que establecían un marco general de reconocimiento de estas libertades y derechos, con la referencia a *«cualquier medio de difusión»*, la regulación de estos medios audiovisuales en España, salvo contadas excepciones, se centraron en la organización y régimen jurídico de estos medios, y en el control o los controles sobre los mismos en la prestación del servicio público. Incluso, tras la aprobación de la Constitución de 1978, como comentaremos en los apartados correspondientes, las nuevas leyes que regularon estos medios apenas dedicaron uno o dos artículos a un reconocimiento general de estas libertades y derechos en los medios audiovisuales, debiendo esperar a la transposición de las Directivas sobre televisión sin fronteras, para abordar una regulación más detallada sobre el ejercicio y la traslación de estas libertades y derechos en los contenidos y la información de los medios audiovisuales.

Así, ciñéndonos al ámbito normativo que han regulado estos medios en España, en primer lugar debemos remontarnos a la *Ley de 26 de octubre de 1907* que autorizaba al gobierno a la puesta en marcha del servicio radiotelegráfico, y que, en su artículo 1, estableció un monopolio del Estado sobre *«todos los sistemas y aparatos aplicables a la llamada 'telegrafía hertziana', 'telegrafía eléctrica', 'radiotelegrafía' y demás procedimientos similares ya inventados o que puedan inventarse en el porvenir»*, Es decir, atribuyó a los Ministerios de Gobernación, Guerra y Marina el ejercicio de un monopolio sobre la difusión de estas nuevas tecnologías. Un monopolio que podían ejercer por sí mismos, o a través de empresas privadas por autorización administrativa o sistema concesional.

Sobre estas bases, se aprobó la primera regulación específica española sobre la radio, con el *Real Decreto de 27 de febrero de 1923* que intentó ordenar el panorama de las emisiones de radiodifusión, puesto que los avances técnicos y las iniciativas particulares de la radiodifusión, unidas a desregulación y la improvisación, habían permitido la instauración de numerosos emisores muy alejados de los postulados experimentales permitidos. Así, a partir de la publicación de este Real Decreto, se abrió un período de interinidad, que junto con la *Real Orden de 26 de mayo de 1923* que aprobó un «*Reglamento para establecimiento y régimen de estaciones radioeléctricas particulares*» de carácter provisional, y el Reglamento definitivo, aprobado con la *Real Orden de 14 de junio de 1924*, se concedieron las primeras licencias de prestación del servicio de radiodifusión en España. La primera de estas licencias de emisión EAJ-1, se concedió a José M. Guillén-García, en nombre de «*Radio Barcelona*». A los pocos días se otorgaron la EAJ-2 a «*Radio España*» de Madrid, la EAJ-3 a «*Radio Cádiz*» (que a los pocos años se malogró por dificultades económicas, pasando después esta licencia a *Radio Grao* y *Radio Valencia*), la EAJ-4 a «*Radio Castilla*» de Madrid, la EAJ-5 a «*Radio Club de Sevilla*», para Radio Sevilla...; aunque también se otorgaron a emisoras de otras muchas ciudades españolas como Cartagena, Zaragoza, San Sebastián, o Bilbao.

Durante la *II República*, frente a la escasa regulación que podemos referir sobre la prensa escrita, se configuran las bases normativas de la radiodifusión que, en muchos aspectos, perdurarán hasta la *Constitución de 1978*. En primer lugar, con el *Decreto de 25 de abril de 1931* se derogó buena parte del contenido de los Reales Decretos anteriores[13], para reconstruir la estructura sobre la que se había asentado la radio en sus primeros años.

Un año más tarde, con el *Decreto de 8 de diciembre de 1932*, sobre el régimen de las emisoras de pequeña potencia y de carácter local se posibilitó la aparición de emisoras locales -no podía concederse más de una por cada localidad- y de pequeña potencia -inferior a 200 vatios, conforme a los acuerdos internacionales-, gestionados por iniciativa privada.

Pero, sobre todo, interesa destacar la *Ley de Radiodifusión de 26 de junio de 1934*. Esta norma que fue la primera con rango de Ley en materia de radiodifusión -no volverá a tener este rango normativo hasta cuarenta y seis años más tarde-, estableció el régimen jurídico de la radiodifusión y estructuró el servicio radiofónico. En ella, en su primer artículo se define la radiodifusión como una

---

13 Sin embargo, mantenía la vigencia de las concesiones que se habían otorgado al amparo del Reglamento de 14 de junio de 1924, por un plazo que oscilaba entre dos y diez años, que siguieron, a pesar de las vicisitudes y cambios políticos, operando conforme a lo establecido inicialmente en su adjudicación.

función esencial y privativa del Estado, para después, en su corto articulado, sentar las bases del futuro servicio radiofónico del Estado, respetando las concesiones otorgadas al amparo del Reglamento de 1924 y las emisoras locales autorizadas conforme al Decreto de 1932 (art. 4). La estructura de esta norma, descansaba sobre tres pilares: a) el Estado, propietario de la red de emisoras, es quien debe cuidar el funcionamiento de las mismas y asumir las funciones técnicas, administrativas e inspectoras; b) la empresa privada que resulte adjudicataria del servicio deberá organizar los programas, cuidar las emisiones y montar los Estudios con su correspondiente equipamiento técnico; y, c) las Juntas de Radiodifusión son las que deberán marcar las altas directrices ideológicas del servicio, para que este sea de utilidad e interés para el público.

Asimismo, contemplaba y reconocía la libertad de recepción de emisiones; la prestación de un servicio de radiodifusión nacional a través de los servicios radiofónicos realizados o explotados por el Estado y los adjudicados mediante concurso a empresas o entidades españolas; la obligación de las entidades radiodifusoras, tanto estatales como privadas, de ofrecer un servicio de información; el establecimiento de un conjunto de normas sobre la publicidad radiada, tanto respecto de las tarifas y reparto de sus ingresos, como en la fijación de un límite máximo de cinco minutos por hora de emisión para radiar anuncios; la fijación de unas pautas y requisitos para la propaganda política y confesional, etc.

Esta *Ley de Radiodifusión 1934*, junto con el *Reglamento de 22 de noviembre de 1935* que la desarrolló, configuraron los nuevos esquemas de la radiodifusión española que se mantendrán durante bastantes años, que serán también válidos para la aparición y regulación de la televisión, puesto que define los servicios de radiodifusión como servicios «*de sonidos e imágenes, ya en uso o que puedan inventarse en el porvenir*», de utilidad pública.

Por otra parte, también debe apuntarse que la Constitución de la *II República* supuso la ruptura con la tradicional estructura centralista en la organización del Estado, dando pie a la asunción de cierto autogobierno (art. 11 y ss.) por parte de las Regiones que formaban en su conjunto el «*Estado integral*» (art. 1°) y, en concreto, en materia de radiodifusión, el artículo 15, apartado 13, atribuyó al Estado las facultades legislativas, mientras que contemplaba que las regiones autónomas podían asumir facultades de ejecución en dicho ámbito.

Conforme a estas previsiones constitucionales, la única región que pudo asumir ciertas transferencias en este campo fue Cataluña, ya que el *Estatuto Vasco* apenas se aprobó unos meses antes de iniciarse el conflicto bélico y el *Estatuto de Galicia*, habiendo sido refrendado pocos días antes de la sublevación, ni tan siquiera fue aprobado por las Cortes.

El *Estatuto de Cataluña* recogió en su artículo 5, apartado 11, como competencias de la Generalitat: «*la ejecución de la legislación del Estado en materia de radiodifusión, salvo el derecho del Estado a coordinar los medios de comunicación de todo el país*». Estas competencias se desarrollaron y concretaron con el *Decreto de 7 de septiembre de 1934*, que reflejó lo acordado por la Comisión Mixta de Transferencias, por el que la Generalitat de Cataluña asumía la ejecución de la legislación del Estado en materia de radiodifusión, así como las funciones del Ministerio de Comunicaciones dentro del territorio de las cuatro provincias catalanas. Con este *Decreto*, en todo el territorio catalán, pasaron al ámbito competencial de la *Generalitat*: la política sobre concesiones para el establecimiento de emisoras, intervención y control de programas; el otorgamiento de las licencias de recepción; y, la recaudación de estas tasas, de las que se quedaba una prima por la gestión de dicha recaudación.

El triunfo de los sublevados y la instauración de la Dictadura franquista, a pesar de todas las normas que se adoptaron para controlar la radio y la televisión, no conllevo una derogación del régimen jurídico establecido por la *Ley de radiodifusión de 1934*, puesto que la afirmación taxativa de que «*el servicio de radiodifusión nacional es una función esencial y privativa del Estado*» (art. 1), le resultaba cómoda y adecuada al nuevo régimen, por lo que no abordó una ordenación global de los esquemas jurídicos de la radiodifusión hasta pasados algunos años desde su instauración, aunque sí aprobó diversas normas que incidieron parcialmente en este ámbito.

Una de estas normas, que merece destacarse por su longevidad (se mantiene hasta su derogación por el *Real Decreto 2664/1977*, aunque con modificaciones de ciertos aspectos formales por el Decreto 105/1960) y por su incidencia, fue la *Orden de 6 de octubre de 1939*, que estableció un monopolio informativo de carácter nacional e internacional en favor de Radio Nacional de España, a la que debían conectarse el resto de emisoras para la transmisión de sus diarios hablados, así como una censura previa sobre la emisión de noticias de carácter local, provincial o regional, a todas las estaciones no dependientes directamente de RNE.

También, en el aspecto organizativo, durante la Dictadura se aprobaron un conjunto de normas, que no procede reseñar, basta con destacar el *Decreto 4133/1964, de 23 de diciembre*, que completó la transformación del marco jurídico de la radiodifusión iniciado en 1952, aprobando el Plan Transitorio de Ondas Medias. Este Plan Transitorio, de 1964, clasificó las estaciones emisoras en cuatro grandes grupos: las emisoras propiedad del Estado (RNE, Radio Peninsular...), las del Movimiento (REM, CAR, CES...), las de la Comisión Episcopal (COPE) y las emisoras locales privadas. Sobre esta misma distribución y sobre la base normativa apuntada hasta el momento, se estructuró y organizó la radiodifusión durante la última época del franquismo y la transición.

En el *ámbito normativo de la televisión*, debe apuntarse no se aprobó ningún marco jurídico propio y específico sobre su actuación o contenidos, tan solo podrían referirse numerosos Decretos y Órdenes de carácter orgánico, por lo que su regulación como medio de difusión la deberíamos encuadrar en la *Ley de Radiodifusión de 1934* y, en concreto, del art. 1 del *Reglamento del Servicio Nacional de Radiodifusión, aprobado por el Decreto de 22 de noviembre de 1935*, al fijar que correspondía a los servicios de radiocomunicación del Estado «*el establecimiento y explotación de los servicios de radiodifusión de sonidos e imágenes, ya en uso o que puedan inventarse en el porvenir*», considerándolos una función esencial y privativa del Estado dicho cometido.

Con la muerte de Franco y el inicio de la transición, se aprobaron un conjunto de normas que permitieron recuperar estas libertades. En concreto, en el ámbito de las libertades de expresión, prensa e imprenta: el del *Real Decreto-Ley 10/1976, de 30 de julio* y el *Real Decreto 2116/1976, de 18 de octubre*, que lo desarrolló y reguló su aplicación en materia de Prensa e Imprenta; el *Real Decreto-Ley 24/1977*, de 1 de abril, sobre libertad de expresión. Mientras que, en el ámbito de la radio y la televisión, pueden destacarse: el *Decreto 2370/76, de 1 de octubre*, por el que se creó el Consejo General de Radiotelevisión Española para asesorar, orientar y dictaminar los programas de radio y televisión; o, el *Real Decreto de 28 de octubre de 1977*, por el que RTVE, frente a la dependencia y «*servicio público centralizado*» que eran las notas dominantes en la etapa franquista, pasó a ser un «*organismo autónomo de carácter comercial*», y depender del Ministerio de Cultura. Además, por *Decreto de 2 de noviembre de 1977*, se creó un Consejo Rector Provisional para regir los destinos de RTVE, encomendándole, entre sus funciones, preparar un proyecto de estatuto jurídico para RTVE. Aunque este texto normativo no se sancionó hasta 1980, casi dos años después de aprobarse la Constitución de 1978. A su vez, con el *Real Decreto 596/1977, de 1 de abril*, se creó el Organismo Autónomo Medios de Comunicación Social del Estado, que asumió el control e integrando las cadenas de prensa y radio del movimiento.

Con estas normas se quebró, asimismo, una parte del sustrato antidemocrático que imperaba en la Ley de prensa del 1966 y en las regulaciones sobre los medios de comunicación públicos, reconociendo la necesidad de las libertades de expresión e información para afrontar, con ciertas garantías, el periodo constitucional. Este proceso culminó con la Constitución de 1978, aunque, como ya se ha apuntado, todavía en la actualidad se mantiene vigente la Ley de 1966, en lo que no se ha derogado por las normas citadas y en el marco de lo establecido explícitamente sobre estas libertades de expresión e información por el artículo 20 del texto constitucional y en los desarrollos legislativos que se han articulado con posterioridad.

2. *El marco constitucional de los derechos y libertades que intervienen en la comunicación*

2.1. LOS DERECHOS Y LIBERTADES QUE INTERVIENEN EN LA COMUNICACIÓN EN EL DESARROLLO DEL MARCO CONSTITUCIONAL ESPAÑOL

Los postulados de la Constitución de 1978 sobre los derechos y libertades que estamos analizando supusieron un cambio radical respecto de lo establecido en los textos constitucionales precedentes en España.

En las constituciones anteriores, tanto las del *siglo XIX* como la de la *II República,* el reconocimiento de estos derechos y libertades tenía, fundamentalmente, un carácter formal. Era una mera proclamación de las libertades de *escribir, imprimir y publicar,* que debían desarrollarse con una legislación posterior.

Así, en un breve repaso, por orden cronológico, a lo establecido en estos textos, debe apuntarse que la primera referencia a la «*libertad de imprenta*» se recogió en el artículo 145 del *Estatuto,* otorgada por el Rey José I, hermano de Napoleón, los días 7 y 8 de mayo de 1808, en la ciudad de Bayona, aunque su aplicación se difirió hasta «*dos años después de haberse ejecutado enteramente esta Constitución*», además de remitir su desarrollo a una ley que deberían aprobar las Cortes.

La *Constitución de Cádiz,* de 19 de marzo de 1812, estableció en su art. 371: «*Todos los españoles tienen libertad de escribir, imprimir y publicar sus ideas políticas sin necesidad de licencia, revisión o aprobación alguna anterior a la publicación, bajo las restricciones y responsabilidad que establezcan las leyes*». Pero, su vigencia y proyección apenas tuvo eco, salvo por los *Decretos LV y LXIX, de 22 de octubre de 1820 y 12 de febrero de 1822*, por los que se aprobaron la Ley y, posteriormente la Ley adicional, sobre libertad de imprenta, durante el trienio liberal.

Con la reinstauración de la España constitucional, la *Constitución de 18 de junio de 1837*, en su art. 2, proclamó la libertad de imprenta como el derecho de los españoles a imprimir y publicar libremente sus ideas, sin censura previa y remitiendo al jurado la calificación de los delitos de imprenta. También la *Constitución de 1845*, de talante más conservador, proclamó la libertad de prensa e imprenta en su art. 2, con el siguiente tenor: «*Todos los españoles pueden imprimir y publicar libremente sus ideas sin previa censura, con sujeción a las leyes*».

A su vez, la *Constitución de 1 de julio de 1869* ratificó en su art. 17 estos postulados, aunque ya no solo los proclama como una libertad, sino como un derecho, al declarar: «*Tampoco podrá ser privado ningún español del derecho de emitir libremente sus ideas y opiniones, ya de palabra, ya por escrito, valiéndose de la imprenta o de otro procedimiento semejante*». Al tiempo que -en la misma línea de la *Constitución de 1837*- en el art. 23, remitía los delitos que pudiesen cometerse en el ejercicio de estas libertades a «las leyes comunes». Unos años más tarde, la *Constitución de 27 de junio de 1876*, en unos términos similares a sui texto precedente, en el artículo 23, proclamó el derecho de todo español a «*emitir libremente sus ideas y opiniones, ya de palabra, ya por escrito valiéndose de la imprenta o de otro procedimiento semejante, sin sujeción a la censura previa*».

Con la llegada de la II República, la *Constitución, el 9 de diciembre de 1932*, también incluyó entre los derechos y deberes de los españoles (Titulo III, arts. 25 a 43) el derecho a la libertad de expresión y de difusión en su art. 34: «*Toda persona tiene derecho a emitir libremente sus ideas y opiniones, valiéndose de cualquier medio de difusión, sin sujetarse a la censura previa. En ningún caso podrá recogerse la edición de libros y periódicos sino en virtud de mandamiento de juez competente. No podrá decretarse la suspensión de ningún periódico sino por sentencia firme*». Una nueva proclamación de estas libertades, que incluyó un mayor detalle regulatorio sobre la censura previa, la remisión al juez competente y la necesidad de sentencia firme para el cierre de un periódico.

Con esta breve referencia hemos podido observar cómo, en los textos constitucionales españoles, se pasó de la mera proclamación de una libertad, en la línea de lo establecido en la *Declaración de Derechos del Estado de Virginia de 1776*, a catalogarlo como un derecho, en unos términos más similares a la *Declaración de Derechos del Hombre y del Ciudadano, aprobado por la Asamblea Constituyente de la Revolución Francesa en 1789*. Aunque, estos derechos a ejercer las libertades de *escribir, imprimir y publicar* reconocidos por nuestros textos constitucionales no iban más allá de una proclamación formal que necesitaba una norma que los desarrollase y concretase. Además, las leyes que los desarrollaron, como hemos podido constatar en capítulos precedentes, se iban aprobando y derogando según la tendencia del Gobierno de turno, hasta la Ley de prensa de 1883. Y, evidentemente, no necesita comentarse el marco normativo y las restricciones a estos derechos y libertades durante la dictadura franquista.

Estos postulados constitucionales, sin embargo, se modifican profundamente con la redacción del *artículo 20* de la vigente Constitución española de 1978. Al respecto, pueden apuntarse muchos los factores que influyeron la elaboración del contenido de dicho artículo y, también, podríamos acudir a una exégesis completa del punto de partida y el recorrido que tuvo desde el primer redactado de la ponencia constitucional hasta su aprobación definitiva, pero aquí, lo que nos interesa destacar es que, con este nuevo redactado, además de querer garantizar unos derechos y unas libertades que habían sido secuestradas durante la Dictadura, se pretendió adoptar los nuevos conceptos regulatorios en torno a estos derechos y libertades que se estaban incorporando en el derecho constitucional comparado, así como ajustarse a las normativas internacionales.

Así, en primer lugar, se procuró que la Constitución garantizase estos derechos y libertades de tal manera que en el desarrollo legislativo de estos no pudiesen ser desvirtuados, ni secuestrados, como había ocurrido durante la Dictadura. Al respecto, bastaba constatar el panorama mediático en el momento de redactarse el texto constitucional, con la única televisión existente TVE que dependía totalmente del poder ejecutivo, con la mayor parte de las emisoras de radiodifusión que pertenecían o dependían del Estado, o de la Conferencia Episcopal Española (COPE) y con una prensa escrita en la que, salvo algunos periódicos y revistas en manos privadas que tenían una difusión importante, buena parte de la prensa en papel todavía dependida, directa o indirectamente, del Estado.

Por otra parte, en el ámbito del derecho comparado, se tuvo como antecedente muy cercano la *Constitución portuguesa de 1976* que, tras un periodo de Dictadura, reguló y garantizó de manera muy clara y detallada estos derechos y libertades en los artículos 37 al 40. En el artículo 37, sobre las *Libertades de expresión e información,* ya no solo se reconocieron estos derechos en los términos de las constituciones clásicas, sino que se recogió el «*derecho de informarse, sin impedimentos ni discriminaciones*». Incluso, se «*garantiza a toda persona, singular o colectiva, en condiciones de igualdad y eficacia, el derecho de réplica*». En el artículo 38, sobre *libertad de imprenta,* va más allá del simple reconocimiento de esta libertad, garantizando, en su apartado 5, que «*Ningún régimen administrativo o fiscal ni la política de crédito o de comercio exterior podrá afectar directa o indirectamente a la libertad de imprenta, debiendo la ley garantizar los medios necesarios para la salvaguardia de la independencia de la prensa ante los poderes político y económico*». Además, en el artículo 39 se marcan las pautas a las que tienen que ajustarse los «*medios de comunicación social pertenecientes al Estado o a entidades directa o indirectamente sujetas a su control económico*» para garantizar su independencia del el Gobierno y la Administración pública y en el artículo 40 se reconoce el *derecho de antena* de los partidos políticos y las organizaciones sindicales y profesionales.

Y, por último, otro de los aspectos que hemos mencionado, lo situamos en el ámbito de las normativas internacionales. Al respecto, debe referirse la *Declaración Universal de los Derechos Humanos,* aprobada por la Asamblea General de la ONU el 10 de diciembre de 1948, que proclama en su punto 19 «*Todo individuo tiene derecho a la libertad de opinión y de expresión; este derecho incluye el de no ser molestado a causa de sus opiniones, el de investigar y recibir información y opiniones, y el de difundirlas, sin limitación de fronteras, por cualquier medio de expresión*», o el *Pacto Internacional de los Derechos Civiles y Políticos,* acordado el 19 de diciembre de 1966, que establece en su artículo 19, apartado 2º: «*Toda persona tiene derecho a la libertad de expresión; este derecho comprende la libertad de buscar, recibir y difundir informaciones e ideas de toda índole, sin consideración de fronteras, ya sea oralmente, por escrito o en forma impresa o artística, o por cualquier procedimiento de su elección*», que suoeran la mera referencia al derecho a la libertad de expresarse y difundir, con los conceptos de *buscar y recibir informaciones,* como unos derechos propios de la ciudadanía, ya no solo de los medios con capacidad de difundir y, por lo tanto, decidir los contenidos de la actividad comunicativa de masas.

Sobre estas bases, el artículo 20 de la Constitución de 1978, en la línea de las regulaciones constitucionales coetáneas, aunque en unos términos no tan amplios como la constitución portuguesa, y participando, también, en el necesario engranaje de estos derechos y libertades con el conjunto de derechos reconocidos en el Título I[14], profundiza y amplia los ámbitos y

---

14 Sobre ello, puede citarse la sentencia del Tribunal Constitucional 9/1981, de 31 de marzo de 1981 -aunque también podríamos referir otras posteriores que han seguido el mismo pronunciamiento- que postula las libertades y derechos de expresión e información en la actividad comunicativa como unos derechos fundamentales básicos e inherentes a cualquier sociedad democrática, reconocidos tanto en normas internacionales y europeas, como en el núcleo esencial de los derechos fundamentales que establece la Constitución Española. Así, cuando en la sentencia citada se afirma, en su Fundamento jurídico 3: «*La Cons-*

contenidos de estos derechos y libertades informativas o comunicativas, que ya no solo deben proyectarse en el desarrollo de una ley de prensa e imprenta, en la línea de las Constituciones del XIX, sino que deben proyectarse sobre las distintas normas que regulan los derechos políticos o sociales –derecho de rectificación, violencia de género, menores, etc.- y, de manera muy particular, propiciar un marco normativo específico en todas las leyes que puedan afectar a estos derechos y libertades. Por lo tanto, ahora nos toca analizar los contenidos del texto constitucional de 1978 y, en especial, del artículo 20, para después profundizar en su desarrollo normativo.

---

titución es una norma –como se ha señalado– pero una norma cualitativamente distinta a las demás, por cuanto incorpora el sistema de valores esenciales que ha de constituir el orden de convivencia política y de informar todo el Ordenamiento jurídico», se refiere, de modo explícito, al valor del texto constitucional y la importancia de los derechos fundamentales y las libertades públicas reconocidas en dicho texto, que son, junto a la soberanía popular y la división de poderes, los elementos imprescindibles para que exista un sistema político de naturaleza democrática.

Además, entre el conjunto de estos derechos y libertades fundamentales, las libertades y derechos de expresión e información, también, los medios de comunicación social, en tanto que instrumentos o cauces para el ejercicio de estos derechos y libertades, cobran un especial relieve y su incidencia va mucho más allá, puesto que el disfrute de otros muchos derechos y libertades fundamentales reconocidos en el Título I precisan el previo disfrute de estos derechos y libertades de expresión e información. Basta, como ejemplo, apuntar el derecho a la libertad o el pluralismo político, reconocidos como valores superiores de nuestro Estado social y democrático de derecho (art. 1.1 CE), o la dignidad de las personas, reconocida en artículo 10.1 CE, o la igualdad recogida en el artículo 14 CE, o la libertad ideológica o de pensamiento, que establece el artículo 16 CE, en cualquier sociedad, requieren la libertad previa de informarse y expresarse para poder ejercerlos plenamente.

2.2. LOS DERECHOS Y LIBERTADES DE EXPRESIÓN E INFORMACIÓN EN LA CONSTITUCIÓN DE 1978

Los postulados fundamentales en torno a los derechos y libertades que intervienen en el proceso comunicativo se recogen en el *artículo 20* del texto constitucional, conforme vamos a analizar en las siguientes páginas, aunque también deberemos comentar otros preceptos que inciden en el ejercicio de los derechos y libertades a través de los contenidos y actuaciones de los medios de comunicación de masas.

Entre estos otros preceptos, sin duda alguna, debe destacarse el *artículo 18* que recoge los derechos al honor, la intimidad y la propia imagen, como límites, con sus posibles intromisiones y preeminencia, al ejercicio de las libertades y derechos de expresión e información, así como el *artículo 14*, en el supuesto de que los contenidos difundidos en el ejercicio de estas libertades de expresión e información puedan incidir o alentar la discriminación por razón de nacimiento, raza, sexo, religión, opinión o cualquier otra condición o circunstancia personal o social. El desarrollo de la personalidad que garantiza el *artículo 10*. Las salvedades contempladas en el *artículo 55.1* para el ejercicio de estos derechos cuando se acuerde la declaración del estado de excepción o de sitio. O, desde una perspectiva más general, los *artículos 38, 40, 128, 130 o 131* en el marco del reconocimiento de la libertad de empresa en el marco de la economía de mercado y las potestades de los poderes públicos para intervenir en la actividad audiovisual conforme al interés público. Y, por último, el *artículo 149.1.27* que establece la distribución competencial entre el Estado y las Comunidades Autónomas y, en especial, las competencias en la regulación del régimen de los medios de comunicación social.

2.2.1. Los derechos y libertades de expresión e información en el texto constitucional

En primer lugar, en cuanto al contenido concreto del artículo 20, como paso previo a analizar con detalle su proyección normativa y necesidad de desarrollo legislativo, nos interesa destacar que este artículo tiene cinco apartados[15], el primero de ellos dedicado al desarrollo de estos derechos y libertades de expresión e información; el segundo que prohíbe expresamente la censura previa; el tercero, dedicado a marcar las pautas sobre la organización y el control parlamentario de los medios de comunicación social dependientes del Estado o de cualquier ente público; el cuarto a los límites en el ejercicio de estos derechos y libertades; y, el quinto que prohíbe el secuestro de publicaciones, grabaciones y otros medios de información, salvo en virtud de resolución judicial.

Conforme hemos comentado, el primer apartado del artículo 20, en concreto las letras a) y d) se refieren al contenido de las libertades y derechos de expresión e información[16]. Y, el segundo

---

15 1. Se reconocen y protegen los derechos: a) A expresar y difundir libremente los pensamientos, ideas y opiniones mediante la palabra, el escrito o cualquier otro medio de reproducción; b) A la producción y creación literaria, artística, científica y técnica; c) A la libertad de cátedra; d) A comunicar o recibir libremente información veraz por cualquier medio de difusión. La ley regulará el derecho a la cláusula de conciencia y al secreto profesional en el ejercicio de estas libertades.
2. El ejercicio de estos derechos no puede restringirse mediante ningún tipo de censura previa.
3. La ley regulará la organización y el control parlamentario de los medios de comunicación social dependientes del Estado o de cualquier ente público y garantizará el acceso a dichos medios de los grupos sociales y políticos significativos, respetando el pluralismo de la sociedad y de las diversas lenguas de España.
4. Estas libertades tienen su límite en el respeto a los derechos reconocidos en este Título, en los preceptos de las leyes que lo desarrollen y, especialmente, en el derecho al honor, a la intimidad, a la propia imagen y a la protección de la juventud y de la infancia.
5. Sólo podrá acordarse el secuestro de publicaciones, grabaciones y otros medios de información en virtud de resolución judicial.

16 No comentamos los subapartados «*b) A la producción y creación literaria, artística, científica y técnica; c) A la libertad de cátedra*», por ser cuestiones tangenciales respecto del tema que estamos analizando.

apartado, como un mandato imperativo, establece la prohibición de censura previa en el ejercicio de estas libertades.

Se trata de unos derechos y libertades que tienen una doble dimensión. Por una parte, tienen un componente subjetivo de garantía constitucional para todos los ciudadanos, como derechos y libertades individuales de las personas para su desarrollo personal e, incluso, como defensa de su dignidad y proyección social. Y, por otra, un componente social u objetivo, puesto que no sólo protegen un interés individual, sino que se constituyen como la garantía necesaria para que pueda formarse una opinión pública libre, indisolublemente vinculada al pluralismo político y social, permitiendo que puedan ser ejercidos con plenitud los demás derechos fundamentales (libertad de reunión, de manifestación, de asociación cívica o sindical, etc.)

Ahora bien, constatada la importancia y su doble dimensión, la siguiente reflexión es su contenido y su proyección en el ámbito normativo. Al respecto, trascurridos más de cuarenta años desde la aprobación de la Constitución, debemos constatar que no existe ninguna ley, orgánica u ordinaria, específica que desarrolle, específicamente, estos derechos y libertades. Tan solo podemos encontrar desarrollos parciales en las leyes que regulan los medios y sus contenidos (Comunicación Audiovisual, Prensa, Derecho de rectificación…), o en algunas prescripciones en otras leyes sobre determinados derechos (Honor, intimidad y propia imagen, Régimen electoral, Violencia de género…).

Así que, para conocer su proyección normativa, será necesario, que analicemos el alcance y eficacia de estos mandatos constitucionales. Para ello, como punto de partida, como hiciera desde sus inicios el Tribunal Constitucional, es necesario resaltar el carácter normativo de la Constitución[17]. Sin embargo, este

---

[17] Son numerosísimas las sentencias que ha pronunciado el Tribunal Constitucional sobre esta cuestión, baste con referir algunas de las primeras, como la STC 9/1981, de 31 de marzo, o la STC 16/1982, de 28 de abril.

carácter no significa que no sea posible, necesario, e incluso imprescindible, su desarrollo normativo posterior, pues no todos sus preceptos están dotados del mismo nivel de eficacia. Así, en el contenido de estos apartados del artículo 20 podemos encontrar varios grados de eficacia normativa de la Constitución y, por consiguiente, podemos constatar diferentes ejemplos de exigencia en el desarrollo de sus preceptos.

Entre estos mandatos constitucionales, el grado más alto de eficacia normativa, que no exige desarrollo de naturaleza alguna (a salvo del desarrollo concerniente a la sanción de las conductas contra lo estipulado), se concreta en el apartado 2 del artículo 20 que dice así: «El ejercicio de estos derechos (se refiere a los derechos consagrados en el mismo artículo 20 de la Constitución) no puede restringirse mediante ningún tipo de censura previa». Con ello, se postula una rotunda prohibición, dirigida a quienes pudieran intentar restringir las libertades del artículo 20 mediante la censura previa, que no necesita desarrollo legislativo alguno. Además, con este precepto, en el momento de la promulgación de la Constitución, quedó derogada cualquier norma que instrumentara la censura previa. Sobre su contenido y alcance profundizaremos en siguientes apartados.

Un segundo y, en algunos aspectos, un tercer nivel de eficacia normativa lo encontraríamos en el apartado 1 del artículo 20 de cuyo contenido nos conciernen los subapartados a) y d), al establecer: «Se reconocen y protegen los derechos: a) A expresar y difundir libremente los pensamientos, ideas y opiniones mediante la palabra, el escrito o cualquier otro medio de reproducción; y d) A comunicar o recibir libremente información veraz por cualquier medio de difusión…».

En los párrafos transcritos están consagrados, al menos, los siguientes derechos: *Derecho de libre expresión de pensamientos, ideas y opiniones; Derecho de difusión libre del derecho de expresión mediante la palabra, el escrito o cualquier otro medio de reproducción; Derecho a comunicar libremente información veraz; Derecho a recibir libremente información veraz; Derecho a la cláusula de conciencia; Derecho al secreto profesional.*

Así, en este conjunto de derechos se advierten dos niveles de eficacia: unos, en cuya formulación, a priori, no se hace invocación a una regulación por ley; y, otros, en los que se introduce la referencia al desarrollo legislativo.

En cuanto a *los derechos a expresar y difundir libremente pensamientos, ideas y opiniones mediante la palabra, el escrito o cualquier otro medio de reproducción.* Este derecho, básico del orden democrático, no necesitaría regulación, en una primera aproximación, para ser eficaz. La regulación, incluso, podría entenderse como una limitación a dicha libertad.

Sin embargo, el ejercicio pleno de estos derechos, que podemos denominar, para simplificar, *derechos de expresión y difusión,* exigen soportes que la legislación de desarrollo no ha implementado. Es decir, las personas podrán expresar sus ideas con libertad e incluso, subirlo, si lo tienen contratado, a sus plataformas o redes públicas de internet, pero no pueden exigir su difusión a través de los diferentes soportes y medios de comunicación de masas -salvo el derecho de acceso a los medios de comunicación públicos de los grupos sociales y políticos reconocido en el artículo 20.3 del propio texto constitucional y muy escasamente desarrollado en la regulación de dichos medios, como después analizaremos-.

Ahora bien, cuando nos referimos al *derecho a recibir información* y, en concreto, *recibir la información veraz,* -en sus dos variables, la informativa, es decir, la de omitir información, y la de veracidad-, las variables en torno a la necesidad de regular el derecho para garantizarlo son muchas más.

Parece evidente que, sin regulación expresa que la garantice o exija responsabilidades por las noticias falsas, o por la no emisión de determinadas noticias, la efectividad del mandato constitucional puede quedar algo desvirtuado. Sobre ello, ya se ha apuntado que estos derechos fundamentales, en tanto que derechos públicos subjetivos, no exigen desarrollo, salvo cuando la ausencia de desarrollo pueda impedir su efectivo ejercicio. Así, en los supuestos del derecho a recibir información veraz o la omisión de determinadas informaciones, está prácticamente todo por regular, salvo del derecho posible derecho de rectificación en el caso de las noticias que les puedan perjudicar, del que son titulares tan sólo a los aludidos directamente por la información.

Ante este hecho, debemos preguntarnos ¿cuáles son los resortes jurídicos ante la información falsa, o ante la ausencia de información? Es, acaso, el derecho a recibir información veraz un mero postulado que solo sirve para construir el derecho a informar, y no tiene sustantividad propia. De hecho, en la actualidad, ante la información falsa o la omisión de información, los ciudadanos, en general, no tienen capacidad de reacción. Al respecto, debemos considerar que la libertad en el ejercicio del derecho a informar, en una sociedad avanzada como la nuestra, no puede suponer la posibilidad, sin límites, de omitir o falsear información y que, a pesar de que la configuración legal del derecho a recibir información y, además, recibir información veraz, tiene una considerable dificultad, por lo que podría resultar útil, aunque no sea una exigencia directa de la Constitución, su regulación para completar el efectivo ejercicio de las libertades y derechos de expresión e información.

Por acabar con el razonamiento anterior habría que decir que los derechos de expresión y de información (a dar y recibir) pueden ejercerse libremente, por virtud de su consagración en el texto constitucional, con la sola sujeción a las limitaciones que sobre ellos operan los demás derechos del Título I de la Constitución, de acuerdo con la interpretación del Tribunal Constitucional y a los que más adelante nos referiremos. Pero, por otra parte, tampoco la Constitución prescribe que deba existir un desarrollo legislativo posterior para facilitar su ejercicio, aunque en algunos casos, como hemos observado, puede resultar conveniente.

Además de los apartados que hemos citado del *artículo 20* del texto constitucional, deben citarse otros preceptos que también pueden incidir en el ámbito de actuación y los contenidos que los medios de comunicación en ejercicio de los derechos y libertades de expresión e información. Entre estos preceptos, en primer lugar, debe destacarse el artículo 18 que recoge los derechos al honor, la intimidad y la propia imagen, como límites, con sus posibles intromisiones y preeminencia, al ejercicio de las libertades y derechos de expresión e información.

Precisamente, el reconocimiento de estos derechos de la personalidad se refuerza en el propio artículo 20, al establecer en su apartado 4 que «Estas libertades tienen su límite en el respeto a los derechos reconocidos en este Título, en el precepto de las leyes que lo desarrollen y, especialmente, en el derecho al honor, a la intimidad y a la propia imagen y a la protección de la juventud y de la infancia». Estos derechos, frente a las lagunas que hemos apuntado respecto a otros apartados del *artículo 20* han tenido un importe desarrollo en la legislación orgánica que debe reseñarse. Al respecto baste citar la *Ley Orgánica 1/1982, de 5 de mayo, de Protección civil del derecho al honor, la intimidad personal y familiar y la propia imagen* o, por otra parte, la protección penal de los mismos conforme a lo establecido en el *Código Penal.* Asimismo, la regulación en torno al respeto a la juventud y la infancia, se ha desarrollado en la legislación específica relativa a los menores, como la *Ley Orgánica 1/1996, de 15 de enero, de Protección Jurídica del Menor* y sus modificaciones posteriores, como *Ley Orgánica 8/2015, de 22 de julio,* de modificación del sistema de protección de la infancia y adolescencia, u otras leyes como *Ley 26/2015, de 28 de julio, de modificación del sistema de protección a la infancia y a la adolescencia* que, en su conjunto, detallan y garantizan estos derechos.

A su vez, en este apunte sobre los preceptos constitucionales que pueden afectar o han propiciado alguna regulación que puede incidir en la actividad comunicativa, deben mencionarse los derechos reconocidos en el artículo 14, en el supuesto de que los contenidos difundidos en el ejercicio de estas libertades de expresión e información puedan incidir o alentar la discriminación por razón de nacimiento, raza, sexo, religión, opinión o cualquier otra condición o circunstancia personal o social. Así, buena parte de la legislación específica que los desarrolla, como por ejemplo la *Ley Orgánica 1/2004, de 28 de diciembre, de Medidas de protección integral contra la Violencia de Género*, o la *Ley Orgánica 3/2007, de 22 de marzo, para la Igualdad efectiva de mujeres y hombres*, contiene mandatos que pueden afectar a las libertades y derechos informativos.

En esta línea, también, pueden reseñarse otros mandatos constitucionales, como la garantía prevista en el artículo 20.5 cuando establece que «Solo podrá acordarse el secuestro de publicaciones, grabaciones y otros medios de información en virtud de resolución judicial», o la salvedad contemplada en el artículo 55.1 que posibilita que los derechos reconocidos en *los artículos 17, 18, apartados 2 y 3, artículos 19, 20, apartados 1, a) y d), y 5, artículos 21, 28, apartado 2 y artículo 37, apartado 2*, del texto constitucional puedan ser suspendidos cuando se acuerde la declaración del *estado de excepción o de sitio*, en los términos previstos en la *Constitución* –posteriormente, en el *artículo 116*, se detallan las potestades y relaciones entre el ejecutivo y legislativo para determinar el ámbito territorial, duración y condiciones de dicha declaración, conforme se desarrolló en *la Ley Orgánica 4/1981, de los Estados de Alarma, Excepción y Sitio*–, etc.

Asimismo, desde una perspectiva más general, puede apuntarse que en la Constitución también se marcan otros aspectos que pueden incidir en el libre acceso de las personas físicas o jurídicas a la actividad comunicativa y, en concreto a la prestación de los servicios de comunicación audiovisual que, incluso, han sido objeto de algún recurso ante el Tribunal Constitucional para determinar su alcance. Sobre ello pueden destacarse *los artículos 38, 40, 128, 130 o 131.*

Ante todo, debe reseñarse el artículo 38 de la Constitución que «reconoce la libertad de empresa en el marco de la economía de mercado». El *Tribunal Constitucional* ya interpretó el sentido de este artículo en su *Sentencia de 16 de noviembre de 1981*, afirmando, en primer término, que la interpretación de dicho precepto debe hacerse junto con los artículos 40, 128, 130.1, y el 131 del texto constitucional. Y, acto seguido, dictaminando que el *artículo 38* goza de una doble garantía, por virtud de lo dispuesto en el *artículo 53.1* de la *Constitución.* No obstante, el Tribunal ha insistido en la dificultad que tiene la definición, a priori, del contenido y límites de la libertad de empresa, en el sector de la comunicación audiovisual. Así, de la citada sentencia de 16 de noviembre de 1981 se deduciría también que la regulación de su ejercicio corresponde al Estado, doctrina reiterada del *Tribunal Constitucional,* entre otras, por la *Sentencia 24 de marzo de 1988,* o la *Sentencia de 31 de marzo de 1982,* en la que establece que el acceso a la actividad televisiva no puede fundarse en el derecho a expresar y difundir libremente pensamientos, ideas y opiniones mediante la palabra, el escrito o cualquier otro medio de reproducción, consagrado en el *apartado 1.a) del artículo 20 de la Constitución,* sino que el acceso a dicha actividad debe encuadrarse en el marco del *artículo 38* que reconoce la libertad de empresa (F.J. 1°), afirmando que existencia o no de la televisión privada: «*No es una derivación necesaria del artículo 20, aunque, como es obvio, no está tampoco constitucionalmente impedida. Su implantación no es una exigencia jurídico-constitucional, sino una decisión política, que puede adoptarse, dentro del marco de la Constitución...*» (F.J. 6°).

Aunque, también debe considerarse que esta libertad de empresa tampoco excluye el posible intervencionismo público para defender y compatibilizar el interés público, de acuerdo con las exigencias de la economía, conforme se recoge en el artículo 128 de la Constitución española, cuando se establece de modo inequívoco: «Se reconoce la iniciativa pública en la actividad económica». Pero, es más, el citado precepto sigue diciendo: «Mediante ley se podrá reservar al sector público recursos o servicios esenciales, especialmente en caso de monopolio y asimismo acordar la intervención de empresas cuando así lo exigiere el interés general». Por tanto, la Constitución, además de reconocer la posibilidad de que las Administraciones públicas puedan realizar actividades económicas, permite que excluir en determinadas actividades y con ciertas condiciones, a los operadores privados, si lo exige el interés general para gestionarlo directamente por las propias Administraciones u organismos dependientes de estas.

Por último, debe mencionarse que la *Constitución*, en el Título VIII, ha configurado un modelo de Estado compuesto en el que, además de establecer los mecanismos del autogobierno de las Comunidades Autónomas, delimita el ámbito competencial del Estado y de dichas Comunidades, sin introducir mandatos específicos a los legisladores, sino que su único objeto es aclarar cuáles son las competencias del Estado y cuáles las de las Comunidades Autónomas.

En concreto, en el apartado 1.27ª del artículo 149 de la Constitución fija que el Estado tiene competencia exclusiva para dictar: «Normas básicas del régimen de prensa, radio y televisión y, en general, de todos los medios de comunicación social, sin perjuicio de las facultades que en su desarrollo y ejecución correspondan a las Comunidades Autónomas». Es decir, al Estado le corresponde dictar las «*normas básicas del régimen*» -debemos entender del régimen jurídico- sobre «*la prensa, la radio y la televisión*». Aunque, también, acto seguido, incluye el concepto genérico sobre «*todos los medios de comunicación social*», por lo que debemos entender que se refiere al conjunto de los medios de comunicación de masas como receptores y generadores de la opinión pública. Ahora bien, esta atribución de la competencia exclusiva sobre la legislación básica de este ámbito en favor del Estado no excluye las posibles facultades que puedan asumir las Comunidades Autónomas, siempre que en sus respectivos Estatutos de Autonomía hayan incluido la competencia para el desarrollo legislativo y la ejecución del régimen de radiodifusión y televisión y del resto de medios de comunicación, tanto respecto a la legislación no-básica, o la que desarrolle la normativa no-básica, como las competencias de ejecución de la legislación del Estado y de las propias Comunidades sobre el régimen de la prensa, la radio, la televisión y medios de comunicación.

Otra cuestión que procede apuntar, aunque no sea una referencia directa sobre las competencias sobre medios de comunicación de masas, es la *distribución competencial en los ámbitos de la creación y la producción de contenidos audiovisuales o la cinematografía,* que no tienen ninguna referencia expresa en los *artículos 148 y 149* en los que se detalla la distribución de competencias entre el Estado y las Comunidades Autónomas. Sin embargo, estas materias, aunque no estén detalladas en los artículos citados, están incluidas, de modo implícito, en otras materias más amplias que sí están recogidas por los referidos preceptos. Así, en el caso que nos ocupa, la materia «cultura» que comprende, sin duda, la cinematografía y la creación audiovisual, se caracteriza por concurrir en la misma la competencia del Estado, de acuerdo con el artículo 149.2, y de las Comunidades Autónomas a las que les atribuye la competencia el artículo 148.1.17ª, ambos del texto constitucional, por lo que tanto el Estado como las Comunidades Autónomas podrán actuar, conforme a sus respectivos ámbitos competenciales, en la producción de contenidos audiovisuales y la cinematografía.

2.2.2. Las garantías constitucionales de los derechos y libertades de expresión e información

Además de las referencias generales a las garantías en el ejercicio de los derechos a la libertad de expresión e información que ya hemos comentado, conviene detallar unos mandatos constitucionales específicos cuyo objetivo es asegurar la vigencia y efectividad de estos derechos. Entre ellos, podemos mencionar: la censura previa; las medidas judiciales cautelares y el secuestro en virtud de resolución judicial; y, la cláusula de conciencia y el secreto profesional. Aunque también debemos referir la posible supresión de estos derechos en los estados de excepción y sitio.

La prohibición de censura previa se recoge en buena parte de los textos constitucionales. Este concepto del texto constitucional, frente a las numerosas derivaciones que tiene en el ejercicio diario de la actividad comunicativa (censura desde la propia empresa de comunicación, autocensura de los propios periodistas...), se refiere, únicamente, a la censura que podría efectuarse con anterioridad a la difusión de una determinada información por parte del poder ejecutivo o la autoridad gubernativa, mediante toda acción u omisión dirigida a dificultar o imposibilitar, en forma directa o indirecta, mediata o inmediata, la publicación y circulación de la palabra impresa o la edición de un programa o una obra audiovisual a través de un medio de comunicación.

Este hecho que había constituido una práctica habitual durante la Dictadura, se prohibió con un mandato claro y directo en el artículo 20.2 de la Constitución: «*El ejercicio de estos derechos no puede restringirse mediante ningún tipo de censura previa*». Se trata, pues, de una prohibición absoluta, y cualquier intento gubernamental de someter a autorización un texto, una fotografía o un reportaje audiovisual con carácter previo a su publicación o emisión es manifiestamente inconstitucional. Con ello y sin necesidad de un desarrollo legislativo posterior, se garantizan las libertades reconocidas en el art. 20.1 ante cualquier intento de restricción previa por las autoridades policiales o gubernativas de cualquier ámbito.

Esta protección constitucional de los derechos a la libertad de expresión e información está reforzada por la tipificación de algunos delitos relacionados con su ejercicio en el Código Penal. Tal sería el caso de la censura previa y el secuestro de medios informativos, y la obstaculización mediante coacción del legítimo ejercicio de la libertad de información. Así el art. 538 del Código Penal, establece: «*La autoridad o funcionario público que establezca la censura previa o, fuera de los casos permitidos por la Constitución y las leyes, recoja ediciones de libros o periódicos o suspenda su publicación o la difusión de cualquier emisión radiotelevisiva incurrirá en la pena de inhabilitación absoluta de seis a diez años*».

También, en el artículo 20.5 de la CE se establece: «Solo podrá acordarse el secuestro de publicaciones, grabaciones y otros medios de información en virtud de resolución judicial». Este mandato pretende garantizar un correcto ejercicio de estos derechos de expresión e información, derivando a la autoridad judicial la posible actuación y suspensión del ejercicio de estas libertades en los supuestos en los que la difusión a través de un medio de comunicación de determinados contenidos pueda constituir un delito o causar un grave perjuicio a una o varias personas.

En estos casos la autoridad judicial puede prohibir o retrasar dicha difusión mediante una resolución que deberá adoptarse en el curso del proceso judicial y previa denuncia. Además, solo podrá adoptarse esta medida restrictiva cuando pueda existir algún grave riesgo para las partes o, con la misma, se evite la comisión de un delito. Pero, en todo momento, deberán ponderarse estos riesgos frente a la restricción, aunque sea temporal, de los derechos y libertades de expresión e información. Además, durante el desarrollo de un proceso judicial, tanto civil como penal, el Juez también podrá acordar las medidas cautelares que considere oportunas para asegurar el correcto desarrollo del proceso o evitar un mayor perjuicio para las partes. Entre estas medidas se puede incluir alguna que limite o suspenda temporalmente ciertas libertades que pueden afectar a la esfera de la actividad comunicativa pública. No obstante, debe tenerse en cuenta que estas medidas son provisionales y que pueden ser revisadas por el juez cuando lo estime oportuno[18]. Mientras que, en los procesos penales, los jueces, para garantizar la averiguación y persecución de un delito, pueden adoptar medidas cautelares destinadas a salvaguardar el secreto de la investigación o a impedir que se extiendan los efectos no deseados del delito, causando más perjuicios a las víctimas[19].

---

18 Así, por ejemplo, en los procedimientos civiles, el juez puede tomar cuantas medidas cautelares estime necesarias para poner fin a la posible intromisión ilegítima en los derechos al honor, la intimidad o la imagen de la que se trate (art. 9.2 de la LOPC)

19 Como ejemplos más comunes de estas medidas cautelares puede citarse el secuestro de material informativo, conforme a lo dispuesto en la CE (art. 20.5) y en la Ley 62/78, de 26 de diciembre, de protección juris-

Por su parte, el mandato establecido en el artículo 20.1.d del texto constitucional, en el que se recoge, primero, el derecho «*A comunicar o recibir libremente información veraz por cualquier medio de difusión*» para, acto seguido, afirmar que «La ley regulará el derecho a la cláusula de conciencia y al secreto profesional en el ejercicio de estas libertades», supone otra garantía en el ejercicio de estos derechos y libertades, en este caso con el reconocimiento de unos derechos específicos a las personas que ejercen la actividad comunicativa.

Ahora bien, ¿Cómo debe determinarse el alcance de este mandato constitucional? ¿Ha querido el constituyente que no entren en vigor estos derechos, condicionando el ejercicio a la regulación posterior por el legislador ordinario? En este caso, aunque, si acudiésemos a una interpretación muy estricta del valor normativo de la Constitución, podríamos pensar que se trata de un simple mandato dirigido al legislador ordinario, su mera inclusión en el mismo apartado en el que se establece el derecho *a comunicar o recibir libremente información veraz,* refuta cualquier interpretación en este sentido al asociarlo directamente al ejercicio de estos derechos. En efecto, el artículo 20 está reconociendo la existencia de estos derechos a *la cláusula de conciencia y al secreto profesional* y a que su regulación debe realizarse por una norma con rango de ley, porque así se establece expresamente. Sin embargo, como hemos apuntado, estos derechos están ligados al ejercicio de los derechos y libertades de expresión e información y, con ello, debemos entender que son eficaces a partir de la entrada en vigor del texto constitucional, aunque para la determinación de su concreción será necesario su desarrollo legislativo o, hasta el momento en que se apruebe las leyes que los desarrollen, la

diccional de los derechos fundamentales de la persona que determina que «*Los Jueces, al iniciar el procedimiento, podrán acordar, según los casos, el secuestro de la publicación o la prohibición de difundir o proyectar el medio a través del cual se produjo la actividad delictiva. Contra dicha resolución podrá interponerse directamente recurso de apelación, que deberá ser resuelto en el plazo de cinco días*» (art. 3.2).

delimitación que establezca la jurisprudencia sobre los casos que se le planteen.

De hecho, por el momento, de estos dos derechos que reconoce la Constitución, solo se ha regulado, expresamente, el primero de ellos, *la cláusula de conciencia,* mediante la *Ley Orgánica 2/1997, de 19 de junio, reguladora de la Cláusula de Conciencia de los Profesionales de la Información.* En cambio, *el secreto profesional,* por el momento, todavía no se ha concretado su alcance en una norma con rango de ley, y sin embargo, se ha apelado y se ha reconocido por la jurisprudencia que lo ha ido interpretando y aplicando en cada caso.

En cuanto a la posible suspensión del derecho a ejercer las libertades de expresión e información, debemos referir que se contempla en el artículo 55.1 de la Constitución, cuando establece que los derechos reconocidos en los artículos 17, 18, apartados 2 y 3, artículos 19, 20, apartados 1, a) y d), y 5, artículos 21, 28, apartado 2 y artículo 37, apartado 2, podrán ser suspendidos cuando se acuerde la declaración del estado de excepción o de sitio, en los términos previstos en la Constitución. Posteriormente en el artículo 116 se detallan las potestades y relaciones entre el ejecutivo y legislativo para determinar el ámbito territorial, duración y condiciones de dicha declaración.

Así, conforme a estos mandatos constitucionales, se aprobó la *Ley Orgánica 4/1981, de 1 de junio, de los Estados de Alarma, Excepción y Sitio,* que regula el procedimiento, contenido y alcance general de la declaración de estos Estados, de los que no procede ahora detallar su contenido, basta con apuntar que en el ejercicio de la actividad comunicativa dicha *Declaración,* además de publicarse en el Boletín Oficial del Estado, deberá ser difundida obligatoriamente por todos los medios de comunicación públicos y por los privados que se determinen. Asimismo, serán de difusión obligatoria las disposiciones que la autoridad competente dicte durante la vigencia de cada uno de dichos estados.

También debe reseñarse que, conforme a los artículos 21 y 32 de la citada *Ley Orgánica 4/1981* en los estados de excepción y sitio, la autoridad gubernativa podrá suspender todo tipo de publicaciones, emisiones de radio y televisión, proyecciones cinematográficas y representaciones teatrales, siempre y cuando la autorización del Congreso comprenda la suspensión de las libertades contempladas en el artículo 20, apartados 1, a) y d), y 5 de la Constitución. Igualmente, como otra quiebra de las garantías constitucionales sobre el ejercicio de estos derechos, en la mencionada Ley se prevé que, durante el periodo que duren los estados de excepción o sitio, la autoridad gubernativa podrá, sin necesidad de resolución judicial, ordenar el secuestro de publicaciones. Aunque en ningún momento podrá llevar a cabo ningún tipo de censura previa.

2.2.3. La proyección normativa de los derechos y libertades de expresión e información

Al analizar los mandatos constitucionales sobre estos derechos y libertades de expresión e información, ya hemos apuntado que falta de una legislación específica que las desarrolle. Ahora bien, esta falta de leyes que los desarrollen no significa que no haya influido en los contenidos de otras leyes.

Al respecto, estos mandatos del texto constitucional de 1978 y, en especial del citado art. 20, en diversas disposiciones normativas -aunque, también, se han mantenido algunas leyes anteriores, como la Ley 14/1966, de 18 de marzo, de Prensa e Imprenta, con modificaciones sustanciales- que afectan, directa o indirectamente, al proceso comunicativo.

Entre dichos textos normativos -algunos de los cuales ya hemos citado en páginas precedentes-, sin ánimo de ser exhaustivos e intentando dar una somera relación de los numerosos textos que, en alguna ocasión, pueden incidir en el ejercicio de la actividad comunicativa, podemos citar algunas leyes orgánicas -como, por ejemplo: *Ley Orgánica 4/1981 de los Estados de Excepción, Alarma y Sitio; Ley Orgánica 1/1982 del Derecho al Honor, a la Intimidad y Propia Imagen; Ley Orgánica 2/1984 del Derecho de Rectificación; Ley*

Orgánica 5/1985 del Régimen Electoral General; Ley Orgánica 1/1996 de Protección jurídica del Menor; Ley Orgánica 2/1997 de Cláusula de conciencia de los profesionales de la información; Ley Orgánica 1/2004 de Medidas de protección integral contra la Violencia de Género; o, Ley Orgánica 3/2018, de Protección de Datos Personales y garantía de los derechos digitales-, y numerosas leyes ordinarias -como, por ejemplo: Ley 14/1966, de Prensa e Imprenta; Ley 9/1968, sobre secretos oficiales; *Ley 34/1988, General de Publicidad; Ley 17/2006, de la radio y la televisión de titularidad estatal; Real Decreto Legislativo 1/1996, de 12 de abril, por el que se aprueba el texto refundido de la Ley de Propiedad Intelectual; Real Decreto Legislativo 1/2007, de 16 de noviembre, por el que se aprueba el texto refundido de la Ley General para la Defensa de los Consumidores y Usuarios y otras leyes complementarias; Ley 3/1991, de Competencia Desleal; Ley 13/2022, General de Comunicación Audiovisual; o, Ley 11/2022, General de Telecomunicaciones-*.

Así, a partir de los mandatos constitucionales, las leyes que hemos referido y la jurisprudencia que las ha interpretado, podemos conformar el alcance y contenido de estos derechos y libertades de expresión e información, así como su proyección en la actividad comunicativa.

Ahora bien, para ello, lo primero que debemos constatar es la naturaleza unitaria o dual de estos derechos y libertades de expresión e información. Al respecto, en España, frente a lo que ocurre en otros países y en las normas internacionales que asimilan los conceptos de libertad de expresión y de información como si se tratara de un derecho unitario[20], el redactado de la propia Constitución y la interpretación

20 Por ejemplo, el Convenio Europeo para la Protección de los Derechos Humanos y de las Libertades Fundamentales hecho en Roma el 4 de noviembre de 1950, establece que la libertad de expresión comprende «*la libertad de recibir o de comunicar informaciones o ideas*», es decir, comprende lo que en nuestro texto fundamental se formulan como varios derechos, el de la libertad de expresión y el de comunicar o recibir información veraz.

del Tribunal Constitucional los proyectan con una concepción dual, separando así la libertad de expresión y la de información como dos conceptos jurídicos distintos y generadores de derechos diferenciados. Por una parte, el derecho a la libertad de expresión hace referencia a la libre difusión de ideas abstractas, pensamientos, opiniones, críticas o juicios de valor, que por su propia naturaleza plural no son susceptibles de prueba, ya que emanan de la propia creatividad de la persona. Mientras que, por otra, el derecho a la libertad de información, con toda su proyección de veracidad u omisión, que se refiere a la manifestación de hechos o sucesos que realmente hayan acontecido -se informa sobre hechos- y, por lo tanto, admiten la prueba de su veracidad.

Veamos cada, pues, cada uno por separado y, después, los elementos comunes de ambos.

El derecho a la libertad de expresión se compone de dos elementos básicos: la libertad ideológica y de creación; y, a su vez, la libertad de comunicar. Al mismo tiempo requiere un elemento necesario, como es la difusión a través de un medio de comunicación. Si no se da alguno de los tres elementos o, al menos, la posibilidad de su ejercicio, no puede decirse que nos encontramos ejerciendo el derecho fundamental a la libertad de expresión.

a) *La libertad ideológica y de creación* es el sustrato básico de este derecho. Debe interpretarse como toda creación de la mente, en su sentido más amplio, como pueden ser: los pensamientos; las ideas; las opiniones, como creación abstracta de la inteligencia humana que abarcan también a los juicios de valor; o, los razonamientos y las creencias filosóficas, morales, culturales, científicas, sociales o políticas de la persona que, por ser subjetivas, están exentas de la prueba de veracidad. Además, está íntimamente conectado a otros derechos fundamentales, como, por ejemplo, el derecho reconocido en el *artículo 16.1* de la Constitución que garantiza «*la libertad ideológica, religiosa y de culto de los individuos y las comunidades, sin más limitación en sus manifestaciones que la necesaria para el mantenimiento del orden público protegido por la Ley*».

b) *La libertad de comunicar.* En otras palabras: el derecho a expresar y difundir libremente los pensamientos, ideas y opiniones mediante la palabra, el escrito o cualquier otro medio de reproducción. Esta libertad, como derecho subjetivo, es más amplio que el de la libertad de información, ya que ésta última se refiere solo a hechos noticiables (de interés general), sobre los que ha de ser posible la prueba de su veracidad, mientras que la primera tiene por objeto la expresión de pensamientos o ideas que pueden comportar juicios de valor, creencias u opiniones que se mueven en el terreno de lo abstracto. A su vez, la forma de expresar nuestras opiniones es libre. El artículo 20.1 a) de la Constitución se refiere a la posibilidad de difundir los pensamientos u opiniones mediante la palabra, el escrito o «*cualquier otro medio de reproducción*» que los ciudadanos tengan por conveniente, por ejemplo, el lenguaje corporal (mediante gestos) o simbólico (mediante la representación de signos, grafismos o la adopción de actitudes que representen la expresión de una idea).

c) Además, el ejercicio de esta libertad de comunicar requiere un elemento necesario para traspasar el ámbito de lo privado, como es *la difusión a través de un medio de comunicación o de las redes y plataformas de internet,* de manera que sea accesible a un conjunto importante de público. Ahora bien, como ya hemos apuntado, este derecho a la libertad de expresión no incluye el derecho de acceder a los medios. La Constitución sólo reconoce el acceso a los medios públicos de los grupos políticos y sociales significativos (art. 20.3). Fuera de estos grupos, la libertad de acceso a los medios de comunicación públicos o privados se concibe sólo en el sentido que tenía en el Estado liberal de derecho, es decir, como derecho de libertad.

<u>El derecho a recibir libremente información veraz</u>. El artículo 20.1.d) de la Constitución reconoce y protege el derecho «*a recibir libremente información veraz por cualquier medio de difusión*». Este es un derecho más restringido que está limitado a los hechos noticiables (de interés público) que, además, pueden y deben someterse al contraste de su veracidad.

Por lo tanto, esta libertad de información, así entendida, es un derecho muy ligado a la comunicación de masas y a la actividad de los medios, así como de los comunicadores, aunque no excluye la posibilidad de que sean los ciudadanos particulares quienes ejerciten puntualmente este derecho, por ejemplo, mediante cartas al director, publicación de artículos de opinión que contengan informaciones, intervención en programas de radio y televisión, y la difusión de informaciones a través de las redes y plataformas de internet.

En otras palabras, podemos definir la libertad de recibir o acceder a la información como libertad de prensa en el amplio sentido de comunicar noticias, hechos, sucesos reales de interés general que son difundidos con la finalidad de generar opinión pública. Pero, al mismo tiempo, esta libertad de información también es el derecho a recibir información lo tiene todo ciudadano como sujeto pasivo de la libertad de expresión. Es un derecho que no puede ser limitado por nadie y que abarca tanto la comunicación de los hechos materiales, como las opiniones de los demás, que, al ser difundidas, constituyen una fuente inmaterial que nos incita a la necesaria reflexión para formarnos nuestra propia opinión y, de esa manera, influyen en la realidad, constituyendo el presupuesto básico de formación de la opinión pública libre y del propio desarrollo de la personalidad de las personas consideradas individualmente.

En cuanto al ejercicio práctico de esta libertad de información, además de las reflexiones que ya hemos realizado sobre el derecho a la información veraz o la falta de información, deben apuntarse las pautas que desde la jurisprudencia se han marcado para constatar la veracidad.

Ante todo, y dado que la veracidad de una información puede ser, en muchos casos, difícil de constatar. Es evidente que, aunque una información deba basarse en hechos ciertos, no puede evitarse que, en ocasiones y mucho más con la inmediatez actual en la transmisión de las noticias, algunos datos sean erróneos, incorrectos o inexactos. Para ello, la comprobación de los hechos ha de ser razonable, ha de contrastarse con datos objetivos y fuentes plurales.

Por lo tanto, el comunicador debe actuar con diligencia informativa para la obtención de la información. Es decir, debemos considerar que una información es veraz cuando se puede probar que el informador ha actuado con el celo suficiente para llegar a la convicción de que el hecho es razonablemente veraz. No se refiere a la exactitud de la información, sino a la fundamentación de los hechos que se transmiten como hechos que se han contrastado y comprobado.

En otras palabras, cumplir con los estándares de la *diligencia informativa* implica: Mantener una actitud positiva hacia la verdad, buscando la verdad para narrarla de la forma que más se ajuste a la realidad y contrastar los hechos sobre con datos objetivos y a través de distintas; Actuar con Profesionalidad, *y conforme a los* códigos deontológicos, estatutos de redacción, o libros de estilo de la profesión o de los medios*;* Razonabilidad en la investigación de los hechos y los datos que da a conocer.

Además, *hay* otros aspectos que deberán tenerse en cuenta en cada caso concreto, atendiendo: El carácter de la información que se narra, especialmente si puede afectar a los derechos de la personalidad, al descrédito de una persona, suponer un perjuicio a terceras personas, a la presunción de inocencia, o que tenga una especial trascendencia social o pueda suponer una alarma social; El contraste realizado de los hechos con diversas fuentes y con información objetiva, no debe ocultar intencionadamente datos relevantes y, debe tener un nivel de comprobación razonable, según las pautas de comportamiento profesional, atendiendo siempre a la fiabilidad de las fuentes; Las fuentes de información, no asumiendo la veracidad al transmitir la noticia sin atribuirla a una fuente determinada y contrastando, en la medida de lo posible, la credibilidad de la fuente con otros datos, o con fuentes objetivas u oficiales (Judicatura, Policía, Guardia Civil…); La forma de valorar los hechos, separando la información de hechos de las opiniones que estos merezcan, aunque la noticia no debe reducirse a la pura narración de los hechos y puede acompañarse de las causas por las que han ocurrido los hechos, las consecuencias que tengan estos hechos, la relación con otros precedentes, las hipótesis que se barajan, etc.

En cuanto al contenido de los hechos narrados en la determinación de la veracidad, debe tenerse en cuenta que la visión de los hechos por personas diferentes conlleva la posibilidad de narraciones diferentes, todas legítimas, puesto que la pluralidad es un valor muy ligado a la subjetividad. Ante ello, debemos atender que los hechos que se relatan respondan a la realidad de una investigación y, al menos aparentemente, hayan acontecido, aunque podamos tener las versiones distintas de varios testigos. En estos casos es muy útil la *doctrina de la información neutral,* conforme la ha venido denominando el Tribunal Supremo. Es decir, actuar únicamente como cauce de la información y exponer los hechos sobre entrevistas a personas que son fuentes directas de la información sobre un determinado acontecimiento de interés público.

En cuanto a los elementos comunes de los derechos y libertades de expresión e información: el interés y la difusión pública. Aunque, como hemos expuesto, las libertades de expresión e información se articulan sobre conceptos distintos, el objeto y la finalidad que persiguen es la misma, tanto en el desarrollo de subjetivo de la personalidad de cada individuó, como en la formación de la opinión pública. Desde esta perspectiva, debemos analizar los elementos que contribuyen a que un hecho o una persona sean noticiables o, tengan interés público.

La consideración de hechos noticiables, por ser de interés general o tener trascendencia pública, puede abarcar no solo los sucesos reales, los acontecimientos, o todo aquello que ocurre en el mundo físico, sino que también la difusión de las ideas u opiniones de otros sobre una cuestión concreta.

Así, para que un hecho sea noticiable o tenga interés público, debemos valorar: *que tenga trascendencia pública,* si no tiene trascendencia pública o afecta al ámbito privado o de la intimidad, un hecho no es noticia, aunque sea verídico, es decir que pueda interesar al conjunto de la población o una parte importante de la misma; *que adquiera interés público por ocurrir en el dominio público*; o, *que adquiera interés por las personas que intervienen.*

Precisamente, este último supuesto es el que más problemática y demandas judiciales suele conllevar en el ejercicio de estos derechos. Ante todo, conviene precisar que, a la hora de abordar las personas como noticia, debemos distinguir, previamente, tres supuestos: las *personas públicas,* que tienen relación con la actividad o representación política; las *personas de notoriedad pública,* que son personas privadas que por su actividad o actuaciones concitan el interés general; y, las *personas privadas.*

En cuanto a <u>las personas de relevancia pública</u>, por ocupar una posición especial de poder en el ámbito político o por ser un servidor de la cosa pública, tienen una evidente proyección noticiable por el hecho de estar gestionando asuntos que afectan a los ciudadanos. En consecuencia, su comportamiento ha de ser más transparente que el de una persona privada y los ciudadanos tienen derecho a estar informados sobre quiénes les representan y administran los intereses generales. Por lo tanto, cuando el protagonista de la noticia es un cargo público, la protección de la libertad de expresión y el derecho a recibir información de los ciudadanos es más amplia y, por ello, los derechos de la personalidad (honor, intimidad e imagen) delas personas de relevancia pública están menos protegidos. En consecuencia, las personas públicas han de soportar con mucha mayor intensidad que las personas privadas los juicios desaprobatorios, las críticas ajenas y, en ocasiones, el conocimiento público de hechos relativos a su vida privada.

No obstante, dentro del concepto de personas públicas, debe distinguirse entre las *personas que ostentan un cargo público o nos representan* (políticos), sobre los son aplicables todas las prescripciones que se han apuntado en el párrafo precedente, de los *trabajadores de las administraciones y entidades que prestan el servicio público,* en tanto profesionales que tutelan intereses generales y que, en aquellos aspectos de su actuación que pueda incidir en la gestión pública, también pueden interesar a la opinión pública. Si bien, en este último caso, debe valorarse el alcance del ejercicio de las libertades de expresión y de información que afecta sólo a la función pública estricta que ejercen y a todo aquello que pueda relacionarse con el trabajo que realiza (incluida la transparencia de su vida personal en lo referente a sus intereses particulares relacionados con la función que ejerce), pero evitando siempre todo aquello en lo que su comportamiento personal, su vida familiar, sus aficiones privadas no estén relacionadas con su actividad administrativa. En estas cuestiones debe tener consideración de persona privada.

Por su parte, las personas de notoriedad pública que, por su profesión, por su actitud ante determinados acontecimientos, o simplemente por su vanidad personal, han adquirido proyección pública y su actuación puede generar un interés público y tiene una proyección noticiable.

No obstante, en este grupo de personas deberán atenderse ciertas particularidades. Así, quienes de manera habitual persigan la notoriedad pública y no reserven determinados aspectos de su vida privada a su exclusivo ámbito personal, crean por su libre voluntad un interés público con respecto a sus actos, o incluso su persona, por lo que pasan a concitar la atención general. Por este motivo, no pueden pretender controlar o decidir la información que de su conducta puede derivarse como noticiable; y, en consecuencia, deberán soportar también las críticas o el conocimiento de aspectos de su vida que, si su conducta se hubiera mantenido en el ámbito estricto de lo privado, no sería legítimo conocer. Sin embargo, no todas las personas de notoriedad pública están desprotegidas en el mismo grado frente al derecho a ejercer la libertad de expresión y el derecho a recibir información de la ciudadanía, puesto que la medida nos la ha de dar, como señala, repetidamente, el TC, «*el grado de proyección pública que el personaje haya dado, de manera regular, a su propia persona*». Y, sobre esta base, deberá graduarse las libertades y derechos de expresión e información sobre estas personas de notoriedad pública.

En lo relativo a las personas privadas, cuando los hechos no están relacionados con temas públicos, no tienen interés para la opinión pública y no entran en el ámbito del ejercicio de los derechos y libertades de expresión e información. En este caso, aunque los hechos sean veraces deben ceder ante la falta de interés público de una acción privada. Aunque, puede ocurrir que personas privadas, sin ningún ánimo de constituirse en noticia, se vean involucradas puntualmente en un acontecimiento que revista interés público. En este caso, cuando las personas privadas no han buscado la publicidad de su actuación, pero incidentalmente se han visto implicadas en un hecho de trascendencia pública, tienen derecho a preservar su honor, su intimidad o su imagen del conocimiento público, siempre que no sea necesaria su identificación para la comprensión del hecho noticiable -que sí es de interés público-.

Por último, debemos mencionar la *pérdida del interés público*, o lo que en términos jurídicos denominamos: el derecho al olvido. En este caso, no nos referimos a un derecho directamente reconocido en la Constitución, sino que se infiere de la jurisprudencia sobre los hechos de interés público, pero que afecta de manera directa el ejercicio de dos derechos constitucionales como son la libertad de expresión y de información. Se trata de hechos que afectan a determinadas personas y que en otro tiempo fueron reales, verídicos y de interés público, pero que por el paso del tiempo o por la lejanía donde han sucedido, ya no son noticia y no están en el marco del interés general, por lo que su divulgación puede suponer una intromisión a los derechos de la personalidad.

Además, en la actualidad, la aparición de internet y los motores de búsqueda ha propiciado que se amplie este concepto del derecho al olvido al *derecho al olvido digital.* La posibilidad de almacenaje indefinido de internet y el supone un nuevo riesgo en la difusión de datos y hechos que ya no debían ser hechos noticiables. Al respecto, esta permanencia de la información en la red y los efectos multiplicadores de los motores de búsqueda, han dado lugar al progresivo reconocimiento de este derecho al olvido digital. Así, en aplicación del derecho a la protección de datos de carácter personal, el Tribunal de Justicia de la Unión Europea (TJUE) reconoció el derecho al olvido digital[21].

2.3. LOS OTROS DERECHOS CONSTITUCIONALES QUE PUEDEN COLISIONAR CON EL EJERCICIO DE LOS DERECHOS Y LIBERTADES DE EXPRESIÓN E INFORMACIÓN

Como ya se ha apuntado, los derechos y libertades de expresión e información, tienen una dimensión subjetiva y otra social, por ello, su ejercicio debe ejercerse atendiendo límites de la dignidad de la persona y de los derechos de la personalidad, así como los otros derechos colectivos sobre los que puede proyectarse su ejercicio.

Desde la primera perspectiva, debe citarse el artículo 10.1 de la Constitución española, cuando establece: «*La dignidad de la persona, los derechos inviolables que le son inherentes, el libre desarrollo de la personalidad, el respeto a la ley y a los derechos de los demás son fundamento del orden político y de la paz social*». Conforme a este mandato

---

21 Sentencia del TJUE, de 13 de mayo de 2014, que resolvió una cuestión prejudicial planteada por la Audiencia Nacional de España, sobre el caso Google contra la Agencia Española de Protección de Datos y Mario Costeja (C – 131/12). Mediante esta sentencia, el TJUE reconoce el derecho al olvido digital de forma amplia e incluye la posibilidad de que los ciudadanos soliciten directamente a los buscadores la desindexación, esto es, que eliminen de los resultados de búsqueda a partir del nombre de una persona los enlaces a páginas web que contengan información inadecuada, obsoleta, no pertinente y excesiva en relación con los fines y el tiempo transcurridos desde su publicación. Esta jurisprudencia se ha reiterado en numerosas sentencias, aunque en 2019 acota este derecho al olvido en los nodos de conexión a internet desde los países miembros de la UE, alegando que solo estas son las jurisdicciones sobre las que tienen competencia los tribunales nacionales y el TJUE.

constitucional, resulta evidente que el ejercicio de los derechos y libertades de expresión e información debe respetar la dignidad de las personas, conforme se establece en el citado artículo, pero, también conforme a los otros derechos reconocidos en el Título I del texto constitucional y, en especial, los que enumeran en el artículo 18.1 y 20.4, al referirse al *«derecho al honor, a la intimidad y a la propia imagen»*, así como a la protección de la juventud y la infancia. No obstante, antes de detallar el contenido de cada uno de estos derechos es necesario concretar quiénes son los titulares de estos.

En primer lugar, esta dignidad y los derechos que le son inherentes se refiere a las personas físicas. Así, en términos jurídicos, el nacimiento determina la personalidad civil y la muerte la extingue. Y, por lo tanto, debemos considerar que los derechos de la personalidad se corresponderán con los derechos de las personas vivas que los mantendrán durante toda su vida, incluyendo aspectos tales como el derecho a la vida, el derecho a la integridad corporal o el derecho a la libertad personal, el derecho a la inviolabilidad del domicilio, el derecho a elegir libremente residencia y circular por el territorio, el secreto de las comunicaciones, el derecho al honor, derecho a la intimidad y el derecho a la propia imagen, etc. Precisamente, por su especial incidencia en el ámbito de la comunicación, la Constitución señala a estos tres últimos, junto con la protección de la juventud y de la infancia, como límites específicos en el ejercicio de las libertades de expresión y de información. Asimismo, debe destacarse que se trata de derechos inalienables e irrenunciables, al tiempo que necesarios para el desarrollo de la personalidad de cualquier ser humano. Por esta razón, son también imprescriptibles durante toda la vida de la persona. Y, como establece el *artículo 3.1* de la *Ley Orgánica 1/1982 de protección civil del honor, a la intimidad personal y familiar y a la propia imagen «la renuncia a la protección prevista en esta ley será nula»*

Ahora bien, una cuestión que plantea algunas aristas jurídicas es la dignidad de las personas fallecidas. Resulta evidente que la personalidad se extingue por la muerte de las personas y que los derechos a ella inherentes, como los que derivan de su dignidad, también se extinguen. Es decir, extinguida por muerte la personalidad civil, se extinguen también los derechos fundamentales que protegen su dignidad durante toda su vida.

Sin embargo, parece evidente que la dignidad de las personas ha de tener continuidad en la preservación de su memoria. El muerto ya no tendrá capacidad para defender su honor, su intimidad o su imagen, pero alguien debería hacerlo en su nombre si no se quiere que la dignidad que se le reconocía en vida quede indefensa. Así se hace constar en el párrafo octavo de la Exposición de Motivos de la *Ley Orgánica 1/1982*: «*Aunque la muerte del sujeto de derecho extingue los derechos de la personalidad, la memoria de aquél constituye una prolongación de esta última que también debe ser tutelada por el Derecho*». Y, además, en la citada Ley orgánica se distinguen dos supuestos de intromisiones en los derechos de la personalidad del fallecido: a) Si la lesión se produce después de la muerte del ofendido (arts. 4 y 5), la ley concede la acción de reclamación, a quien el ofendido hubiera designado en el testamento o, en su defecto, a los familiares o al Ministerio Fiscal, que podrá actuar de oficio; b) Si la ofensa se ha inferido en vida del fallecido (art. 6) se podrá reclamar su reparación sólo en el caso de que se pueda probar que el fallecido no pudo (por las circunstancias del caso) interponer la acción de reclamación, mientras que en el supuesto de que el fallecido ya hubiese iniciado las acciones de reclamación, los herederos o los familiares podrán continuar el ejercicio de las acciones que haya presentado en vida el fallecido.

En el caso de tratarse de la dignidad de las personas jurídicas, es decir, aquellas a las que la ley otorga personalidad jurídica (asociaciones, fundaciones, sociedades civiles o mercantiles, etc.), la jurisprudencia constitucional ha delimitado una esfera de protección de su propia identidad en los dos sentidos distintos: «*...tanto para proteger su identidad, como cuando desarrolla sus fines para proteger las condiciones de ejercicio de su identidad, bajo las que recaería el derecho* *al honor. En tanto que ello es así, la persona jurídica también puede ver lesionado su derecho al honor a través de la divulgación de hechos concernientes a su entidad, cuando la difamen o la hagan desmerecer de la consideración ajena*». No obstante, debemos matizar que esta protección no puede proyectarse respecto de la intimidad y a propia imagen, puesto que, al no tener imagen física, una sociedad difícilmente podrá reclamar por vulneración a su derecho a la imagen, a no ser que la vulneración provenga del mal uso de su nombre (art. 7.6 LOPC). Pero en este caso, la imagen no es un derecho fundamental, sino un derecho patrimonial.

Asimismo, los derechos de estas personas jurídicas también están recogidas en la *Ley Orgánica 2/1984, de 26 de marzo, reguladora del Derecho de Rectificación* para instar dicho procedimiento, como se reconoce en su artículo 1: «*Toda persona, natural o jurídica, tiene derecho a rectificar la información difundida, por cualquier medio de comunicación social, de hechos que le aludan, que considere inexactos...*».

Por último, la jurisprudencia ha abierto la posibilidad de que también se reconozca el derecho al honor y a la dignidad humana a grupos o colectivos sin personalidad jurídica, siempre y cuando sean grupos de carácter étnico, social o religioso con una clara identificación y punto de unión grupo o colectivo y el derecho reclamado, ampliando el respeto a la dignidad humana y el derecho al honor en el ámbito de la comunicación de masas a aquellas personas que, sin haber sido aludidas directamente en la información lesiva al honor, forman parte de un colectivo étnico que es el directamente ofendido en su conjunto.

2.3.1. Los derechos de la personalidad que inciden en el ámbito de la comunicación

El ejercicio de los derechos y libertades sobre los que se articula la actividad comunicativa, como hemos apuntado, debe respetar los otros derechos reconocidos en el Título I de la Constitución y, en especial los que están ligados al desarrollo de la personalidad, sobre todo los reconocidos, específicamente, en los artículos 18.1 y 20.4. Así que, en este apartado, nos centraremos en los *derechos al honor, intimidad y propia imagen.*

Precisamente, los derechos aquí citados y reconocidos en el art. 18.1 y 20.4 de la Carta Magna, no se recogieron de manera específica, si quiera en nuestra legislación ordinaria, hasta la Constitución de 1978. Hasta dicho reconocimiento, su apelación se realizaba en base a los daños morales por culpa o negligencia reconocidos en el art. 1902 del Código Civil o mediante la solicitud de una tutela judicial por injurias o calumnias, conforme se recogía en el Código Penal.

A partir de esta proclamación constitucional, su concreción legislativa se ha desarrollado en la *Ley Orgánica 1/1982, de 5 de mayo, de Protección civil del derecho al honor, a la intimidad personal y familiar y a la propia imagen,* aunque son derechos que no tienen un concepto uniforme definido por la legislación, sino que dependerán de los valores e ideas sociales que estén vigentes en cada momento y que, en caso de conflicto, deberá delimitar la jurisprudencia, como se reconoce en el Preámbulo de dicha Ley: «*La esfera del honor, de la intimidad personal o familiar y del uso de la imagen está determinada de manera decisiva por las ideas que prevalezcan en cada momento en la sociedad y por el propio concepto que cada persona según sus actos propios mantenga al respecto y determine sus pautas de comportamiento. De esta forma la cuestión se resuelve en la ley en términos que permiten al juzgador la prudente determinación de la esfera de protección en función de datos variables según los tiempos y personas*». Por lo tanto, en la actualidad, pese a su reconocimiento y protección constitucional, su concreción, alcance práctico y posibles colisiones con el ejercicio de los derechos y libertades de expresión e información, dependerá de las normas, valores e ideas sociales que estén vigentes en cada momento, así como de la delimitación de la esfera y proyección social de cada persona.

En cuanto a su concreción normativa, el principal desarrollo de estos derechos reconocidos en el artículo 18.1 de la Constitución se articula en la *Ley Orgánica 1/1982,* concretando aspectos tales como: el carácter irrenunciable, inalienable e imprescriptible de tales derechos (artículo 1); la delimitación de la protección a tales derechos conforme a las leyes y los usos sociales, atendiendo al ámbito que conforme a sus propios actos cada persona tenga reservado para sí misma y su familia, o la eficacia del consentimiento como causa excluyente del carácter ilegítimo de la intromisión (artículo 2); los modos de prestación del consentimiento por menores e incapaces (artículo 3); la protección de tales derechos respecto de las personas fallecidas (artículo 4 a 6); la delimitación de lo que ha de considerarse como intromisiones ilegítimas en tales derechos (artículo 7); los límites a tal consideración de la ilegitimidad de las intromisiones (artículo 8); o, la regulación de la tutela Judicial frente a tales intromisiones (artículo 9). Por otra parte, debe apuntarse que la protección de estos derechos también se contempla en otras normas sobre: Registro Civil; Código Penal (Título XI, Delitos contra el honor, arts. 205 al 216, donde se regulan los delitos de injurias y calumnias); Estatuto de los Trabajadores; Leyes del ámbito sanitario; Regulación del Tratamiento Automatizado de Datos de Carácter Personal; Régimen Jurídico de las Administraciones Públicas y del Procedimiento Administrativo Común, etc.

Veamos ahora el contenido de cada uno de estos tres derechos *al honor, a la intimidad y a la propia imagen.*

El derecho al honor es un concepto de difícil definición en términos legales porque se concreta en base a la persona de que se trata, el contexto histórico, la cultura y las ideas dominantes en cada momento. De hecho, la *Ley Orgánica 1/1982* no contiene ninguna definición del honor, tampoco de la intimidad o la propia imagen, limitándose a establecer las formas de intromisión en estos derechos y su protección jurídica.

Por lo tanto, la mejor manera de saber cuándo estamos afectando al derecho al honor, será concretando las acciones mediante las cuales puede vulnerarse este derecho fundamental. En concreto, la *Ley Orgánica 1/1982* considera intromisión ilegítima en el derecho al honor de una persona: *«la imputación de hechos o la manifestación de juicios de valor a través de acciones o expresiones que de cualquier modo lesionen la dignidad de otra persona, menoscabando su fama o atentando contra su propia estimación»* (art. 7.7). Señalemos, pues, las posibles intromisiones en el ejercicio del derecho a la información o la libertad de expresión.

Según este precepto, podemos señalar como *intromisión en el derecho al honor al divulgar una determinada información públicamente* cuando se imputa a una persona de un hecho por el que se le difama o denigra haciéndole desmerecer en la consideración social; cuando sea falso; o, cuando sea verídico, pero carezca de interés público.

Mientras que, *si se ejerce el derecho a la libertad de expresión, podemos señalar como intromisión en el derecho al honor,* cuando las manifestaciones, opiniones, críticas, juicios de valor sobre una persona degraden su reputación en temas de interés público; cuando sean innecesarias para la exposición de las propias ideas o que no tengan relación con ellas; cuando degraden su reputación, en cuestiones que no tienen interés público; o, cuando se empleen con la finalidad de hacer daño al ofendido.

Por último, apuntar que en los supuestos de colisión o conflicto entre el derecho al honor y la difusión de informaciones o el ejercicio de la libertad de expresión sobre hechos supuestamente noticiables, dirigidos hacia el conjunto de la sociedad a través de redes de internet o medios de comunicación, se deberá ponderar *«el elemento preponderante en el texto concreto que se enjuicie en cada caso para situarlo en un contexto ideológico o informativo»*[22], atendiendo a las circunstancias concretas de cada caso, debiendo prevalecer el segundo siempre y cuando la información que se transmita sea veraz y se refiera a asuntos de relevancia pública que sean de interés general por las materias que se refieren o por las personas que en

[22] Sentencia del Tribunal Constitucional 223/1992, de 14 de diciembre de 1992. En la misma línea que otras Sentencias del mismo Tribunal: 171/1992, 15/1993, 320/1993, 52/1996, 190/1996, 2/1997, 51/1997, etc.

ellas intervienen. Aunque el detalle sobre este procedimiento lo concretaremos en siguientes apartados.

El derecho a la intimidad también constituye un límite que debe respetarse en el ejercicio de las libertades de expresión e información, pero que, al igual que el derecho al honor, el concepto de intimidad no tiene una concreción precisa, por lo que, partiendo de los derechos reconocidos en los artículos 10.1 -libre desarrollo de la personalidad- y 18 -derecho a la intimidad personal y familiar- de la Constitución, así como de lo establecido en la *Ley Orgánica 1/1982*, la jurisprudencia[23] ha ido marcando los límites conforme debe articularse la relación entre estos derechos y libertades.

Así, la Sentencia del *Tribunal Constitucional* 170/1987, de 30 de octubre[24], establece: «*El derecho a la intimidad personal consagrado en el art. 18.1 aparece configurado como un derecho fundamental, estrictamente vinculado a la propia personalidad y que deriva, sin duda, de la dignidad de la persona humana que el art. 10.1 reconoce. Entrañando la intimidad personal constitucionalmente garantizada la existencia de un ámbito propio y reservado frente a la acción y conocimiento de los demás, necesario –según las pautas de nuestra cultura- para mantener una calidad mínima de vida humana*». En la misma línea, en otras Sentencias[25], se concreta que: el derecho a la intimidad tiene por

---

23 Al respecto, puede citarse la Sentencia del Tribunal Constitucional 171/1990, de 12 de noviembre, en la que reconocía la falta de un contenido claro para su definición y la necesidad de que su núcleo fuese fijándose por la jurisprudencia: «Intimidad y honor son realidades intangibles cuya extensión viene determinada en cada sociedad y en cada momento histórico y cuyo núcleo esencial en sociedades pluralistas ideológicamente heterogéneas deben determinar los órganos del Poder Judicial. Esta delimitación de los hechos y de sus efectos es el punto de partida para el juicio de este Tribunal».

24 Postulados que también han sido ratificados en otras sentencias del mismo Tribunal, como, por ejemplo: STC 231/1988; STC 197/1991; o, STC 57/1994.

25 Entre ellas: SSTC 134/1999, de 15 de julio, FJ 2; 180/1999, de 11 de octubre, FJ 3; 21/2000, de 31 de enero, FJ 2; 112/2000, de 5 de mayo,

objeto *garantizar al individuo un ámbito reservado de su vida*, vinculado con el respeto de su dignidad como persona frente a la acción y el conocimiento de los demás; el derecho a la intimidad atribuye a su titular el poder de *resguardar ese ámbito reservado, que no es sólo personal sino también familiar*; el derecho a la intimidad no garantiza una intimidad determinada, sino *garantiza el derecho a poseerla, con independencia del contenido de aquello que se desea mantener al abrigo del conocimiento público*; el derecho a la intimidad permite *decidir sobre nuestra propia esfera de vida personal* y, por tanto, no permite que sean los terceros, particulares o poderes públicos, quienes decidan cuáles son los contornos de nuestra vida privada.

Sobre estas bases, debe articularse el ejercicio de la actividad comunicativa en relación con las posibles intromisiones en el derecho a la intimidad, por lo que deberán tenerse en cuenta:

La veracidad del hecho o la imagen difundida, aunque este requisito, que resulta necesario, no es suficiente por sí mismo y deberán tenerse en cuenta los otros aspectos que detallamos.

La notoriedad o interés público del hecho difundido. Es decir, el derecho a la intimidad sólo puede ceder cuando lo difundido afecta, por su objeto y por su valor, al ámbito de lo público, frente a aquellas otras informaciones que puedan afectar a la intimidad, pero no constituyen materias de interés general que pueda afectar a la opinión pública, en cuyo caso prevalecerá el derecho a la intimidad.

La inviolabilidad del domicilio y el secreto de las comunicaciones: La inviolabilidad del domicilio y el secreto de las comunicaciones, amparadas en el art. 18.2 y 3 de la C.E, son dos aspectos ligados al derecho a la intimidad que deben respetarse.

FJ 5; 282/2000, de 27 de noviembre, FJ 2; 49/2001, de 26 de febrero, FJ 3; 204/2001, de 15 de octubre, FJ 2; 46/2002, de 25 de febrero, FJ 5; 52/2002, de 25 de febrero, FJ 4); 83/2002, de 22 de abril FJ 3, etc.

La intimidad corporal es un aspecto que debe respetarse, aunque deberá interpretarse no sólo como una realidad estrictamente física sino también como una realidad en relación con la cultura y el entorno social del momento y cada persona.

Los medios técnicos utilizados para violentar dicha intimidad. De tal manera que, si se utilizan medios técnicos que permiten una visión o audición muy superior o distinta a la que pueden captar las personas, prevalecerá el derecho a la intimidad.

La protección especial a los menores ante cualquier utilización de su imagen o nombre que implique un menoscabo de su reputación: Incluso, el Ministerio Fiscal puede llegar a intervenir de oficio ante estas utilizaciones.

La intimidad personal y familiar: La vulneración del derecho a la intimidad de una persona también incluye y puede afectar al entorno familiar o a las personas más allegadas, por lo que debe respetarse esta esfera de protección.

Por otra parte, conforme hemos detallado para el derecho al honor, también podemos apuntar las formas de intromisión en el derecho a la intimidad (personal o familiar), detalladas en el art. 7 de la LOPC, pueden ser: *el emplazamiento* en cualquier lugar de aparatos de escucha, de filmación, de dispositivos ópticos o de cualquier otro medio apto para grabar o reproducir la vida íntima de las personas; la *utilización de aparatos de escucha, dispositivos ópticos o de cualquier otro medio* para el conocimiento de la vida íntima de las personas, o de manifestaciones o cartas privadas; *la divulgación de hechos relativos a la vida privada de una persona o familia* que afecten a su reputación y buen nombre, así como *la revelación o publicación del contenido de cartas, memorias u otros escritos personales de carácter íntimo* (debe tratarse de hechos o documentos que sean verdaderos, en el caso de que fueran falsos estaríamos ante una intromisión al derecho al honor, no a la intimidad); *La revelación de datos privados de una persona o familia conocidos mediante la actividad profesional y oficial* de quien las revela.

El derecho a la propia imagen, relacionado estrechamente con el derecho a la intimidad personal, está reconocido y enunciado de modo independiente y con una naturaleza propia en el art. 18.1 de nuestra Constitución.

A su vez, como ocurre con el derecho al honor o a la intimidad, en el desarrollo legislativo de este derecho constitucional, tampoco la *Ley Orgánica 1/1982* define el derecho a la propia imagen. Ahora bien, en la concreción del contenido de este derecho debe advertirse que se distinguen dos proyecciones fundamentales. En primer lugar, su consideración c*omo un derecho fundamental,* en los términos del artículo 18.1 de la Constitución, dirigido a proteger la dimensión moral de la persona y a mantenerla en condiciones de dignidad y, por otra, c*omo un derecho patrimonial ordinario* para explotar la imagen comercial de la persona (art. 7.5,6 *Ley Orgánica 1/1982*).

Así, el derecho a la imagen en su consideración como derecho fundamental, como estableció el Tribunal Constitucional, podemos afirmar que garantiza «*... el ámbito de libertad de una persona respecto de sus atributos más característicos, propios e inmediatos como son la imagen física, la voz o el nombre, cualidades definitorias del ser propio y atribuidas como posesión inherente e irreductible a toda persona*»[26]. Es decir, es el derecho que faculta a las personas para decidir sobre la captación o difusión pública de su imagen física, la voz y su nombre, e impedir que un tercero pueda captar, reproducir o publicar su imagen.

Ahora bien, en el ejercicio de la actividad comunicativa podemos encontrarnos con *determinados supuestos en los que resulta difícil evaluar la vigencia de este derecho.* El primero de los casos que pueden plantearse es cuando *no es posible identificar a la persona en la imagen,* en cuyo supuesto no se vulnera el derecho a la imagen porque no afecta a su dignidad, ni la identifica. Otra dificultad la encontraremos cuando *se identifica la imagen de una persona median-*

---

[26] Sentencia del Tribunal Constitucional 117/1994, de 25 de abril, FJ3.

te un "doble". En este caso, la persona doblada merecerá la protección constitucional, porque quien percibe la imagen (el público) identificará como real a la persona famosa. Sin embargo, en el *caso de las imitaciones humorísticas*, al diferenciarse claramente la imagen del imitador y la del imitado, no puede haber vulneración del derecho a la imagen y la protección de los derechos de la personalidad se derivaría al derecho al honor.

En este derecho, al igual que lo hemos apuntado en los otros dos derechos de la personalidad que hemos analizado, y en tanto que clarificador para el ejercicio de la actividad comunicativa, por las posibles colisiones con los derechos y libertades de expresión e información, debemos referir *las formas de intromisión en el derecho fundamental a la propia imagen*, que se han regulado en los artículos 7.5 y 8.2 de la *Ley Orgánica 1/1982* y que detallamos a continuación:

La captación, la reproducción o la publicación de la imagen de una persona privada, sin su consentimiento y sin que sea necesario que la imagen llegue a trascender al público. Con ello, las personas privadas sin notoriedad pública tienen reconocido con la máxima intensidad el derecho a la propia imagen, incluso en lugares abiertos al público. Pero puede ser que la imagen de las personas privadas aparezca en la información gráfica de forma accesoria por estar en un lugar donde ocurra en un hecho noticiable o de interés público. En este caso, la *Ley Orgánica 1/1982* (art. 8.2) concede prevalencia a la información sobre el derecho individual a la imagen, de manera que si la presencia del particular es meramente accesoria a la noticia principal no puede impedirse su publicación o comunicación audiovisual. Aunque debe advertirse que no será accesoria si la persona privada aparece individualizada, seleccionada como imagen principal. O, en los casos en los que la imagen de la persona privada aparece de forma indigna, por lo que deberá valorarse la necesidad de publicar la información gráfica con la persona privada plenamente reconocible, porque en estos casos podría haber una intromisión en el honor o en la intimidad.

En *la captación, la reproducción o la publicación de la imagen de una persona sin notoriedad pública en su actividad laboral* debe atenderse la naturaleza y la exposición al público de dicha actividad que, generalmente, requerirá la autorización de dicha persona[27].

La captación, la reproducción o la publicación de la imagen de cualquier clase de persona en lugares de su vida privada, es decir, en su domicilio, su oficina y otros lugares en los que se tenga derecho a la privacidad. Respecto a los momentos de su vida privada, cabe que se produzcan en estancias privadas, lo que dará lugar a la protección; pero si ocurren en lugares abiertos al público será de aplicación la excepción para las personas públicas –no para las privadas– del artículo 8.2.a), que no tienen tan protegido este derecho.

En cuanto a *las personas públicas o de notoriedad pública, no tendrán protegida la imagen en actos públicos*, es decir, en actos políticos, sociales, deportivos o culturales a los que concurran como protagonistas o como espectadores.

En la captación de imágenes en lugares abiertos al público, la *Ley Orgánica 1/1982* (art. 8.2) no hace diferencias con las tomadas en actos públicos. Sin embargo, esta disposición no es tan taxativa según la doctrina jurisprudencial, ya que en algunos casos en que los lugares apartados o habitualmente poco concurridos, se ha reconocido el derecho a la imagen (y a la intimidad) de personas de notoriedad pública que se ha captado y difundido su imagen, por considerar que tales personas se habían comportado de forma que evidenciaba que tenían un decidido propósito de preservar su privacidad acudiendo muy discretamente al lugar, y que en tales espacios no era previsible la presencia de otras personas con intenciones de captar la imagen.

Las caricaturas de una persona, aunque la identifiquen, no representan la figura física, real de la persona. Aunque, la *Ley Orgánica 1/1982* la circunscribe a los usos sociales de dichas caricatu-

---

27 Sentencia del Tribunal Constitucional 99/1994, de 11 de abril, FJ 5.

ras, lo que comporta que si se utilizan fuera de los usos sociales puede haber una intromisión en la imagen.

2.3.2. La colisión entre los derechos y libertades de expresión e información y los derechos de la personalidad

El ejercicio de los derechos y libertades de expresión e información, en determinadas ocasiones puede colisionar con el derecho al honor, intimidad o imagen de terceras personas.

Se trata de una confrontación que parte de una dimensión subjetiva: la protección de unos derechos del individuo frente a su extrapolación a la dimensión social y conocimiento de sus conciudadanos. Pero que, a su vez, tiene una dimensión objetiva, puesto que el derecho y las libertades de expresión e información son la garantía de la opinión pública libre, presupuesto del pluralismo político y social, que es condición esencial de cualquier régimen democrático.

Además, se trata de una confrontación en la que el marco normativo no puede abarcar todas las soluciones posibles los conflictos que puedan plantearse que, no solo enmarcados por las leyes, sino que también por los usos sociales y los propios actos de las personas afectadas, por lo que debe estudiarse cada caso y ponderarse cuál de los derechos debe prevalecer. Precisamente, en estas soluciones concretas han sido muy numerosas las ocasiones en que los Tribunales y, específicamente, el Tribunal Constitucional se han pronunciado sobre estas cuestiones[28] generando una doctrina que nos permite establecer un conjunto de pautas que pueden servirnos en la determinación de los criterios que deben aplicarse a cada caso.

Sin embargo, también debe apuntarse que los pronunciamientos de la jurisprudencia han evolucionado desde una postura

---

[28] STC 120/1983, de 15 de diciembre, FJ 4; STC 104/1986, de 17 de julio FJ 5 y 6; STC 171/1990, de 12 de noviembre FJ 5; STC 85/1992, de 8 de junio FJ 4, etc.

inicial, caracterizada por cierta inercia respecto de la situación anterior, en la que tenían un mayor eco o primaban los derechos de la personalidad, hasta el momento actual, en la que, progresivamente, se ha ido reconociendo cierta prevalencia de las libertades de expresión e información, tanto por su variable subjetiva como por la necesidad de garantizar la dimensión social u objetiva. En este proceso han confluido numerosos elementos, tanto de la transformación de estos conceptos en la sociedad española y su interacción con el Tribunal Constitucional, como las influencias internacionales, entre las que cabe destacar la del Tribunal Europeo de Derechos Humanos, así como de la jurisprudencia constitucional de otros países, en especial la sentada por el Tribunal Supremo norteamericano sobre la libertad de información.

Pero, lo que ahora nos interesa destacar es que la jurisprudencia del Tribunal Constitucional y el Tribunal Supremo ha elaborado una doctrina consolidada para aplicarla a los conflictos entre el ejercicio de los derechos a la libertad de expresión e información y en la posible afectación a los derechos de la personalidad –honor, intimidad e imagen– de las personas aludidas, estableciendo unas pautas de ponderación en tres fases.

En *la primera fase de ponderación deberemos determinar el derecho ejercido, analizando si el conflicto se ha producido por el ejercicio de la libertad de expresión o ha sido causado por el ejercicio de la libertad de informar.*

Es decir, debemos determinar cuál de los dos derechos ha entrado en conflicto con el derecho al honor, la intimidad o la imagen. Aunque, a veces, la distinción entre opinión e información no es fácil, ya que la libre expresión de ideas se complementa con ejemplos de hechos similares ya ocurridos o, a la inversa, la comunicación de noticias puede hacer conveniente acompañarla de una valoración subjetiva para enriquecer o complementar la información.

Ante la duda sobre el derecho que se ha ejercido, habrán de valorarse las circunstancias que intervengan en el caso para determinar cuál es el elemento preponderante. Si la finalidad primordial que se perseguía era la de narrar un hecho, nos encontramos en un caso de ejercicio de la libertad de información. Si lo que se pretendía era exponer un punto de vista, una opinión, una crítica, el derecho en juego será el de la libertad de expresión.

Mientras que en los casos que no pueda distinguirse o se ejerzan ambos derechos conjuntamente, deberemos analizar el caso ateniéndonos a la causa del conflicto por qué se reclama y, si hay una doble reclamación -libertad de expresión, por una parte, y libertad de información, por otra, debemos resolver el conflicto contemplando ambas posibilidades.

En la segunda fase de ponderación deberemos analizar el correcto ejercicio del derecho que hemos determinado en la primera fase (libertad de expresión o libertad de información, o ambas, en su caso).

Para ello, si se trata de la libertad de expresión, analizaremos si se ha manifestado correctamente (sin humillaciones ni vejaciones innecesarias y sin insultos) o por el contrario ha habido una extralimitación. Y, en el caso de que se trate de la libertad de información, analizaremos si se han narrado los hechos con veracidad, aplicando las pautas de comportamiento que hemos comentado en otros apartados.

Asimismo, en ambos casos, analizaremos si el tema tratado es de interés público o, por el contrario, es meramente privado, si es un personaje público o privado, etc. Con ello ya estaremos en condiciones de pronunciarnos sobre si se ha ejercido correctamente o no la libertad de expresión o la libertad de información, según el caso.

En *la tercera fase de ponderación entraremos en el alcance de la vulneración del derecho al honor, a la intimidad o a la propia imagen.* En el caso de la extralimitación en el ejercicio de los derechos a la libertad de expresión y de información, entraremos a analizar en que grado la comunicación denunciada deja desprotegido alguno de los derechos de la personalidad, cual ha sido el daño caudado y la posible reposición del derecho vulnerado. Además, los jueces determinarán también qué indemnización le corresponde al perjudicado para resarcirle de los daños y perjuicios ocasionados).

Al respecto, debemos insistir que la jurisprudencia constitucional otorga a la libertad de expresión o de información un carácter preferente -una eficacia o una fuerza expansiva, según su terminología jurídica- sobre los demás derechos fundamentales, como son el derecho al honor, la intimidad o la propia imagen. En el enjuiciamiento de cada caso, no se tratará inicialmente de establecer si el ejercicio de la libertad de expresión o de información ha ocasionado una lesión al derecho al honor, sino que previamente se deberá determinar si el ejercicio de estas libertades ha sido legítimo o no. Y, en los supuestos donde el ejercicio de estos derechos y libertades haya sido correcto, pasaremos a determinar con el análisis sobre el alcance de la vulneración si los derechos de la personalidad, deben reconocerse como tales o deben ceder ante la entidad de los derechos de expresión o información.

2.3.3. El derecho a recibir información veraz y el derecho de rectificación

Cuando en el artículo 20 de la Constitución española se reconocen y protegen los derechos a expresar y difundir libremente los pensamientos, ideas y opiniones mediante la palabra, el escrito o cualquier otro medio de reproducción, y a comunicar o recibir libremente información veraz por cualquier medio de difusión, no solo está reconociendo el derecho al ejercicio de estas libertades de expresión e información, sino que también se reconoce el derecho de las personas a *«recibir información»* y, además, a que esta información sea *«veraz»*.

Ahora bien, estos derechos y, en particular, el *derecho a difundir información* sólo tiene regulados en la actualidad sus límites y el *derecho a recibir información* no tiene regulación alguna. Como ya hemos analizado en apartados anteriores. Así, en el derecho a recibir información en el ámbito de los medios de comunicación está todo por regular, a salvo del derecho de rectificación del que son titulares tan sólo a los *aludidos directamente* por la información.

Por tanto, *el* derecho a recibir información veraz es tan solo un mero postulado que sirve para construir el *derecho a informar*, y que puede contrastarse, en el caso de existir una colisión con los derechos de la personalidad, para garantizar el buen ejercicio de este derecho y, en su caso, determinar su prevalencia, pero, por sí solo, no tiene entidad propia o, hoy por hoy, tampoco un desarrollo legislativo que lo garantice frente a la *omisión de información* o a *la información falsa*.

Al respecto, sin embargo, deben apuntarse todos los esfuerzos desde las Instituciones Europeas en abordar, tanto en programas concretos, como en futuros marcos normativos las cuestiones relacionadas con las *fake news, pluralidad de medios, etc.* Como analizaremos en próximos apartados capítulos de esta obra.

En cuanto al derecho de rectificación, aunque no tenga una previsión constitucional específica, está relacionado con los derechos y libertades de expresión e información recogidos en el art. 20 de la Constitución, al tiempo que, con las garantías, recogidas en los artículos 10 y 18 de la misma, para el desarrollo y disfrute de los derechos de la personalidad.

Este derecho a la rectificación, desarrollado en la *Ley Orgánica 2/1984, de 26 de marzo, reguladora del Derecho de Rectificación*, podemos definirlo como la facultad que se reconoce a toda persona natural o jurídica para que pueda solicitar la rectificación de una información difundida por un medio de comunicación cuando considere inexactos los hechos que le aluden y cuya divulgación pueda causarle perjuicio, incluyendo su versión sobre los hechos, de tal manera que si se acepta pueda difundirse con similares características a la información difundida que considera que le ha causado perjuicio y de forma gratuita.

Asimismo, la *Ley Orgánica 3/2018, de 5 de diciembre, de Protección de Datos Personales y garantía de los derechos digitales*, en su artículo 85, ha regulado el *derecho de rectificación en Internet*, obligando a los responsables de redes sociales y servicios equivalentes a adoptar «*protocolos adecuados para posibilitar el ejercicio del derecho de rectificación ante los usuarios que difundan contenidos que atenten contra el derecho al honor, la intimidad personal y familiar en Internet y el derecho a comunicar o recibir libremente información veraz, atendiendo a los requisitos y procedimientos previstos en la Ley Orgánica 2/1984, de 26 de marzo, reguladora del derecho de rectificación*». Y, en caso de aceptar la rectificación, establece la obligación de «*proceder a la publicación en sus archivos digitales de un aviso aclaratorio que ponga de manifiesto que la noticia original no refleja la situación actual del individuo. Dicho aviso deberá aparecer en lugar visible junto con la información original*».

A este derecho también se refiere el artículo 68 de la *Ley Orgánica 5/1985 de Régimen Electoral General* para detallar los tiempos y procedimientos conforme tiene que aplicarse en los periodos electorales, y el artículo 4 de *la Ley 13/2022, General de Comunicación Audiovisual*, al establecer que la comunicación audiovisual respetará y garantizará los derechos de rectificación y réplica, en los términos previstos en la *Ley Orgánica 2/1984, de 26 de marzo, reguladora del derecho de rectificación.*

Como antecedentes en España de este derecho de rectificación, o de réplica, como también se acostumbra a denominar, pueden citarse los arts. 58 al 62 de la *Ley de Prensa e Imprenta de 1966*, o en el art. 25 de la *Ley 4/1980, del Estatuto de Radio y Televisión* se concretaba un derecho específico de rectificación para la radio y televisión pública. Sin embargo, ambos procedimientos quedaron derogados expresamente con la citada *Ley Orgánica 2/1984* que unificó los procedimientos en el ejercicio de este derecho.

En esta *Ley Orgánica* 2/1984, reguladora del Derecho de Rectificación, se delimita la finalidad de la norma, su objeto, el procedimiento que debe seguirse y las posibles acciones por incumplimiento. Veamos ahora un breve apunte de cada uno de estos aspectos.

En cuanto a *la finalidad de esta norma*, como se expresa en la misma es establecer una garantía al buen ejercicio de los derechos y libertades de información, con la finalidad de conciliar dos intereses en colisión, procurando la defensa de la persona aludida y su satisfacción moral -elemento subjetivo-, y restableciendo con ello, en alguna medida, una posición de desigualdad entre los particulares y los difusores de la información. Además, puede servir como una vía complementaria para el esclarecimiento de la verdad y la consecución de una información más plural, que puede coadyuvar a la consecución de los objetivos de veracidad y pluralidad, reconocidos en el art. 20 de la CE, para una mejor formación de la opinión pública libre -elemento objetivo-.

Respecto al *objeto del derecho de rectificación*, contemplado en dicha Ley, consiste en la facultad otorgada a toda persona, natural o jurídica, de «*rectificar la información difundida, por cualquier medio de comunicación social, de hechos que le aludan, que considere inexactos y cuya divulgación pueda causarle perjuicio*» (art. 1). Se trata de un derecho de réplica de los ciudadanos, un derecho a ofrecer otra versión o a contradecir una información difundida por un medio de comunicación. Está amparado en el derecho a la información, no en la libertad de expresión, por lo que es una rectificación de hechos, nunca de pensamientos o valoraciones ajenas. Es decir, para que pueda ejercerse este derecho de rectificación ha tenido que difundirse un hecho en el que se alude, directa o indirecta, a una determinada persona y puede causarle perjuicio en su proyección social. Sin embargo, no exige probar la inexactitud de las noticias divulgadas. La persona que desee ejercitar este derecho no viene obligada a desvirtuar o rebatir mediante datos o informes los hechos difundidos. Únicamente deberá referir los hechos de la información difundida que desee rectificar, en los términos y la forma que señala la *Ley Orgánica 2/1984* (arts. 2 y 3), con independencia de cuál sea la verdad de los hechos.

Con ello, el derecho de rectificación se concibe como un derecho subjetivo de la persona aludida en una noticia, en aras a que se admita «*su versión de los hechos*» tratando de igualar a las personas frente a los difusores de la información. A su vez, respecto al medio, siempre que el derecho se ejercite por la persona aludida y de conformidad con los plazos y condiciones que marca la ley, puede aceptarlo y difundir la versión del demandante del derecho de rectificación, sin que ello limite la facultad del medio de comunicación a ratificarse en la información inicialmente suministrada o, en su caso, aportar, ampliar y divulgar todos aquellos datos que la confirmen o la avalen. La inacción por parte del medio -hacer caso omiso a la rectificación- no es sancionable, pero sí deja la puerta abierta a un procedimiento judicial urgente y sumario para exigir la difusión de la rectificación.

Precisamente, las características de este derecho rectificación propician que deba ajustarse a *un procedimiento rígido*, cuyo incumplimiento hace decaer el mencionado derecho. Este formalismo, sin embargo, resulta necesario para garantizar una efectividad temporal y de contenido del derecho reclamado.

Así, en primer lugar, debe existir una información, difundida por cualquier medio de comunicación, de hechos que aludan a una determinada persona natural o jurídica, que dicha persona los considere inexactos y cuya divulgación pueda causarle perjuicio. Cuando eso ocurra, el perjudicado o su representante y, si hubiese fallecido, sus herederos podrán ejercitar este derecho de rectificación mediante la remisión de un escrito en el que se detallará la información que se desee rectificar y solicitar el sentido de dicha rectificación que deberá «*limitarse a los hechos de la información que se desea rectificar*» (art. 2) , dirigido al director del medio de comunicación dentro de los siete días naturales siguientes al de la publicación o difusión de la información que se desea rectificar, de tal forma que permita tener constancia de su fecha y de su recepción.

Dentro de los tres días siguientes a la recepción, el director del medio, conforme a la decisión adoptada por el órgano competente o por él mismo, en caso de considerar adecuada la solicitud de rectificación, procederá a ordenar la difusión íntegra de la rectificación solicitada, con una relevancia semejante a la que tuvo la información que se rectifica, sin comentarios ni apostillas que puedan desvirtuar tal rectificación. En aquellos casos que la periodicidad del medio o programa que se emitió no permita divulgar la rectificación en el plazo de tres días, podrá exigir el solicitante de la rectificación que se difunda en un espacio de audiencia y relevancia semejantes, dentro de dicho plazo. Caso de que no exista dicha petición expresa, la difusión se realizará en la siguiente emisión del programa que propició la solicitud de rectificación. En cualquier caso, la difusión de la rectificación será gratuita para el aludido y no podrá reclamársele contraprestación de ningún tipo.

En aquellos casos en los que el medio no haya atendido, haya rechazado o haya transformado la solicitud del derecho de rectificación del aludido, este podrá ejercitar *la acción de rectificación*, mediante un procedimiento judicial urgente y sumario para exigir la publicación de la rectificación que podrá interponer, dentro de los siete días hábiles siguientes, ante el Juez de Primera Instancia de su domicilio o del domicilio del medio de comunicación. La interposición de esta acción de rectificación es totalmente compatible con el ejercicio de otro tipo de acciones penales o civiles de otra naturaleza que pudieran asistir al perjudicado para defender sus derechos de la personalidad.

2.4. LA PROTECCIÓN CONSTITUCIONAL DE DERECHOS COLECTIVOS EN EL ÁMBITO DE LA COMUNICACIÓN

En los postulados del texto constitucional, además de los derechos y libertades comentados hasta el momento, se proyectan otros derechos, que podemos denominar generales o colectivos, que afectan al conjunto de los usuarios de la comunicación audiovisual o a determinados colectivos.

Al respecto, basta con constatar como en la Constitución de 1978, en la misma línea que otras constituciones del último tercio del siglo pasado, los derechos y libertades de expresión e información se amplían y refuerzan con los conceptos de *«información veraz»* y *«difusión»*, además de introducir otras prescripciones como las de *«la regulación por ley de la organización y el control parlamentario de los medios de comunicación social dependientes del Estado o de cualquier ente público»*, o *«el acceso de los grupos sociales y políticos significativos a los medios de comunicación públicos»*. Por lo tanto, su alcance va más allá de los meros derechos individuales y se integra en el reconocimiento de un derecho general y consustancial a la propia existencia de una sociedad libre y democrática en la que estas libertades y derechos tienen un papel fundamental.

Ahora bien, estos derechos y, en particular, el *derecho a difundir información*, ya hemos analizado que sólo tiene regulados en la actualidad sus límites y el *derecho a recibir información* no tiene regulación alguna, a salvo del derecho de rectificación del que solo son titulares tan sólo a los *aludidos directamente* por la información y que ya hemos analizado. Al igual que tampoco están desarrollados los derechos que tiene la ciudadanía ante *la información falsa, o ante la ausencia de información.* Puede aceptarse que la configuración legal de estos derechos tiene una considerable dificultad, pero el reverso de la dificultad es el decaimiento del derecho. Al respecto, cuando menos sería conveniente regular algunos contenidos *imperativos del ejercicio de estos derecho u obligaciones adheridas los mismos.*

Sin embargo, a pesar de la proyección constitucional de estos derechos, en las dos leyes que más directamente desarrollan el campo de estos derechos, como son la *Ley 14/1966, de 18 de marzo, de Prensa e Imprenta*, en la que no podemos encontrar ninguna referencia y la *Ley 13/2022, General de Comunicación Audiovisual* que se refiere a estos aspectos en sus artículos 9.2 y 15.4.j) en la que, simplemente, se deriva a la autorregulación la consecución de estos objetivos, no tenemos un marco legal en la actualidad que nos permita garantizarlos de manera expresa.

Así que, por el momento, en este análisis nos limitaremos a apuntar aquellos mandatos constitucionales que, desde la perspectiva de los derechos colectivos que tienen algún tipo de desarrollo normativo que puede coadyuvar para hacer efectivos, en alguna medida, estos derechos.

2.4.1. La regulación y control de los medios de comunicación social públicos

Otra de las cuestiones que deben abordarse en este análisis y que inciden en el desarrollo y contenido de la legislación es esta materia es el artículo 20.3 del texto constitucional.

En el momento de abordar el redactado del primer borrador del texto constitucional, la ponencia nombrada para ello, tuvo en cuenta, tanto los antecedentes próximos de derecho comparado -ya hemos comentado los artículos 39 y 40 de la Constitución Portuguesa de 1976-, como el control que durante la Dictadura se había ejercicio sobre los medios de comunicación y el control que seguía detentando el Gobierno sobre los medios públicos durante el proceso constituyente y, sobre estas premisasa, se incluyó este apartado 3 referido exclusivamente a la regulación de los medios públicos y al derecho de acceso a los mismos.

En concreto, en el artículo 20.3 se fijan las bases sobre las que debe estructurarse el sistema y modelo español de los medios de comunicación social públicos, al establecer que «*La ley regulará la organización y el control parlamentario de los medios de comunicación social dependientes del Estado o de cualquier ente público y garantizará el acceso a dichos medios de los grupos sociales y políticos significativos, respetando el pluralismo de la sociedad y de las diversas lenguas de España*».

Este mandato, sin precedente alguno en nuestra historia constitucional, no fue ajeno a los antecedentes de uso y abuso de los medios de comunicación por parte de la Dictadura, que aconsejaban establecer algún tipo de mecanismo que evitase la utilización de los medios de comunicación social dependientes del Estado o de cualquier ente público, por parte del poder político dominante, aunque en el Anteproyecto del texto Constitucional, incluido como artículo 20.4, no era tan ambicioso y su objetivo fundamental se centraba en garantizar el acceso de los grupos sociales y políticos a los medios de comunicación públicos, encomendando a los propios poderes públicos garantizar dicho acceso[29]. Posteriormente, con la reforma introducida por el Pleno de Congreso se añadió la obligación de «*regular por Ley la organización y el control parlamentario de estos medios*», manteniendo el derecho de acceso[30]. Ahora bien, respecto a la proyección jurídica de este mandato, podría pensarse que la exigencia expresa de su regulación por ley era innecesaria porque ya se deriva de otros mandatos constitucionales.

Primero, la exigencia de que la regulación de los medios de comunicación públicos se haga mediante una norma con rango de ley. Podría resultar innecesaria, en la medida en que el artículo 53 de la Constitución establece en su apartado primero: «*Los derechos y libertades reconocidos en el Capítulo segundo del presente Título vinculan a todos los poderes públicos. Sólo por ley, que en todo caso deberá respetar su contenido esencial, podrá regularse el ejercicio de tales derechos y libertades…*». Sin embargo, la lectura sistemática de ambos preceptos (20.3 y 53.1) lleva a la conclusión de que la precaución que se contiene en el artículo 20.3 es determinante. En efecto, en la medida en que «*la organización*

29 Boletín Oficial de las Cortes, de 5 de enero de 1978. Art. 20.4: «*Los poderes públicos garantizarán el acceso a los medios de comunicación social y de su propiedad o sometidos, directamente o indirectamente, a su control de los distintos grupos sociales y políticos, respetando el pluralismo de la sociedad y las diversas lenguas de España*».

30 Boletín Oficial de las Cortes, de 24 julio de 1978.

y el control parlamentario de los medios de comunicación» no son, en sentido estricto, «*derechos y libertades*», por lo que no les sería aplicable artículo 53 y, por consiguiente, la organización y el control parlamentario de los medios de comunicación sería susceptible de una regulación por normas que no fueran leyes. Por el contrario, la determinación establecida en el artículo 20.3 de la Constitución no deja lugar a dudas sobre el rango legal que se exige para la regulación en cuestión.

La misma conclusión puede alcanzarse respecto de la segunda parte del apartado 3 del artículo 20 de la Constitución, que tratamos en el siguiente apartado, que establece que la ley: «*regulará el acceso a dichos medios de los grupos sociales y políticos significativos, respetando el pluralismo de la sociedad y de las diversas lenguas de España*», pues no resulta *a priori* claro que los grupos sociales y políticos sean titulares de derechos fundamentales, de modo que de no haberse regulado expresamente la exigencia de ley, la misma sería cuando menos discutible.

2.4.2. El derecho de acceso de los grupos políticos y sociales significativos

Como se ha comentado en el apartado anterior, el mandato establecido en el artículo 20.3 del texto constitucional, obliga a regular mediante una Ley la organización y el control parlamentario de los medios de comunicación públicos, pero también garantiza «... *el acceso a dichos medios de los grupos sociales y políticos significativos, respetando el pluralismo de la sociedad y de las diversas lenguas de España*».

Precisamente, este mandato, que ya hemos comentado no tenía precedente alguno en nuestra historia constitucional, se incluyó desde el principio en el Anteproyecto del texto Constitucional, como artículo 20.4[31]: «*Los poderes públicos garantizarán el acceso a los medios de comunicación social y de su propiedad o*

---

[31] Boletín Oficial de las Cortes, de 5 de enero de 1978.

sometidos directamente o indirectamente a su control de los distintos grupos sociales y políticos, respetando el pluralismo de la sociedad y las diversas lenguas de España», manteniéndose esta obligación durante todo el proceso de elaboración del texto constitucional, aunque con una modificación técnica de redactado al ampliarse la obligación de regular por Ley la organización y control de los medios de comunicación públicos[32], y sustituyendo en la redacción definitiva el término «*distintos*» para referirse a los grupos políticos y sociales por «*significativos*»[33].

Respecto al *contenido y alcance* de este derecho de acceso o derecho de antena, como también se denomina en otros países, y lo hace buena parte de la doctrina, ante todo, conviene matizar que el art. 20.3 se está refiriendo específicamente a los «*medios de comunicación social dependientes directa o indirectamente de la Administración*», frente a lo que podía ser su inspiración más directa en derecho comparado, el art. 40 de la Constitución Portuguesa, que hace una referencia genérica a la radio y televisión «*según los criterios que se especifiquen en el Estatuto de la Información*».

También, en el art. 20.3, en relación con la ley o leyes que deben regular la organización y control parlamentario y el acceso a los medios de comunicación social públicos, exige que «*se respete el pluralismo de la sociedad y las diversas lenguas de España*». Esta salvaguarda del pluralismo social y lingüístico supone un mandato concreto que respecto al derecho de acceso debe suponer, sin que ello implique contradicción alguna con un mayor derecho de acceso de los grupos sociales y políticos significativos, una apertura a la pluralidad de esta sociedad y los grupos que la componen. Aunque para ello tampoco debemos olvidar la estructura territorial, e incluso temática, de los medios de comunicación social que pueden posibilitar y favorecer el respeto a estas pluralidades.

---

32 Boletín Oficial de las Cortes, de 24 julio de 1978.

33 Boletín Oficial de las Cortes, de 28 de octubre de 1978.

Otro aspecto sobre el que debemos incidir es la determinación de los *titulares de este derecho.* La Constitución prevé un derecho de acceso de los grupos sociales y políticos significativos. Respecto a los «*grupos políticos*», a tenor de lo reconocido en los arts. 6 o 23 de la Carta Magna, serán los Partidos Políticos quienes puedan disfrutar de estos derechos. Mayor dificultad, en cambio, plantea la determinación de los «*grupos sociales*» a los que se refiere el art. 20.3 que puede abarcar un numeroso grupo de colectivos y de naturaleza muy distinta. Para ello, si recurrimos a las referencias constitucionales sobre los colectivos que pueden participar en actividades sociales y contribuir a la defensa de los intereses de los ciudadanos, podemos destacar a los Sindicatos (arts. 7 y 28), a las Asociaciones Empresariales u Organizaciones Profesionales (arts. 7 y 25), a las Asociaciones de Consumidores y Usuarios (art. 51) a las confesiones religiosas (art. 16) y cualesquiera otras asociaciones (art. 22) (ecologistas, benéficas, culturales, etc.) con una clara vocación e interés social.

En cuanto a su *proyección práctica,* debemos constatar que se trata de un derecho que precisa un ulterior desarrollo por parte del legislador, conforme lo ha afirmado el Tribunal Constitucional al establecer que: «*Este derecho de acceso (...) será en cada caso articulado por el legislador, pero ni éste queda libre de todo límite constitucional en dicha configuración ni la eventual vulneración de sus determinaciones por los aplicadores del Derecho podrá decirse constitucionalmente irrelevante en orden al ejercicio eficaz de las libertades consagradas en el art. 20*»[34]

Así, este desarrollo legislativo podemos apuntar el reconocimiento de este derecho de acceso en periodo electoral recogido en la *Ley Orgánica 5/1985 del Régimen Electoral General,* que incluye una forma específica de acceso de los grupos políticos a los medios de comunicación.

---

34 Sentencia del Tribunal Constitucional, 63/1987, de 20 de mayo, FJ 6º.

Pero, sobre todo, debemos referirnos a la concreción de este derecho en las normas que regulan los medios públicos estatales[35] y autonómico[36]. Sin embargo, en estas leyes, únicamente se acostumbra a recoger una referencia genérica sobre el derecho de acceso, mientras que su concreción y la aplicación práctica se atribuye a los consejos de administración o los consejos rectores de dichas entidades. Y, en la práctica, dicho acceso se reduce, en términos generales, primero a establecer que en la programación de dichos medios se garantizará la expresión de la pluralidad social, ideológica, política y cultural de la sociedad española o autonómica. Para, acto seguido, también en términos muy generales, establecer las pautas para aplicar el derecho de acceso y la garantía de disponibilidad de los medios técnicos y humanos necesarios para la realización de los espacios para el ejercicio del derecho de acceso.

Tan solo en la normativa autonómica que hemos referenciado hay una mayor concreción al referirse a también al acceso a este derecho de los grupos con menor visibilidad social, al acceso a los contenidos, y especialmente a los contenidos informativos, a considerar a estos grupos como fuentes y portadores de información y opinión en el conjunto de la programación, a cederles espacios específicos en la programación, a la cesión de espacios no guionados en programas informativos, o, incluso a la posibilidad de acceder espacios publicitarios gratuitos.

Resulta, por tanto, evidente que el derecho de acceso necesita seguir desarrollándose en nuestro país, bien mediante alguna ley específica o con una ampliación de los contenidos actuales en las leyes que regulan los medios de comunicación. Incluso y en términos de futuro, en virtud de la próxima realidad audiovisual

---

35 Ley 17/2006, de 5 de junio, de la radio y la televisión de titularidad estatal, artículo 28

36 Por ejemplo, Ley 6/2016, de 15 de julio, del Servicio Público de Radiodifusión y Televisión de Ámbito Autonómico, de Titularidad de la Generalitat. Artículo 31.

con los riesgos de concentración de los medios audiovisuales y el menor peso específico de los medios públicos, potenciando un derecho de acceso de los grupos políticos y sociales significativos, tanto en los medios públicos como los privados, que se concrete en algunos programas específicos y con horarios adecuados o, incluso, con la posibilidad de garantizar los grupos sociales y políticos puedan expresar directamente a la audiencia sus propuestas y opiniones en espacios informativos. Con ello estaríamos completando y reforzando los principios de acceso, pluralidad y el derecho a expresar y recibir información, postulados en el art. 20 de la Constitución.

Una última observación que también debe realizarse sobre el contenido y alcance de este derecho de acceso es si esta proyección del mandato constitucional podría asociarse a la necesaria existencia de un sector público de medios de comunicación social como garantía para el ejercicio efectivo de este derecho de acceso, imponiendo como condición previa a su eficacia, la existencia misma de medios de comunicación de titularidad pública.

Sobre ello, el Tribunal Constitucional, en coherencia con el rechazo a toda virtualidad prestacional del derecho consagrado en el art. 20.3, se pronunció en contra de la obligación de mantener unos determinados medios de comunicación públicos como presupuesto imprescindible para garantizar este derecho, dictaminando respecto a la existencia de dichos medios que con este precepto no se pretende «*congelar la situación existente respecto a los medios de prensa (…), sino garantizar que la organización y el control de los medios de comunicación social que en cada momento dependen del Estado o de cualquier ente público se ajustará a los criterios establecidos en el mencionado precepto, que no impide ni la supresión del organismo autónomo Medios de Comunicación Social del Estado, ni la enajenación de los medios de prensa actualmente integrados en el mismo*»[37]. Aunque,

---

[37] Sentencia del Tribunal Constitucional 86/1982, de 23 de diciembre, FJ 4º.

esta referencia directa a los medios públicos tampoco excluye, dentro de las opciones que tiene el legislador en el desarrollo del mandato de este precepto constitucional, que pueda elegir las opciones que considere oportunas en la configuración de un sector público de medios de comunicación, siempre que respete estos postulados[38].

2.4.3. La no discriminación de las personas, y la protección de la infancia y la juventud

En el art. 20.4 del Texto Constitucional se establece: «*Estas libertades tienen su límite en el respeto a los derechos reconocidos en este Título, en el precepto de las leyes que lo desarrollen y, especialmente, en el derecho al honor, a la intimidad y a la propia imagen* –que ya hemos comentado en apartados anteriores– *y a la protección de la juventud y de la infancia*».

Es por ello debemos tener especial cuidado en los contenidos que afecten tanto a los otros derechos fundamentales reconocidos en el Título I, entre los que –dejando al margen el derecho de las personas al honor, a la intimidad y a la propia imagen, que ya hemos analizado- debemos destacar los derechos reconocidos en el artículo 14, sobre todo cuanto los contenidos difundidos en el ejercicio de estas libertades de expresión e información puedan incidir o alentar la discriminación por razón de nacimiento, raza, sexo, religión, opinión o cualquier otra condición o circunstancia personal o social.

Estos mandatos constitucionales, por tanto, deberán respetarse y, a su vez, proyectarse en las regulaciones sobre los contenidos específicos de los medios o las redes en todos aquellos contenidos que puedan suponer algún tipo de discriminación, incluso, como ocurre con la legislación audiovisual, con mandatos de discrimi-

---

[38] Sentencias del Tribunal Constitucional 86/1982, de 23 de diciembre, FJ 3; y, 63/1987, 20 de mayo, FJ 6º.

nación positiva para facilitar el acceso a dichos contenidos de las personas con problemas auditivos o de visión, favorecer el pluralismo lingüístico, o apoyar la igualdad de género y la imagen de las mujeres[39].

Asimismo, han tenido un reflejo en las diversas legislaciones sobre los algunos colectivos. Así, por ejemplo, la regulación en torno a la no discriminación por razón de sexo en los contenidos y actividad comunicativa que está recogida en numerosas leyes, como por ejemplo la *Ley Orgánica 1/2004, de 28 de diciembre, de Medidas de protección integral contra la Violencia de Género* (arts. 13 y 14). También ocurre lo mismo con el respeto a la juventud y la infancia en los contenidos de los medios, que se ha desarrollado en *Ley Orgánica 1/1996, de 15 de enero, de Protección Jurídica del Menor* (arts. 4 y 5).

Por último, debe apuntarse que estos mandatos constitucionales tienen una sustantividad propia y diferenciada de los derechos de la personalidad -honor, intimidad y propia imagen-. Además, estos derechos, frente a lo que ocurre con los derechos de la personalidad que tienen una protección *a posteriori*, es decir, cuando han colisionado con los derechos y libertades de expresión e informativas, para restablecer o compensar el derecho transgredido, la protección de estos derechos colectivos tienen, en la regulación de los medios audiovisuales, un carácter preventivo y una discriminación positiva.

2.5. LAS PAUTAS CONSTITUCIONALES SOBRE LA DISTRIBUCIÓN COMPETENCIAL EN EL ÁMBITO DE LA COMUNICACIÓN

El título VIII de la Constitución de 1978, configuró un modelo de Estado compuesto en el que delimitó los ámbitos competenciales que correspondían al Estado y los que correspondían a las

39 Ley 13/2022, de 7 de julio, General de Comunicación Audiovisual, artículos 4, 5, 6, 7, y 8.

Comunidades Autónomas. En concreto, respecto a la regulación de los medios de comunicación, el apartado 1.27ª del artículo 149 de la Carta Magna fijó que el Estado tiene competencia exclusiva para dictar: «*Normas básicas del régimen de prensa, radio y televisión y, en general, de todos los medios de comunicación social, sin perjuicio de las facultades que en su desarrollo y ejecución correspondan a las Comunidades Autónomas*».

Es decir, al Estado le corresponde dictar las «*normas básicas del régimen*» -debemos entender del régimen jurídico- sobre «*la prensa, la radio y la televisión*», que eran los medios imperantes de la época, aunque, acto seguido, incluyó el concepto genérico «*y, en general todos los medios de comunicación social*». Con ello, podríamos decir que abarca cualquier medio de comunicación similar a los anteriores que pudiera aparecer en el futuro, debiendo entender el futuro[40]. Asimismo, este concepto debe interpretarse en lo relativo a la función y los contenidos de los medios de comunicación de masas como receptores y generadores de la opinión pública, desde un emisor hacia el conjunto de la sociedad a través de los diversos sistemas de emisión y transporte –ondas terrestres, satélite, cable, wifi- y distintos tipos de aparatos receptores –radio, televisión, ordenadores, móviles, etc.-. De esta manera, con esta prevención *pro futuro* del texto constitucional y con la aparición de nuevos medios y formas de comunicación social a través del uso de la red, la Constitución, también atribuye, a priori, al Estado la competencia exclusiva sobre la regulación de los servicios de comunicación social que puedan prestarse a través de internet.

Por otra parte, debemos referir que el artículo 149.1.21ª del texto constitucional, atribuye la competencia exclusiva al Estado sobre el «*régimen general de las telecomunicaciones*». De esta manera se refuerza el ámbito competencial del Estado en relación con los

---

40 En la misma línea que, por ejemplo, se contempló en la Ley de Radiodifusión de 26 de junio de 1934, al establecer que regulaba los "servicios de radiodifusión de sonidos e imágenes, ya en uso o que puedan inventarse en el porvenir".

aspectos técnicos de la difusión, sin que podamos obviar y señalar que las zonas de contacto entre una y otra regulación, especialmente respecto de la difusión de los medios audiovisuales, en todos sus formatos y contenidos, son inevitables.

Así, conforme a los criterios que marca el artículo 149.1, en sus apartados 21 y 27, se articula la distribución de competencias entre el Estado y las Comunidades Autónomas, aunque, como acabamos de constatar, significa algo más que la simple reserva de un ámbito competencial estatal, ya que puede proyectarse sobre un amplio régimen jurídico de regulación-intervención en el sector de los medios de comunicación social, tanto en su vertiente técnica de transporte y difusión de la señal, como en la de la estructura de los medios y las pautas sobre los contenidos, además de una reserva *pro futuro* para el Estado.

Conforme a estos postulados se ha aprobado la legislación básica en el ámbito de los medios y la difusión audiovisual, con la *Ley 13/2022, de 7 de julio, General de la Comunicación Audiovisual,* y la legislación competencia exclusiva del Estado en materia de telecomunicaciones, con la *Ley 11/2022, de 28 de junio, General de Telecomunicaciones.*

Ahora bien, en el ámbito de los medios de comunicación social, esta atribución de la competencia exclusiva del Estado sobre la legislación básica no excluye las posibles facultades de las Comunidades Autónomas, siempre que sus respectivos Estatutos de Autonomía hayan incluido la competencia para el desarrollo legislativo y la ejecución del régimen de radiodifusión y televisión y del resto de medios de comunicación. Eso significa «*sin perjuicio de las facultades que en su desarrollo y ejecución correspondan a las Comunidades Autónomas*», por lo que las Comunidades podrán asumir, tanto la legislación no-básica, o la que desarrolle la normativa no-básica, como las competencias de ejecución de la legislación del Estado sobre el régimen de la prensa, la radio y la televisión y, en general, medios de comunicación, así como aquellas otras competencias propias Comunidades en la regulación de sus propios medios de comunicación.

De esta manera, las Comunidades Autónomas, en el marco fijado por la normativa básica estatal y conforme a lo recogido en sus Estatutos, pueden disponer de un amplio abanico competencial en el ámbito de los medios de comunicación. Competencias que van desde la aprobación de las normativas que desarrollen para su territorio la legislación básica estatal, a la posible creación y regulación de medios de comunicación propios, hasta la ejecución de todas las cuestiones relativas a los medios de comunicación cuyo ámbito fundamental de emisión no exceda la propia Comunidad.

3. El marco regulatorio europeo de la comunicación ante los nuevos retos de la sociedad digital

En primer lugar y como una cuestión previa para analizar las normativas de la Unión Europea en el ámbito de la comunicación, debemos apuntar que, en los Tratados constitutivos de las Comunidades, apenas encontramos referencias directas a los derechos y libertades de expresión e información, puesto el objetivo básico de dichos Tratados era propiciar y garantizar el eficaz desarrollo y consolidación de las libertades económicas en el ámbito de los países comunitarios.

Sin embargo, aun cuando no estaban reconocidos en dichos Tratados, los derechos y libertades de expresión e información, así como el conjunto de derechos relacionados con el ejercicio de la actividad comunicativa, empezaron a formar parte del acervo y actuaciones comunitarias puesto que se recogían en multitud de acuerdos internacionales firmados por los Estados miembros[41], al tiempo que constituían un elemento esencial de los fundamentos constitucionales de los Estados miembros y se reconocían por la jurisprudencia comunitaria como integrantes de los principios generales del derecho comunitario[42].

---

41 Entre ellos: de Derechos Humanos, adoptada por de el 10 de diciembre de 1948 (art. 29); El Pacto Internacional de Derechos Civiles y Políticos, firmado en Nueva York, el 19 de diciembre de 1966 y que entró en vigor en 1976 (art. 19); o, el Convenio para la Protección de los Derechos Humanos y las Libertades Fundamentales, acordado en Roma, el 4 de noviembre de 1950, en el seno del Consejo de Europa.

42 Que reconoció, reiteradamente, que los derechos y libertades fundamentales integrados en las tradiciones constitucionales comunes a los

Una realidad jurídica *de facto* que, unos años más tarde, ya se incorporó de manera expresa con redactado actual *Tratado de la Unión Europea*[43] que en su artículo 6.2, incluso amplía estos reconocimientos al establecer: "*1. La Unión reconoce los derechos, libertades y principios enunciados en la Carta de los Derechos Fundamentales de la Unión Europea de 7 de diciembre de 2000, tal como fue adaptada el 12 de diciembre de 2007 en Estrasburgo, la cual tendrá el mismo valor jurídico que los Tratados.... 2. La Unión se adherirá al Convenio Europeo para la Protección de los Derechos Humanos y de las Libertades Fundamentales.... 3. Los derechos fundamentales que garantiza el Convenio Europeo para la Protección de los Derechos Humanos y de las Libertades Fundamentales y los que son fruto de las tradiciones constitucionales comunes a los Estados miembros formarán parte del Derecho de la Unión como principios generales*".

Precisamente, en la *Carta de los Derechos Fundamentales de la Unión Europea*[44], su artículo 11 reconoce, expresamente, la libertad de expresión e información con los siguientes términos: «*1. Toda persona tiene derecho a la libertad de expresión. Este derecho comprende la libertad de opinión y la libertad de recibir o comunicar informaciones o ideas sin que pueda haber injerencia de las autoridades públicas y sin consideración de fronteras. 2. Se respetan la libertad de los medios de comunicación y su pluralismo*».

También y de manera específica sobre los medios y el sector audiovisual, puede destacarse la relevancia que se dio en el Tratado de Funcionamiento de la Unión Europea, al establecer que «*La acción de la Comunidad favorecerá la cooperación entre Estados miem-*

Estados miembros, así como los instrumentos internacionales relativos a la protección de los derechos humanos a los que dichos Estados se habían adherido, especialmente el Convenio del Consejo de Europa para la Protección de los Derechos Humanos y las Libertades Fundamentales, de 1950, formaban parte «*de los principios generales del derecho cuyo respeto garantiza dicho Tribunal*» TJCE, Sentencia de 5 de octubre de 1994, Asunto TV 10 S.A., FJ 24.

43 DOUE, 30.03.2010.

44 DOCE C346, de 18-12-2000.

bros y, si fuere necesario, apoyará y completará la acción de éstos en los siguientes ámbitos: –la creación artística y literaria, incluido el sector audiovisual».

Aunque, los avances en la creación y regulación de un mercado común en el ámbito de la comunicación y específicamente en el ámbito de la comunicación audiovisual, se fue gestando desde mucho antes[45], con las actuaciones y medidas adoptadas al amparo del artículo 352 del *Tratado de Funcionamiento de la Unión Europea*. Es más, debe afirmarse que las medidas más importantes adoptadas en el sector lo han sido como consecuencia de las competencias comunitarias en el mercado interior, paulatinamente, aderezadas con la referencia a los derechos y libertades de expresión e información, así como del conjunto de derechos y libertades que intervienen en el proceso de comunicación de masas.

En esta línea deben inscribirse las primeras actuaciones y los marcos normativos que se fueron adoptando, fundamentalmente, a partir de la *Directiva 89/552/CEE*, comúnmente denominada de *Televisión sin fronteras*, en cuyo Preámbulo ya se reconocía que las libertades económicas comunitarias, especialmente el derecho al libre establecimiento y la libre circulación de servicios aplicada a la difusión y distribución de servicios de televisión constituyen, en derecho comunitario, una manifestación del principio general de «*libertad de expresión*», tal y como se consagra en el art. 10.1 del Convenio de Roma. En esta misma línea podrían apuntarse la Directiva 97/36/CE que reformaba la Directiva de 1989 e incidía en estos principios, la Directiva 2007/65/CE que reformaba las dos anteriores, la Directiva 2010/13/UE de *servicios de comunicación*

---

[45] Para un mayor detalle de este proceso puede consultarse: VIDAL, J.M. *Libertades informativas y medios de comunicación*. Ed. Colex, Valencia 2019, págs. 67-86; o, VIDAL J.M. "La incorporación del derecho de la Unión Europea en la regulación española del audiovisual. Marco jurídico, naturaleza e incidencia en la normativa estatal". Revista de Derecho de la Unión Europea. Madrid. nº 29–julio–diciembre 2015. Págs. 75-129.

audiovisual que las refundía en un texto consolidado y la actual Directiva 2018/1808 que reforma la anterior y amplia la regulación a los servicios de comunicación audiovisual que se ofrecen a través de internet y con los nuevos formatos.

Pero, también deben inscribirse otro conjunto de acuerdos y normativas europeas propiciando la convergencia con los otros sectores de la sociedad de la información, fomentando del pluralismo y restricciones a la concentración en el sector de los medios de comunicación, garantizando la libre competencia en el marco del desarrollo de las libertades económicas y los derechos y libertades en el ámbito de la comunicación de masas o, apoyando la creación y desarrollo del sector audiovisual, que han ido conformando un marco normativo específico y propio de la Unión Europea que, además, ha servido para unificar las regulaciones en el ámbito de la comunicación de todos los países que integran la Unión europea.

Veamos ahora las principales actuaciones y regulaciones que se han ido adoptando en la Unión Europea en el ámbito del audiovisual y la comunicación de masas hasta la actual perspectiva y los retos que tenemos planteados en la sociedad actual, con los servicios y mercados digitales y la inteligencia artificial.

3.1. LOS INICIOS, EL DESARROLLO Y LA NUEVA REGULACIÓN EUROPEA SOBRE LOS SERVICIOS DE COMUNICACIÓN AUDIOVISUAL. ESPECIAL REFERENCIA A LAS DIRECTIVAS DE SERVICIOS DE COMUNICACIÓN AUDIOVISUAL

Una vez apuntadas, en las páginas precedentes, las referencias de los Tratados de la Unión Europea en el ámbito de la comunicación, procede ahora profundizar en las actuaciones y normativas adoptadas por las instituciones comunitarias en los ámbitos directamente relacionados con la política de información y la creación de un mercado común de la televisión, en la primera época, y de los servicios de comunicación audiovisual con la transición de la tecnología analógica a la digital. Unas referencias en las que, sin duda alguna, hay que destacar las Directivas sobre televisión sin fronteras o de servicios de comunicación audiovisual.

Así, en un breve apunte cronológico de estas actuaciones, en primer lugar, debe citarse la *Resolución sobre la política de información de la Comunidad Europea*, adoptada por la Comisión y el Parlamento Europeo en enero de 1981, a partir de las afirmaciones realizadas en el programa de información de la Comisión para 1980, en donde sostenían que «*la integración europea no progresará más que al precio de éxitos reales políticos y económicos a nivel de la Comunidad, y que tales éxitos serían más fáciles si existiese una política de información de la Comunidad que logrará dar a conocer y hacer comprender a la opinión pública los objetivos de la Comunidad*»[46].

Al poco tiempo, en un momento en el que empezaba a expandirse la televisión por satélite y se veía una oportunidad para su implantación a nivel transnacional, se aprobó la *Resolución del Parlamento Europeo de 12 de marzo de 1982*, resultado de la tramitación de dos propuestas presentadas ante el Parlamento Europeo[47] y el dictamen elaborado por la Comisión[48] sobre «*La radiodifusión y la televisión en la Comunidad Económica Europea*»[49]. En dicha Resolución del Parlamento Europeo se valora la notable influencia

---

46 COM (79), 701 final.

47 Propuestas de *resolución* presentadas por los Sres. PEDINI y HANS y otros el 19 de septiembre de 1980, relativa a la radiodifusión y a la televisión en la Comunidad Europea (Doc. 1-409/80), y la proposición del Sr. SCHINZEL, sobre el peligro que la comercialización de los nuevos medios de información representa para el pluralismo de opiniones (Doc. 1-422/80).

48 Doc. 1-1013/81 presentado por el Sr. HAHN, en nombre de la Comisión de Juventud, Cultura, Educación, Información y Deporte, sobre «*La radiodifusión y la televisión en la CEE*».

49 DOCE, C 87, de 5.04.1982.

de los medios audiovisuales en la formación de la opinión pública y justifica la necesidad de una intervención reguladora a nivel europeo, centrada en dos aspectos: el primero de ellos proponía la creación de un programa europeo de televisión directa por satélite, realizado por las televisiones nacionales en el marco de la UER y difundido mediante satélite; y, el segundo, una línea de acción para elaborar un *reglamento marco* europeo para la radiodifusión transnacional, en el que se tuviese en cuenta la protección de la juventud y la infancia, así como la utilización racional de la publicidad en estas emisiones.

Conforme a esta Resolución del Parlamento Europeo, la Comisión elaboró, en 1983, un primer «*Informe Provisional sobre la realidad y las tendencias de la televisión en Europa: perspectivas y opciones*»[50]. Y, a su vez, el Parlamento Europeo acordó varias Resoluciones que inciden en este ámbito. En la primera *Resolución de 30 de marzo de 1984*[51] se afirmaba que el «*Informe provisional sobre la realidad y las tendencias de la televisión en Europa: perspectivas y opciones*» había supuesto el inicio de una política global en materia de televisión y que el Parlamento no podía sustraerse la obligación de afrontar y participar en la consecución de este reto. La segunda, *la Resolución del Parlamento Europeo,* también adoptada el *30 de marzo de 1984*, sobre la base de un *Informe* elaborado por el parlamentario Sr. Button[52], instaba a que la regulación y restricciones publicitarias en las emisiones televisivas debían ser objeto de una decisión comunitaria para que todos los operadores, públicos y privados, pudiesen competir en igualdad de condiciones y a que, a partir de los efectos que pudiesen tener los avances técnicos en la

---

50 COM (83) 229 final, de 25 de mayo de 1983.

51 Resolución acordada el 30.03.1984 y publicada en el DOCE, C 117, de 30.04.1984.

52 PE Doc. 1-1523/83 de 15 de marzo de 1984. Informe en nombre de la Comisión de Juventud, Cultura, Educación, Información y Deporte sobre «*las comunicaciones radiodifundidas y televisadas en las Comunidades Europeas. El peligro que la comercialización de los nuevos medios de información representa para el pluralismo de opciones*».

internacionalización de las emisiones, recomendando la coordinación de las propuestas de la Comunidad con las del Consejo de Europa. Y, una tercera *Resolución, de 25 de mayo de 1984*[53], en la que se reiteraba la necesidad de elaborar una reglamentación europea en materia de medios de comunicación y adoptar acciones inmediatas para el fomento de la industria audiovisual, instando a la Comisión a presentar un «*Libro Verde sobre radiodifusión y televisión por satélite*», y al Consejo para que se pronunciase sobre las propuestas del Parlamento Europeo con el objetivo de instaurar una política europea de apoyo a la producción y difusión de los medios audiovisuales.

A partir de todas estas iniciativas y reflexiones, fundamentalmente del Parlamento Europeo y la Comisión, se aprobó el «*Libro verde sobre la creación del Mercado Común de la radiodifusión, en particular, por satélite y por cable. Televisión sin fronteras*», en junio de 1984[54]. Este documento, clave en el proceso de la construcción y regulación de una política audiovisual de la Unión Europea, avanzó en los postulados planteados en el «*Informe provisional*» de la Comisión de 1983, profundizando en lo que debía ser la apertura de las fronteras intracomunitarias a los programas audiovisuales europeos y en la progresiva creación de un mercado común que permitiese la «*libre circulación de las informaciones, de las opiniones y de la cultura en el interior de la Comunidad*». Por su parte, el Consejo en 1984, también apoyó el desarrollo de una industria europea de programas, la lucha contra la piratería audiovisual y la armonización de normas relativas a la difusión de productos cinematográficos por los medios de comunicación audiovisuales.

En esta misma línea deben citarse la *Resolución del Parlamento Europeo* relativa a «*Los aspectos económicos del mercado común de*

---

53 DOCE, C 172, de 2.07.1984.

54 COM 84 300 final. Comunicación de la Comisión al Consejo, del 14 de junio de 1984.

la radiodifusión»[55], que se centraba en los aspectos económicos de dicho mercado, y la Resolución sobre «*Una normativa marco para la política europea de los medios de comunicación*»[56], que expresaba el apoyo del Parlamento Europeo a todas las medidas para desarrollar y potenciar el sector audiovisual, al tiempo de aumentar los contenidos europeos en los medios, con medidas como: la recepción de los canales nacionales en todos los Estados miembros; el establecimiento de un canal europeo multilingüe a cargo de una organización europea de radiodifusión; la creación de las bases para una industria europea de programas; la salvaguardia del mantenimiento de la eficacia de la radiotelevisión pública; la de la diversidad cultural y la libertad de información, previniendo el establecimiento de monopolios en los medios de comunicación; la armonización de las normas técnicas; la creación de un marco jurídico homogéneo de las disposiciones legales aplicables a las emisiones de los medios de comunicación (publicidad, protección de la juventud, derecho de réplica, derecho de autor); y el apoyo a la producción europea de programas.

Todos estos esfuerzos y pronunciamientos de las instituciones comunitarias en este ámbito confluyeron en la *Propuesta de Directiva* remitida por la Comisión al Consejo el 30 de abril de 1986 sobre «*La política audiovisual de la Comunidad*»[57]. Una propuesta que tuvo una larga tramitación, hasta que, finalmente, en 1989, se aprobó la *Directiva 89/552/CEE del Consejo*, de 3 de octubre, sobre la «*coordinación de determinadas disposiciones legales, reglamentarias y administrativas de los Estados Miembros relativas al ejercicio de activi-*

---

55 Resolución adoptada el 10.10.1985 (DOCE, C 288, de 11.11.1985, pág. 118 y ss), sobre la base del Dictamen de la Comisión Económica, Monetaria y de Política Industrial (DOC A.2-102/85).

56 Resolución adoptada el 10.10.1985 (DOCE, C 228, de 11.11.1985) sobre la base de un Dictamen de la Comisión de la Juventud, la Cultura, la Educación, la Información y los Deportes (DOC. A.2-75/85).

57 Documento COM (86) 146 final. DOCE, C 179, de 17.07.1986.

dades de radiodifusión televisiva» denominándola coloquialmente como «*Directiva sobre televisión sin fronteras*».

Esta *Directiva* y sus sucesivas reformas, se han convertido en el centro de la regulación audiovisual europea, constituyendo el eje fundamental en torno a la cual se ha articulado la armonización y libre circulación de los servicios de comunicación audiovisual, al tiempo que se incluyen otras medias para el fomento de la producción de contenidos europeos, el pluralismo en los medios de comunicación, el estímulo al sector cinematográfico y a la producción audiovisual, o las normativas para facilitar la convergencia con otros sectores de la sociedad de la información.

Así, las *Directivas 89/552/CEE, 97/36/CE, 2007/65/CE, 2010/13/UE y 2018/1808*[58], inicialmente denominadas de "*televisión sin fronteras*" y, posteriormente, con el tránsito a la tecnología digital, de "*servicios de comunicación audiovisual*", aunque tienen su base jurídica en los artículos de los Tratados relativos al libre derecho de establecimiento y la libre prestación de servicios mediante la libre circulación de emisiones televisivas, entendidas como elemento básico de la organización del espacio audiovisual europeo, persiguen, mediante la libre circulación de programas y emisiones audiovisuales, el establecimiento de un conjunto de normas comunes sobre los servicios de comunicación audiovisual, la creación de un mercado común de los servicios de comunicación audiovisual que propicie unas mayores cuotas de producción de contenidos audiovisuales, un mayor intercambio y difusión de la información, con mayor independencia y pluralidad informativa de los medios, etc.

---

58 La última, la Directiva (UE) 2018/1808 del Parlamento Europeo y del Consejo, de 14 de noviembre de 2018, por la que se modifica la Directiva 2010/13/UE sobre la coordinación de determinadas disposiciones legales, reglamentarias y administrativas de los Estados miembros relativas a la prestación de servicios de comunicación audiovisual (Directiva de servicios de comunicación audiovisual), DOUE, de 28.11.2018

En cuanto a los contenidos de las mencionadas *Directivas*, persiguen dos objetivos fundamentales. Por una parte, que los Estados miembros garanticen la libertad de recepción y no obstaculicen la retransmisión en sus territorios de emisiones procedentes de otros Estados de la Unión. Y, por otra, garantizar la libertad de emisión a través de las fronteras nacionales, responsabilizando a los Estados miembros de velar por el sometimiento al Derecho vigente de las emisiones producidas en su territorio o las que utilicen los medios técnicos para emitir dependientes de su jurisdicción. Eliminando los obstáculos que se oponían al funcionamiento de un mercado común de las emisiones audiovisuales, sin que con ello se afecte a las competencias de los Estados miembros en materia de la organización de los medios audiovisuales y la prestación de los servicios de comunicación audiovisual, incluidos los sistemas de concesión o autorización administrativa o, financiación.

Estas *Directivas* han supuesto, también, una reafirmación de las libertades de expresión e información en las emisiones televisivas europeas. Así, como ya hemos comentado, en el Preámbulo de la *Directiva 89/552/CEE* se reconocía que la aplicación de las libertades económicas a la difusión y a la distribución de servicios de televisión, constituían en derecho comunitario, una manifestación específica del principio de la «*libertad de expresión*», tal y como se consagra en el art. 10.1 del *Convenio para la protección de los derechos humanos y las libertades fundamentales*, adoptado en Roma el 4 de noviembre de 1950, en el seno del Consejo de Europa[59]; sin perjuicio de los únicos límites previstos en los arts. 10.2 y 56.1 de dicho Convenio, por razones de orden público, seguridad y salud pública.

---

59 El art. 10.1 dispone: «*Toda persona tiene derecho a la libertad de expresión. Este derecho comprende la libertad de opinión y la libertad de recibir o comunicar informaciones o ideas sin que pueda haber injerencia de las autoridades públicas y sin consideración de fronteras. El presente artículo no impide que los Estados sometan las empresas de radiodifusión, de cinematografía o de televisión a un régimen de autorización previa*».

Asimismo, con estas *Directivas* se persigue reforzar el pluralismo y la libertad informativa. Baste citar el considerando decimosexto del Preámbulo de la *Directiva 89/552/CEE,* en el que se instaba a los Estados miembros a velar por el ejercicio efectivo de la libre circulación y el comercio de las emisiones televisivas, así como a evitar la generación de posiciones dominantes en el mercado que limitasen el pluralismo y la libertad informativa. Los textos de las Directivas de 1997, 2007 y 2018, no solo mantienen la misma línea, sino que la amplían a los nuevos servicios audiovisuales y adoptan nuevas medidas para garantizar un mayor pluralismo de los medios y las redes.

Además de estas cuestiones, también deben reseñarse otras materias objeto de regulación. Así, en el Proyecto inicial de *Directiva de televisión sin fronteras,* en 1986, se disponía la armonización de normas relativas a la promoción de la distribución y de la producción de programas televisivos, la publicidad por televisión; la protección de menores y, los derechos de autor, ha ido modificándose permanentemente. Aunque, durante la tramitación de la que finalmente fue la Directiva 89/552/CEE, se amplió con el «*patrocinio*» y «*el derecho de réplica*», mientras que se excluyó el capítulo relativo a «*los derechos de autor*» que, se consideró que debía tener una consideración más detallada y específica, como así ha sido en las numerosas Directivas que se han aprobado sobre dicha materia.

Con la reforma de la *Directiva,* aprobada en 1997, se incluyeron nuevos conceptos como la «*televenta*» o la «*retransmisión en abierto de determinados acontecimientos*», al tiempo que se modificó la regulación sobre la emisión de obras cinematográficas por televisión o se profundizó en la regulación sobre las emisiones dirigidas a menores.

A su vez, con la reforma acordada con la *Directiva* de 2007, se avanzó en la distinción y simplificación de la regulación de los servicios lineales y el pluralismo, al tiempo que empezaron a regularse los servicios no lineales, se modificaron algunos aspectos de la regulación se la publicidad televisiva y de las cuotas sobre determinados contenidos.

En cuanto a la *Directiva 2010/13/UE*, fundamentalmente, se trató de un texto refundido de las anteriores Directivas, con el ánimo de unificar los criterios de redacción y clarificar los artículos de estas.

La reforma la *Directiva* de 2018 supuso, además, un avance hacía una regulación con otros servicios de comunicación audiovisual que se prestan a través de la red, en esta línea de mayor convergencia con los servicios digitales. En concreto, se incorporaron, como aspectos más destacados, la ampliación del ámbito de aplicación de la *Directiva* a las plataformas de intercambio de vídeos generados por los usuarios, con una regulación específica para dichas plataformas y sus actuantes con un gran número de seguidores. Asimismo, se aumentó la protección al colectivo de menores y discapacitados sobre los posibles efectos negativos de las emisiones audiovisuales, y, por último, se contempló el encargo al *Grupo de entidades reguladores europeas para los servicios de comunicación audiovisual* (ERGA), el asesoramiento a la Comisión, para facilitar la aplicación de la *Directiva*, emitir informes y mediar en posibles disputas entre los reguladores de los Estados miembros, al tiempo que se refuerza la posición e independencia de dichas altas autoridades audiovisuales.

Son, por tanto, muchos los aspectos que han regulado estas Directivas que han transformado totalmente el panorama regulatorio de los Estados miembros al transponerlas a sus respectivas legislaciones, en el ámbito de los medios y la prestación de los servicios de comunicación audiovisual. En concreto, estas Directivas han marcado las pautas regulatorias sobre las emisiones, contenidos y prestación del servicio de comunicación audiovisual de los distintos países de la Unión Europea, en cuestiones como: la libre circulación de dichas emisiones en todo el territorio; la obligación de los Estados miembros de garantizar la libertad de recepción e impedir los obstáculos a la retransmisión en sus territorios de emisiones procedentes de otros Estados miembros; la promoción de la emisión, distribución y de la producción de obras europeas, mediante el establecimiento de unas cuotas mínimas del 50% del tiempo de difusión de las televisiones -excluidos los programas deportivos, informativos, concursos, publicidad y teletexto- a producciones audiovisuales de origen europeo, el 10% de las cuales deben ser de productores independientes; la regulación sobre la posibilidad de tener unos derechos exclusivos sobre determinadas emisiones y el percibir retribuciones por las mismas, así como la retransmisión de determinados acontecimientos de interés general en sistema de libre acceso; el establecimiento de unas normas mínimas en cuanto a inserciones, tiempos y contenido de los espacios publicitarios, patrocinio, televenta o emplazamiento; la fijación de unas restricciones o prohibiciones específicas sobre la publicidad de determinados productos en las emisiones audiovisuales; el reconocimiento y regulación de unos criterios especiales para las emisiones audiovisuales, tanto en lo relativo a la publicidad como a los contenidos, dirigidas a los menores, de manera que no puedan perjudicar su desarrollo físico, mental o moral; la prohibición de incitaciones al odio por motivos de raza, sexo, religión o nacionalidad o contra la dignidad humana en las emisiones audiovisuales; la instauración de derecho general de réplica o medidas equivalentes para cuando por alegaciones incorrectas se hayan vulnerado y perjudicado los legítimos derechos, en particular en lo que atañe a su honor y su reputación, de cualquier persona física o jurídica; o, la instauración de mecanismos para la cooperación entre los órganos reguladores de los Estados miembros.

Respecto al análisis detallado sobre los contenidos que hemos mencionado de estas Directivas, que como normas europeas que no tienen una eficacia directa, sino que obligan a los Estados miembros a transponer sus mandatos, lo realizaremos al estudiar la regulación española y, en especial su traslación en la *Ley 13/2023, General de Comunicación Audiovisual.*

Además, debe apuntarse que como estas Directivas obligan a su constante adecuación a las nuevas tecnologías y formas de prestación del servicio, por lo que en la próxima revisión que, previsiblemente, saldrá a la luz a finales de la década de los veinte, se avanzará todavía mucho más en la regulación de los servicios de comunicación audiovisual ante los avances de la inteligencia artificial y de los nuevos modelos de prestación de los servicios que van surgiendo.

3.2. LAS ACTUACIONES Y NORMATIVAS SOBRE LIBRE COMPETENCIA Y PLURALISMO EN LA COMUNICACIÓN AUDIOVISUAL

En el ámbito de los medios y la prestación de los servicios de comunicación audiovisual resultan necesarias ciertas normas mínimas que permitan una correcta simbiosis entre la libre competencia, y el pluralismo como pautas básicas para garantizar los derechos y libertades que intervienen en el proceso comunicativo.

Este objetivo ha sido una de las guías de las Instituciones Europeas en los acuerdos y normas adoptadas. Entre las podemos citar numerosos ejemplos, como las *Resoluciones del Parlamento Europeo de 15 de febrero de 1990* o de *16 de septiembre de 1992*, solicitando que se propusieran medidas eficaces para el control de la concentración de los medios de comunicación en aras al pluralismo informativo y que auspiciaron que, a finales de 1992, la Comisión aprobase el «*Libro Verde sobre concentración de medios en el mercado interior*»[60], cuyos resultados y debates, sin embargo, no se plasmaron, finalmente, en la aprobación de una Directiva específica sobre el pluralismo y la concentración

60 COM (92) 480. 23 de diciembre de 1992.

de medios[61]. También, el documento «*Europa en marcha hacia la sociedad de la información. Plan de actuación*», *aprobado por la Comisión en 1994*[62] y la *Directiva 98/84/CE del Parlamento y del Consejo, relativa a la protección jurídica de los servicios de acceso condicional o basados en dicho acceso* que, en su segundo y tercer Considerandos, se afirma que la prestación transfronteriza y la libre circulación de los servicios de radiodifusión y los servicios de la sociedad de la información contribuyen a la plena efectividad de la libertad de expresión.

En esta misma línea también podríamos citar numerosas sentencias de los Tribunales europeos[63] y otras muchos documentos de las Instituciones comunitarias, como la Introducción del «*Libro Verde sobre Pluralismo y Concentración de Medios*»[64], en el que la Comisión concreta las características esenciales del concepto de pluralismo editorial e informativo que, en su conjunto, constituyen un denso conjunto de postulados teóricos y jurídicos que defienden el pluralismo editorial e informativo en el marco de la libre competencia y, en menor medida, el ejercicio de las demás libertades económicas establecidas en los Tratados, como aspectos fundamentales en la

---

61 En concreto, la propuesta de Directiva sobre este tema la presentó el comisario Monti en julio de 1996 y que no se aprobó.

62 COM (94) 347 final. 19 de julio de 1994.

63 Por ejemplo, del TJCE, como la de 3 de febrero de 1993, caso Verónica, o la de 5 de octubre de 1993, sobre el caso TV 10, SA, u otras sentencias del TEDH, como la de 28 de marzo de 1990, asunto Groppera Radio AG, incluso en decisiones de la CEDH, como las de 12 de julio de 1971 y 12 de octubre de 1973.

64 En el Libro Verde la Comisión, después de señalar la falta de precisión del concepto de pluralismo en los textos legislativos de los Estados miembros, que incluso utilizan diversas expresiones, apunto las dos características esenciales que se desprenden del art. 10 del CEDH y LF, conforme a la interpretación del TEDH: 1. El concepto de pluralismo tiene la función de limitar el alcance del principio de libertad de expresión, es decir limitar en ciertos casos la aplicación del derecho a la libertad de expresión a un beneficiario potencial. 2. El objetivo de esta limitación es garantizar al público la diversidad de informaciones. DOCE, C 110/53, de 2.05.1995.

defensa de las libertades de expresión e información a nivel comunitario.

Por tanto, la aplicación y el ejercicio de las libertades informativas y la necesidad de respetar el pluralismo en los medios de comunicación deviene en algo inexcusable en el espacio comunicativo europeo.

El problema, sin embargo, lo encontramos en la concreción de los mecanismos necesarios para garantizar estas libertades y este pluralismo en el ámbito europeo de los medios y la comunicación, puesto que las empresas de comunicación en Europa, fundamentalmente, están encuadradas en marcos nacionales y, rara vez tienen las dimensiones suficientes como para llegar a los estándares que se marcaban para actuar sobre las concentraciones en otros sectores de la economía, aunque sea un sector del mercado fuertemente condicionado por evidentes riesgos de abuso de posición dominante o falseamiento de la competencia[65] que cada vez serán mayores con la generalización del tránsito del consumo de contenidos e información a internet. Por lo tanto, debería ser cada sector del mercado quien determinase los márgenes por los cuales debería discurrir la libre competencia, de tal manera que «*la política de competencia pretende conseguir un nivel de competencia adecuado a las necesidades de cada mercado considerado*»[66].

Por todo ello, estas cuestiones no se han abordado desde una perspectiva general, sino que se han adoptado algunas medidas y normas específicas, como son: las actuaciones y normativas sobre pluralismo y concentración de medios; las ayudas financieras a los organismos públicos de radiodifusión; y, las actuaciones y norma-

---

65 Al respecto; VIDAL, J. M. "Pluralismo, concentración y libertad de los medios de comunicación en la Unión Europea". En *Revista de Derecho de la Unión Europea*, nº 24, 1er. semestre 2013, págs. 17-64.

66 Como afirmaba, entre otros, Diego López Garrido. *Libertades económicas y derechos fundamentales en el sistema comunitario europeo*. Ed. Tecnos. Madrid 1986. pág. 77.

tivas sobre pluralismo, medios de comunicación y profesionales en el entorno digital

3.2.1. Las actuaciones y normativas sobre pluralismo y concentración de Medios

Conforme hemos constatado, desde las Instituciones Europeas se ha apostado por conjugar la libertad y el pluralismo de los medios de comunicación en el marco de la economía de mercado, y se han adoptado un conjunto de medidas para garantizar su plena efectividad.

Así, por una parte, los Estados miembros, conforme a la potestad que detentan de ordenar la organización y estructura de su panorama mediático, han adoptado ciertas normas restrictivas sobre la propiedad o acumulación de audiencias de los grupos de comunicación y, en especial, de los medios audiovisuales. Sin embargo, estas normas presentan un alto grado de disparidad, tanto en el ámbito de aplicación (restricciones mono media o multimedia), como en el grado y modalidades de aplicación (número de licencias y porcentajes), así como en otras muchas cuestiones, por ejemplo, en el nivel de la transparencia, o en el grado de precisión sobre los criterios restrictivos, conforme resaltaba la Comisión en el «*Libro Verde sobre Pluralismo y Concentración de Medios*»[67].

Y, por otra, en el seno de la Unión Europea, tras constatar que las normas contra las concentraciones de empresas con carácter general (*Reglamento 4064/89, Reglamento 2367/90, Reglamento 1310/97,* etc.), no resultaban las más idóneas para aplicarse a un campo tan específico y particular como son los medios de comunicación, puesto que las empresas de comunicación acostumbran

---

67 Como se resalta en el artículo de J.F. Pons «The Future of Broadcasting». (Discurso como miembro de la D.G. IV ante el Institute of Economics Affairs. Londres 29 de junio de 1998).

a organizarse y estructurarse en grupos de empresas de los diferentes ámbitos de la comunicación, incluso de otros sectores y con participaciones cruzadas en muchos casos o submercados mono media que escapaban a su ámbito de aplicación[68], como se pusieron de relieve en el apartado II del *Libro Verde sobre Pluralismo y Concentración*[69], por lo que se intentaron adoptar algunas iniciativas con unas normativas específicas, como fue la propuesta de Directiva presentada por el Comisario Monti a finales de julio de 1996, en la que fijaba unos límites a la concentración del 30% de la audiencia para las televisiones y radios, mientras que rebajaba al 10% el límite del consumo total de medios para los grupos multimedia.

Aunque, tanto esta como las otras medidas que se fueron adoptado en relación con la concentración de medios y sus posibles alternativas para evitar las concentraciones o abusos de la posición dominante en el sector de los medios[70], no tuvieron la repercusión deseada.

---

68 Tanto la Comisión (COM 92 480 final pág. 87 y ss.), como el Parlamento Europeo en las Resoluciones sobre el Decimoquinto y Decimoséptimo Informes sobre Política de Convergencia, constataron este problema y plantearon la necesidad de adoptar normas contra las concentraciones mono y multimedia de los medios de comunicación.

69 Diario Oficial de las Comunidades Europeas, C 110/53, de 2.5.1995.

70 Al respecto son muchos los estudios y la doctrina que podríamos citar. A modo de ejemplo, además de las obras ya citadas, pueden apuntarse: M. CARRILLO, «Concentració de mitjans de comunicació i pluralisme informatiu a Europa: la perspectiva jurídica», *Actes del II congrés de mitjans de comunicació*, nº 34, 1994, pp. 45-66; E. CRABIT, «Pluralisme et concentration des médias: 10 questions et réponses sur les travaux de la Commission», IRIS, nº especial, 1995, pp. 12-24; V. WILLEMS: «Concentrations et pluralisme dans le domaine de l'audiovisuel. Enjeux à l'aube de la Société de l'Information», en C. Doutrelepont (Dir.), *L'actualité du droit de l'audiovisuel européen*, 1996, pp. 89-110; J.M. DESANTES GUANTER, «Avantages el inconvénients de la concentration des moyens d'information dans la CE», *Légipresse*, Nov. 1994, pp. 55-60; A. HARTCOURT, «Regulation for Media Concentration: The Emerging Policy of the European Union», *Utilities Law Review*, vol 7, issue 5, 1997, p. 202-224.

Sin embargo, estos mismos objetivos, ligados a la propia esencia del ejercicio de los derechos y libertades de expresión e información, han alcanzado una nueva dimensión con el tránsito a la tecnología digital y la tendencia al consumo de contenidos e información a través de la red, y han seguido teniendo eco en las actuaciones y normativas europeas desde nuevas perspectivas, como analizaremos en siguientes apartados.

3.2.2. Las ayudas financieras a los organismos públicos de radiodifusión

En Europa la radio y la televisión nació y se desarrolló, mayoritariamente, en un régimen de monopolio público estatal que, paulatinamente y con distintos modelos en cada uno de los países de la Unión, fue privatizándose en la totalidad, en alguno de estos canales o, simplemente, dando entrada a operadores privados que competían con los públicos. Así, en muchos países europeos sigue coexistiendo la prestación de servicios de comunicación audiovisual mediante la gestión directa de empresas u organismos públicos, con una financiación pública, con la prestación de estos mismos servicios por operadores privados que compiten en el mismo mercado, incluso en el publicitario, y que no reciben esta financiación, pudiendo generarse un incumplimiento de las normativas europeas sobre la libre competencia.

Ante esta posibilidad desde las instituciones europeas se abordó esta cuestión. Primero, con la *Resolución del Parlamento Europeo* sobre la función de la televisión pública en una sociedad multimedia, de 19 de septiembre de 1996[71], en la que se reconoce que los Estados miembros pueden decidir libremente las modalidades de financiación de las cadenas públicas, solicitando a la Comisión Europea que continúe considerando la financiación pública como legítima para las cadenas públicas

---

[71] DOCE, C 320, de 28.10.1996.

siempre que estas respeten estrictamente sus obligaciones de servicio público.

Un año más tarde con el *Protocolo sobre el sistema de radiodifusión pública en los Estados miembros* que se incorporó en el *Tratado de Amsterdam,* posibilitando, de manera expresa, la existencia de una doble financiación de las televisiones públicas al establecer: «*Las disposiciones del Tratado constitutivo de la Comunidad Europea se entenderán sin perjuicio de la facultad de los Estados miembros de financiar el servicio público de radiodifusión en la medida en que la financiación se conceda a los organismos de radiodifusión para llevar a cabo la función de servicio público tal como haya sido atribuida, definida y organizada por cada Estado miembro, y en la medida en que dicha financiación no afecte a las condiciones del comercio y de la competencia en la Comunidad en un grado que sea contrario al interés común, debiendo tenerse en cuenta la realización de la función de dicho servicio público*»[72].

Con este Protocolo, anejo al *Tratado de Amsterdam,* se legitima la financiación pública del servicio público de radiodifusión, siempre que dichos prestadores públicos del servicio de comunicación audiovisual cumplan dos requisitos: que realicen la función de servicio público, que debe definirse por cada Estado miembro; y, que esta financiación no sea contraria al interés común de la Comunidad, perjudicando la libre competencia y las condiciones del comercio.

En la *Resolución del Consejo y de los Representantes de los Gobiernos de los Estados miembros reunidos en el seno del Consejo, de 25 de enero de 1999, sobre el servicio público de radiodifusión*[73], se resaltó la importancia de la función global de los organismos públicos de radiodifusión en el nuevo marco de la sociedad de la información, considerando que el servicio público de radiodifusión cumplía unas funciones culturales, sociales y democráticas que

72 DOCE, 10.11.1997; BOE, 7.05.1999.

73 DOCE, C 030, de 05.02.1999.

redundaba en beneficio de todos y tenían un cometido fundamental en la defensa de la democracia, el pluralismo, la cohesión social y la diversidad cultural y lingüística, al tiempo que debían participar en facilitar a los ciudadanos los beneficios de los nuevos servicios audiovisuales, de información y de las nuevas tecnologías.

Posteriormente, estos mandatos se desarrollaron, en noviembre de 2001, con la *Comunicación de la Comisión sobre la aplicación de las normas en materia de ayudas estatales a los servicios públicos de radiodifusión*[74], que enunció los principios que deben seguirse en la aplicación de los artículos de los Tratados relativos a la libre competencia en relación con la financiación estatal de los servicios públicos de radiodifusión. Y, se actualizaron en 2009 con la Comunicación *de la Comisión sobre la aplicación de las normas en materia de ayudas estatales a los servicios públicos de radiodifusión*[75]. Conforme a dichas *Comunicaciones*, cada Estado podía establecer los mecanismos que considerase más adecuados para financiar sus servicios públicos de radiodifusión, siempre que dicha financiación no afectase a las condiciones de libre competencia en un grado contrario al interés común y se utilizase para la realización de las prestaciones del servicio público, conforme defina cada Estado en su legislación audiovisual.

Resuelta ya la cuestión de la financiación, se ha revalorizado la posición y actividad de los medios públicos que prestan los servicios de comunicación audiovisual en documentos como la *Recomendación (UE) 2022/1634 de la Comisión, de 16 de septiembre de 2022, sobre garantías internas para la independencia editorial y la transparencia de la propiedad en el sector de los medios de comunicación*[76], o la propuesta de una *Ley Europea de Libertad de Medios de Comunicación*[77] que apoya

---

74 DOCE, 15.11.2001.

75 Doc. 2009/C 257/01. DOUE, de 27.10.2009

76 COM (2022) 457 final, 2022/0277(COD), de 16.9.2022.

77 DOUE, L 245/56, de 22.09.2022.

la independencia y la financiación estable de los medios de comunicación públicos.

3.2.3. Las actuaciones y normativas sobre pluralismo, medios de comunicación y profesionales en el entorno digital

En el ámbito que ahora estamos analizando, el tránsito a la tecnología digital y los cambios en el consumo de contenidos e información de los servicios audiovisuales a través de la red, con todos los desafíos y problemas que puede conllevar, ha supuesto un reto para las Instituciones Europeas que han debido adoptar un conjunto de iniciativas, medidas y normativas con esta nueva realidad, reforzando los objetivos en la garantía del pluralismo, al tiempo que analizando la manera de controlar el abuso de posiciones dominantes en la red y la concentración del poder mediático.

En esta nueva perspectiva pueden citarse las Conclusiones del Consejo de la Unión Europea y los representantes de los Gobiernos de los Estados miembros, adoptadas el 26 de noviembre de 2013, sobre *la libertad de los medios de comunicación y el pluralismo en el entorno digital*, las del 14 de noviembre de 2018, sobre *el refuerzo de los contenidos europeos en la economía digital*, o las del 7 de diciembre de 2020, sobre *la salvaguardia de un sistema de medios de comunicación libre y plural*.

También, a partir de *la Directiva (UE) 2018/1808 del Parlamento Europeo y del Consejo, de 14 de noviembre de 2018, sobre la coordinación de determinadas disposiciones legales, reglamentarias y administrativas de los Estados miembros relativas a la prestación de servicios de comunicación audiovisual (Directiva de servicios de comunicación audiovisual)*, se han adoptado medidas para reforzaron las garantías jurídicas en varios ámbitos, como: la moderación de contenidos en línea, la independencia de los reguladores de los medios de comunicación, la transparencia de la propiedad de los medios de comunicación y la alfabetización mediática[78].

Otra de las iniciativas que podemos referir es la *Nueva estrategia para reforzar la aplicación de la Carta de los Derechos Fundamentales* que presentó la Comisión el 2 de diciembre de 2020, en la que se planteaba que «*si bien la automatización digital es un motor esencial del progreso, que permite ganancias de eficiencia y nuevas formas de procesar la información, también puede impulsar la difusión de discursos de odio ilegales, frenar la libertad de expresión de las personas…*»[79] contemplando la necesidad de reforzar en el ámbito de los derechos y libertades de expresión e información, los mandatos de la Carta.

En esta línea, aunque desde la perspectiva del apoyo a los profesionales, también se inscribe la *Recomendación (UE) 2021/1534 de la Comisión de 16 de septiembre de 2021 sobre la garantía de la protección, la seguridad y el empoderamiento de los periodistas y los otros profesionales de los medios de comunicación en la Unión Europea*[80], con la que se pretende contribuir a la protección, la seguridad y el empoderamiento de los periodistas para reforzar los derechos y libertades de expresión e información, y el pluralismo de los medios de comunicación en la UE. Su objetivo se centra en garantizar unas condiciones de trabajo más seguras y con un mayor grado de libertad

---

[78] A tal efecto, la Comisión Europea ha propiciado y subvenciona que se elaboren, a través del Centro para el Pluralismo y la Libertad de los Medios (CMPF) la creación de un *Monitor del Pluralismo de los Medios*, con el que evaluar los riesgos que enfrenta el pluralismo de los medios basándose en un conjunto de 25 indicadores, así como el proyecto piloto del Monitor de propiedad de los medios de comunicación, para mejorar la transparencia de la propiedad de los medios de comunicación. O, también, subvenciona Proyectos gestionados por el *Centro Europeo para la Libertad de Prensa y los Medios de Comunicación* (ECPMF) destinados a abordar las violaciones de la libertad y el pluralismo de los medios de comunicación en los Estados miembros de la UE y países candidatos.

[79] COM (2020) 711 final, 2.12.2020.

[80] DOUE, L 331, de 20.09.2021.

para todos los profesionales de los medios de comunicación. Para ello, establece medidas concretas que deben adoptar los Estados miembros, prestando especial atención a los profesionales de la comunicación.

Entre las propuestas de la citada *Recomendación* podemos destacar: *las destinadas a garantizar la protección, la seguridad y el empoderamiento de los periodistas en toda la Unión Europea* (la investigación y el enjuiciamiento efectivos e imparciales de los delitos cometidos contra los profesionales de los medios; la cooperación entre los servicios de seguridad, los periodistas y las asociaciones de periodistas; el establecimiento de servicios especializados, con mecanismos de respuesta rápida, que brinden asistencia jurídica, apoyo psicológico y albergue a los periodistas y los otros profesionales de los medios de comunicación que reciban amenazas; el acceso a instalaciones y fuentes de información; la creación de un entorno profesional propicio para los trabajar, reforzando el acceso a la protección social contra el desempleo, la enfermedad, la invalidez, la discapacidad y los riesgos profesionales, así como a los regímenes de jubilación); *las relativas a la protección y seguridad de los periodistas durante las protestas y las manifestaciones* (el papel de los periodistas durante las protestas y las manifestaciones; las estrategias de reducción del riesgo; facilitar la comunicación entre los periodistas y los servicios de seguridad antes y durante las protestas y las manifestaciones; el establecimiento de métodos de información permanente e identificación visual de los periodistas en las protestas y las manifestaciones); *la seguridad en línea y la adquisición de capacidades digitales* (cooperando con las autoridades públicas y la industria, así como con la protección contra seguimiento o la vigilancia en línea); *las medidas empoderar y proteger a las mujeres periodistas, los periodistas pertenecientes a minorías y los que informan sobre cuestiones de igualdad* (empoderando a las mujeres periodistas, a los periodistas pertenecientes a minorías y a los que informan sobre cuestiones de igualdad; facilitando la transparencia e información sobre ataques y discriminación contra dichos colectivos; o, con campañas de concienciación y de prevención).

Igualmente, para la defensa ante el acoso a periodistas y defensores de los derechos humanos procurando evitar que se les margine o penalice por tratar temas de interés público, se ha elaborado la *Propuesta de Directiva del Parlamento Europeo y del Consejo, relativa a la protección de las personas que realizan actos de participación pública frente a las demandas judiciales manifiestamente infundadas o abusivas* «conocida por las siglas SLAPP, demandas estratégicas contra la participación pública»[81]. Se trata de proteger a los profesionales de la comunicación ante demandas presentadas contra dichos profesionales para impedirles informar a los ciudadanos sobre cuestiones de interés público.

También, puede inscribirse en los aspectos que estamos analizando, la *Directiva (UE) 2019/790 del Parlamento Europeo y del Consejo, de 17 de abril de 2019, sobre los derechos de autor y derechos afines en el mercado único digital y por la que se modifican las Directivas 96/9/CE y 2001/29/CE*[82], cuyo artículo 17 garantiza estos derechos de los comunicadores, en determinadas plataformas de intercambio en línea, para que reciban una remuneración más justa por el uso de su contenido. Mientras que en el artículo 15 fomenta el periodismo plural, independiente y de calidad a través de una mejor posición de negociación de los editores de prensa frente a los agentes del mercado en línea.

Asimismo, desde una perspectiva más general, podrían citarse otras actuaciones. Por ejemplo, el *Plan de Acción para la Democracia Europea*[83], adoptado por la Comisión, con el objetivo de empoderar a los ciudadanos y construir democracias más resilientes en toda la UE mediante la promoción de elecciones libres y justas; pero, sobre todo, en lo que ahora nos interesa con el refuerzo de

---

[81] COM (2022) 177 final (COD), de 27.4.2022.

[82] DOUE, L 130/92, de 17.5.2019.

[83] Comunicación de la Comisión al Parlamento Europeo, al Consejo, al Comité Económico y Social Europeo y al Comité de las Regiones, sobre el Plan de Acción para la Democracia Europea. COM (2020) 790 final, de 3.12.2020.

la libertad de los medios de comunicación y con la lucha contra la desinformación. O, la *Ley de Servicios Digitales*[84], que procura salvaguardar la libre competencia y evitar abusos de posiciones dominantes en la prestación de los servicios de comunicación audiovisual en el actual entorno digital, aunque estos contenidos los desarrollaremos en siguientes apartados.

Por último, entre las actuaciones y normativas sobre pluralismo de apoyo a los medios en el entorno digital, deben destacarse, por una parte, la *Recomendación (UE) 2022/1634 de la Comisión, de 16 de septiembre de 2022, sobre garantías internas para la independencia editorial y la transparencia de la propiedad en el sector de los medios de comunicación*[85] y, sobre todo, la propuesta de Reglamento para una *Ley Europea de Libertad de Medios de Comunicación*[86] que incluye salvaguardias contra la interferencia política en las decisiones editoriales y contra la vigilancia, apoya la independencia y la financiación estable de los medios de comunicación públicos, así como en la transparencia de la propiedad de los medios y de la asignación de la publicidad estatal, garantiza que los medios de comunicación —públicos y privados— puedan operar más fácilmente a través de las fronteras en el mercado interior de la UE, sin presiones indebidas, y apoya la transformación digital del espacio mediático.

3.3. EL ACCESO AL NUEVO MERCADO DE LAS COMUNICACIONES Y LA CONVERGENCIA CON OTROS SECTORES EN LA SOCIEDAD DIGITAL

La transición de la tecnología analógica a la digital, unida a la convergencia de la informática y las telecomunicaciones en el proceso de creación y difusión de contenidos e informaciones en

---

84 DOUE, L 277/1, de 27.10.2022.

85 COM (2022) 457 final, 2022/0277(COD), de 16.9.2022.

86 DOUE, L 245/56, de 22.09.2022.

la comunicación audiovisual han modificado los esquemas tradicionales de la comunicación, multiplicando de manera exponencial oferta de contenidos e informativa, al tiempo que abriendo un amplio abanico de posibilidades de difusión. Además, en la última década, la consolidación del mundo digital y los nuevos formatos en la generación y difusión de contenidos e información ha cambiado, totalmente, los procesos de la comunicación de masas y el entorno con el que debe interactuar.

El desarrollo de proceso, asimismo, era mucho más complicado en marco de la Unión Europea, con la existencia de un mercado único, pero en el que subsistían diversos regímenes jurídicos en estos sectores, con monopolios en algunos países y liberalizados en otros, o con normas y tecnologías distintas e incompatibles, por lo que se tuvo que actuar en varios ámbitos tecnológicos y normativos hasta llegar a la realidad actual, en la que ya hay una convergencia absoluta en el régimen jurídico y tecnología entre todos los intervinientes en el proceso comunicativo. Para analizarlo, debemos referirnos a: la armonización de las normas técnicas y el fomento de nuevas tecnologías; la liberalización de las infraestructuras; y, la convergencia del sector audiovisual con el de las telecomunicaciones e informática.

3.3.1. La armonización de las normas técnicas y el fomento de las nuevas tecnologías

Uno de los grandes problemas a los que se enfrentó la Comunidad Económica Europea, en su momento, para lograr el mercado único en el sector de la comunicación audiovisual y las telecomunicaciones fue, por una parte, las diferentes normativas que regulaban el sector en cada uno de los países[87] y, por otra, los

---

[87] Tanto en el ámbito de la regulación de la organización y estructura de los medios los medios audiovisuales, como de las normas sobre los contenidos de sus emisiones (sobre ello incidieron las Directivas de televisión sin fronteras y servicios de comunicación audiovisual que ya hemos

distintos estándares técnicos de emisión en los países europeos, porque desde los años sesenta coexistían en Europa dos sistemas diferentes e incompatibles para la codificación y transmisión de señales de televisión[88].

Por ello, desde las Instituciones Europeas hubo diversos intentos para adoptar una tecnología europea común, dado que el sistema PAL y SECAM presentaban unas características técnicas y prestaciones similares, pero no eran compatibles. Sin embargo, razones de tipo político y económico impidieron un acuerdo, hasta tal punto que, en la conferencia del Comité Consultivo de Radiocomunicaciones, celebrada en Oslo en 1966, los diversos países europeos adoptaron uno u otro sistema. Tampoco, en la Conferencia Administrativa Mundial de Radiocomunicaciones, encargada de la planificación del servicio de radiodifusión por satélite, celebrada en Ginebra en 1977, al concretar las características radioeléctricas de la señal de televisión directa vía satélite en Europa, se aceptó la unificación de los sistemas de transmisión en PAL o SECAM que se mantenían en la emisión por satélite.

Así, pues, la existencia de esta dualidad de sistemas dentro del ámbito comunitario dificultaba la circulación de emisiones transfronterizas -al no ser compatibles los sistemas de emisión y recepción- y el desarrollo de una industria unificada de materiales audiovisuales -al no existir un estándar común para los diversos Estados-, además de plantear los lógicos problemas a los usuarios.

---

comentado). Y, en el ámbito de las telecomunicaciones con sistemas monopolizados y otros liberalizados y, también, con normativas técnicas diferentes.

88 En los inicios de dicha década, incluso, se utilizaban tres sistemas que pugnaban por dominar el mercado europeo: el PAL (*Phase Alternation Line*), desarrollado por la industria alemana; el SECAM (*Sequentiel Colour A Menorie*), desarrollado por la industria francesa; y el NTSC (*National Television System Committee*), desarrollado en USA, que gradualmente perdió apoyo en Europa, salvo en Gran Bretaña y Países Bajos.

Ante esta situación, que perjudicaba e impedía el desarrollo del mercado interior en la comunicación audiovisual, las autoridades comunitarias intentaron, mediante la aprobación de varias Directivas específicas[89], así como otros acuerdos y actuaciones comunitarias en el campo industrial y de la investigación[90], resolver esta dualidad con la incorporación de nuevos avances, en concreto con: el apoyo a la implantación de la televisión directa vía satélite (TDS); o, con el desarrollo de la televisión de alta definición (HDTV).

Todos estos intentos consiguieron algunos avances, pero fue con tránsito desde los sistemas analógicos a los de compresión digital cuando realmente se consiguió tener unos estándares unificados y un horizonte técnico y normativo común.

3.3.2. La liberalización de las infraestructuras sobre las que se articula la comunicación

Otro de los ámbitos regulatorios europeos que han tenido una gran incidencia en el sector de la comunicación y especialmente de la comunicación audiovisual, fue la liberalización de las infraestructuras de telecomunicaciones, al constituir el soporte sobre que se genera, transporta y recibe la comunicación.

---

89 La Directiva 86/592/CEE, adoptada por el Consejo el 3 de noviembre de 1986. DOCE, L 311 de 6.11.1986; la Directiva 92/38/CEE, adoptada por el Consejo el 11 de mayo de 1992 y publicada en el DOCE, L 137, de 20.05 1992; o, la Directiva 95/47/CE del Parlamento Europeo y del Consejo, de 24 de octubre de 1995, sobre el uso de normas para la transmisión de señales de televisión "Directiva de normas de televisión", DO L 281/51, de 23.11.95.

90 El Informe de la Comisión, de 13 de julio de 1986 sobre la HDTV COM (88) 299 final; la Decisión del Consejo del 27 de abril de 1989, 89/337/CEE, DOCE de 25.05.1989; o, la Decisión del Consejo 89/630/CEE, DOCE de 13.12.1989.

En la década de los ochenta las Instituciones Europeas adoptaron un conjunto de acuerdos, cuyo principal exponente fue el «*Libro verde sobre el desarrollo del mercado común de los servicios y equipos de telecomunicaciones*»[91] de 1987, que marcaba las pautas para iniciar un proceso liberalizador de las telecomunicaciones y de los servicios de valor añadido y conexos prestados a través de las infraestructuras de telecomunicaciones.

En esta línea, deben citarse las *Directivas 87/372/CEE, 90/544/CEE y 91/287/CEE,* sobre bandas de frecuencia GSM, ERMES, o DECT; la *Directiva 88/301/CEE,* relativa a la competencia en los mercados terminales de telecomunicaciones; la *Directiva 90/388/CEE* relativa a la competencia en los mercados de servicios de telecomunicaciones, que afectaba en relación con las comunicaciones por satélite; las *Directivas 90/387/CEE y 92/44/CEE* sobre la red abierta de telecomunicaciones; la *Directiva 91/263/CEE* relativa a los equipos terminales de telecomunicaciones; o, la *Directiva 93/97/CE* sobre estaciones terrenas de comunicaciones por satélite, que inciden la liberalización de los servicios de telecomunicaciones, afectando de manera tangencial, al ámbito de la emisión y recepción de radiodifusión y la televisión cuando regulan las terminales de telecomunicaciones, las comunicaciones vía satélite y las infraestructuras-servicios de televisión por cable. También debe citarse la *Directiva 90/531/CEE* relativa a la competencia para los sectores del agua, energía, transporte y comunicaciones, aunque esta Directiva excluye expresamente su aplicación a «*los servicios que se puedan prestar por varias entidades en competencia como los servicios de radiodifusión y televisión*»[92], por ser un sector en el que los servicios de valor añadió (los contenidos) tienen una regulación específica con otras Directivas y su organización y estructura es competencia de los Estados

---

91 COM (87) 290 final.

92 Directiva 90/531/CEE, art. 8.

En las telecomunicaciones por satélite, conforme a los postulados del «*Libro Verde sobre un planteamiento común en el ámbito de las comunicaciones por satélite en la Comunidad Europea: Hacia unos sistemas y servicios de alcance europeo*»[93], que señalaba la existencia de importantes limitaciones al libre mercado, tanto en el suministro y explotación de terminales de satélites -estaciones terrenas- como en el acceso al segmento espacial -capacidad de satélite-, y apostaba por continuar el proceso de liberalización y armonización de las comunicaciones por satélite desde todas sus vertientes, en 1994, se aprobó *la Directiva 94/46/CE* por la que se modificaba la *Directiva 88/301/CEE* y se liberalizaba el mercado de bienes y servicios de telecomunicaciones por satélite[94].

En cuanto a las telecomunicaciones por cable, la liberalización de las infraestructuras-servicios de televisión a través de estas redes se planteó, sobre todo, con el «*Libro Verde sobre la liberalización de las infraestructuras de telecomunicación y redes de televisión por cable*»[95] y se concretó con la *Directiva 95/51/CE*[96] por la que se modificaba la *Directiva 90/388/CEE* con el fin de abolir las restricciones al uso de redes de televisión por cable, con vistas a la libre oferta de servicios de telecomunicación desde el 1 de enero de 1996. Así, con esta *Directiva* de 1995 se permitió que los operadores de redes por cable, cuyo uso admitido por la mayor parte de las legislaciones de los países miembros era casi exclusivamente para prestar servicios de televisión, pudiesen ofrecer otros servicios multimedia como telecompra, bases de datos electrónicas,

---

93 COM (90) 490 final.

94 DOCE de 19.10.94. En esta Directiva se regula, asimismo, el problema de la eliminación de los derechos especiales, que no había sido confirmado por el TJCE en sentencias como la del 19.3.91 (asunto 209/88, Francia/Comisión), ofreciendo una clara definición de estos derechos especiales que eran contrarios a las normas del Tratado conforme se hace constar el XXIV Informe de la Comisión sobre política de competencias COM (95). 142 final, punto. 2.II.Pág. 186.

95 COM (94) 440, 25.10.1994.

96 Directiva 95/51/CE de la Comisión. DOCE, L 256, de 26.11.1995.

transacciones a distancia, etc. En dicha Directiva se contempló también la posibilidad de que de ciertos operadores de telecomunicaciones por cable pudiesen ser, al mismo tiempo, propietarios de sociedades de televisión por cable, estableciendo una obligación a los Estados miembros para que en estos supuestos se asegurase la transparencia y separación de las cuentas de explotación entre ambas actividades, procurando evitar prácticas abusivas y con ello, completando la liberalización total de las telecomunicaciones para prestar los servicios de comunicación audiovisual y de valor añadido asociado a estos.

3.3.3. La convergencia con otros sectores. Especial referencia a las Leyes europeas de Mercados y Servicios Digitales y a la regulación de la IA

Este proceso de liberalización del sector de las telecomunicaciones que, como hemos observado, ha afectado directamente al sector de la comunicación audiovisual ha sido una característica y una constante en la relación entre estos sectores. Sin embargo, en la actualidad con el tránsito hacia la sociedad de la información y la inteligencia artificial, con las múltiples correspondencias e interrelaciones entre los sectores de las telecomunicaciones, los medios de información y las tecnologías de la información, cada vez resulta más necesario abordar la regulación y las actuaciones comunitarias en estos sectores desde esta perspectiva de conjunto, o cuando menos siendo conscientes de las implicaciones que determinadas decisiones en uno de estos sectores pueden tener una proyección y un efecto nada desdeñable en cualquiera de los otros.

En este contexto la elaboración de un «*Libro Verde sobre la convergencia de los sectores de telecomunicaciones, medios de comunicación y tecnologías de la información, y sobre sus consecuencias para la reglamentación en la perspectiva de la sociedad de la información*»[97] que vio la luz en diciembre 1997, fue el punto de partida de una amplia

---

97 COM (97) 623 final. 3.12.1997.

reflexión de todas las partes implicadas en este proceso y el paso previo a la adopción de normativas y a la asunción de compromisos por parte de las autoridades europeas. En esta línea también podrían inscribirse otros documentos comunitarios, como: el «*Libro Verde sobre política en materia de espectro radioeléctrico, en el contexto de las políticas de telecomunicaciones, radiodifusión, transportes e I+D de la Comunidad Europea*»[98]; el documento «*Apoyo de la Comisión Europea a iniciativas radiofónicas innovadoras, a iniciativas relativas a canales de televisión plurilingües y a proyectos piloto en los sectores del cine electrónico y las redes de producción*»[99], que enlaza con esta apuesta por la convergencia del sector audiovisual con los de telecomunicaciones e informática; la Comunicación de la Comisión sobre «*Política audiovisual: las próximas etapas*»[100]; la *Directiva 98/84/CE del Parlamento Europeo y del Consejo, de noviembre de 1998, relativa a la protección jurídica de los servicios de acceso condicional o basados en dicho acceso*[101]; la *Directiva 2000/31/CE del Parlamento Europeo y del Consejo, de 8 de junio de 2000, relativa a determinados aspectos jurídicos de los servicios de la sociedad de la información, en particular el comercio electrónico en el mercado interior* (Directiva sobre el comercio electrónico)[102]; la *Directiva 2002/21/CE del Parlamento y del Consejo, de 7 de marzo de 2002, sobre un marco regulador común de las redes de servicios y comunicaciones electrónicas*[103]; la *Comunicación de la Comisión al Consejo, de 2 de febrero de 2006, sobre la revisión de interoperabilidad de los servicios de televisión digital interactiva*[104], etc.

Un proceso en el que, en la actualidad, las telecomunicaciones, la informática y los servicios audiovisuales no solo han convergido, sino que están en un proceso de interoperabilidad entre

---

98 COM (98) 596 final. 9.12.98.

99 DOCE L 170, de 18.6.1999.

100 COM (98) 446 final, de 14.7.1998.

101 DOCE, L 320, de 28.11.1998.

102 DOCE, L 178, 17.7.2000.

103 DOCE, L 108, de 24.2.2002.

104 COM (2006) 37 final, de 2.2.2006.

todos ellos y en el que, las actuaciones y normas en cualquiera de ellos afectan a los otros.

Y, no solo por eso, sino que también porque el mercado nos está demostrando que un pequeño número de plataformas en línea son las que controlan los canales digitales de distribución clave y, por tanto, son los caminos a través de los cuales cada vez más usuarios se informan o consumen contenidos. Es decir, tienen la capacidad de controlar el mercado y, lo que puede llegar a ser más grave en el ámbito que estamos analizando de la comunicación de masas, pueden tener una posición dominante y de amplio control sobre el tránsito y distribución de los contenidos, la información o la desinformación

Precisamente, para atajar estos riesgos para el mercado y las personas, desde la Unión Europea se ha trabajado en preparar unas normativas que regulen este mercado y estos servicios. Al respecto, debe destacarse el *Reglamento (UE) 2022/2065, del Parlamento Europeo y del Consejo, de 19 de octubre de 2022, relativo a un mercado único de servicios digitales y por el que se modifica la Directiva 2000/31/CE (comúnmente conocido por Ley de Servicios Digitales)*[105], así como del *Reglamento (UE) 2022/1925, del Parlamento Europeo y del Consejo, de 14 de septiembre de 2022, sobre mercados disputables y equitativos en el sector digital y por el que se modifican las Directivas (UE) 2019/1937 y (UE) 2020/1828 (comúnmente conocido como Ley de Mercados Digitales)*[106].

Por otra parte, se está avanzando en la regulación sobre la inteligencia artificial y, en especial, con el *Reglamento del Parlamento Europeo y del Consejo, por el que se establecen normas armonizadas en materia de inteligencia artificial y se modifican determinados actos legislativos de la unión (comúnmente conocido por Ley de Inteligencia Artificial o Ley IA)*[107], sobre el cual el 9 de diciembre de 2023 se ha alcanzado

---

105 DOUE, L 277/1, de 27.10.2022.

106 DOUE, L 265/1, de 12.10.2022.

107 Propuesta inicial recogida en COM (2021) 206 final, de 24.04.2021.

un acuerdo entre la Presidencia del Consejo y los negociadores del Parlamento Europeo.

Podríamos en esta misma línea, incluso, citar el *Reglamento (UE) 2019/881 del Parlamento Europeo y del Consejo, de 17 de abril de 2019, sobre ENISA (Agencia de Ciberseguridad de la Unión Europea) y sobre la certificación de la ciberseguridad de las tecnologías de la información y las comunicaciones y por el que se deroga el Reglamento (UE) n.º 526/2013 (comúnmente denominada Ley de Ciberseguridad)*[108], aunque está norma regula cuestiones que no afectan directamente al objeto de estudio de esta obra, no la analizaremos sino que simplemente nos limitamos a reseñarla por formar parte del conjunto de normas que están regulando la nueva realidad digital.

Así, con las referidas *Ley de Servicios Digitales, Ley de Mercados Digitales y Ley de Ciberseguridad* se establecen reglas sin precedentes para garantizar el control y la rendición de cuentas de las plataformas tecnológicas, dentro de un mercado digital abierto y competitivo, con normas claras que regulan, de acuerdo con los derechos y valores comunitarios, el funcionamiento y la prestación de servicios en el marco de la Unión Europea.

Por su parte, la Ley de Servicios Digitales pretende regular y ordenar el mundo digital, fijando unas reglas y derechos para los operadores y los usuarios, evitando abusos de las posiciones dominantes y accediendo a lo que hasta el momento era la caja negra de los algoritmos de las grandes plataformas. Para ello establece obligaciones para los proveedores de servicios digitales, las redes sociales o los mercados electrónicos, con el objetivo de evitar los fenómenos que pueden suponer una amenaza para la sociedad, como la difusión de contenidos ilegales o la desinformación en línea.

Además, fija unos requisitos que deben cumplir las plataformas digitales ajustados a su tamaño y a los riesgos que representan para el conjunto de la ciudadanía europea. Así, las plataformas

---

[108] DOUE, L 151/15, de 7.06.2019.

y los motores de búsqueda en línea de mayor tamaño, que se fija a partir de 45 millones de usuarios mensuales, tendrán que cumplir unos requisitos más estrictos. Entre ellos, podemos destacar: la mayor vigilancia en la prevención de riesgos sistémicos en la difusión de mensajes o contenidos que puedan ser ilícitos, o afectar negativamente a los derechos fundamentales, a los procesos electorales, al aumento de la violencia de género y a los problemas de salud mental. También, desde una óptica del mercado, pero que afecta a las ofertas de contenidos audiovisuales o informativos, estas plataformas tendrán que ofrecer a los usuarios la posibilidad de negarse a recibir recomendaciones basadas en la elaboración de perfiles, así como facilitar, si son requeridos por a las autoridades o investigadores habilitados, el acceso a sus datos y algoritmos[109] a las autoridades e investigadores habilitados.

En concreto, entre las principales medidas que se incluyen en esta norma, podemos destacar: las pautas para neutralizar los contenidos ilegales en línea, así como las obligaciones que deben asumir las plataformas para intervenir rápidamente frente a estos contenidos ilegales, respetando en todo momento los derechos fundamentales, en particular la libertad de expresión y la protección de datos, es decir, las nuevas garantías en el ejercicio de la libertad de expresión limitarán las decisiones arbitrarias de moderación de contenidos por parte de las plataformas y ofrecerán nuevas vías para que los usuarios actúen con conocimiento de causa contra la plataforma cuando se modere su contenido[110];

---

109 El 18 de abril de 2023, la Comisión puso en marcha el *Centro Europeo para la Transparencia Algorítmica* (ECAT) que se ha ubicado en la ciudad de Sevilla.

110 Por ejemplo, los usuarios de plataformas en línea tienen ahora medios para impugnar las decisiones de moderación de contenidos, incluso cuando estas decisiones se basen en las condiciones aplicadas por las plataformas, pudiendo presentar reclamaciones directamente a la plataforma, elegir un organismo de resolución extrajudicial de litigios o solicitar reparación ante los órganos jurisdiccionales.

el refuerzo de la transparencia y la rendición de cuentas de las plataformas, con la aportación de una información clara sobre la moderación de contenidos o el uso de algoritmos para recomendar contenidos (los denominados sistemas de recomendación); el reconocimiento de un derecho de los usuarios para recurrir las decisiones de los moderadores; la fijación de prohibiciones para prácticas engañosas y ciertos tipos de publicidad selectiva, especialmente la dirigida a los niños y aquellos anuncios basados en datos confidenciales, así como de las interfaces engañosas y las prácticas diseñadas para manipular la libre elección de los usuarios.

En cuanto a la Ley de Mercados Digitales, aunque no afecte de manera tan directa a la comunicación de masas, debe señalarse que su objetivo es regular el mercado único digital europeo, estableciendo un conjunto de obligaciones para las grandes plataformas en línea, cuya posición dominante aboca a prácticamente todos los usuarios a utilizarlas, no se aprovechen de su posición de privilegio. Además, les obliga a que ejerzan como guardianes de acceso al mercado digital[111], evitando prácticas comerciales desleales. Y, por su parte, las plataformas más pequeñas y las empresas emergentes se beneficiarán de un conjunto reducido de obligaciones, exenciones especiales de determinadas normas y una mayor claridad y la seguridad jurídica para operar en todo el mercado único de la Unión Europea.

En concreto, las grandes plataformas que ejerzan como guardianes de acceso deberán permitir que las plataformas más pequeñas interoperen con sus servicios, para que los usuarios de estas últimas puedan solicitar a las plataformas de mensajería dominantes que sus usuarios puedan disfrutar de una mayor oferta de servicios, intercambiando mensajes, enviando mensajes de voz o archivos de una aplicación de mensajería a otra, sin estar limitados a una

---

111 El 6.09.2023 La Comisión Europea designó, por primera vez, seis guardianes de acceso en virtud de dicha Ley de Mercados Digitales. Se trata de: *Alphabet, Amazon, Apple, Byte Dancé, Meta y Microsoft.*

aplicación o plataforma; y, que los usuarios profesionales puedan acceder a los datos que generan en la plataforma del guardián de acceso, promover sus propias ofertas y celebrar contratos con sus clientes directamente.

Asimismo, estas grandes plataformas que ejercen como guardianes de acceso, tendrán prohibido: dar un trato de favor en sus plataformas a sus propios servicios y productos en detrimento de los de terceros; impedir que los usuarios desinstalen fácilmente las aplicaciones o programas preinstalados o que utilicen aplicaciones y tiendas de aplicaciones de terceros; o, tratar los datos personales de los usuarios para enviarles publicidad dirigida sin tener su consentimiento expreso.

Desde otra perspectiva, pero también ligado a esta convergencia en el entorno digital, debe apuntarse que, como parte de su estrategia digital, desde la Unión Europea se ha trabajado para regular la inteligencia artificial (IA), con el objetivo de garantizar mejores condiciones de desarrollo y uso de esta tecnología innovadora. Para ello, en abril de 2021, se hizo *pública la Propuesta de Reglamento del Parlamento Europeo y del Consejo por el que se establecen normas armonizadas en materia de inteligencia artificial (Ley de Inteligencia Artificial)*, sobre la que ya se ha alcanzado un texto consensuado con la Comisión el 9 de diciembre de 2023, que tiene por objeto garantizar que los sistemas de inteligencia artificial (IA) introducidos en el mercado europeo y utilizados en la UE sean seguros y respeten los derechos fundamentales y los valores de la UE. Esta histórica propuesta también tiene por objeto estimular la inversión y la innovación en el ámbito de la IA en Europa, contemplando los sistemas de IA que puedan utilizarse en distintas aplicaciones que se analizan y clasifican según el riesgo que supongan para los usuarios, y según los distintos niveles de riesgo, estableciendo sistemas de un mayor o menor control[112]. De esta manera se intenta garantizar que los sistemas

---

[112] Precisamente, entre los calificados como riesgo inaceptable por considerarse que son una amenaza para las personas y serán prohibidos, se-

de IA utilizados en la Unión Europea sean seguros, transparentes, trazables, no discriminatorios y respetuosos con el medio ambiente; al tiempo que se obliga a que sean supervisados por personas, en lugar de por la automatización, para evitar resultados perjudiciales.

En esta norma también se prevé que la IA generativa, como por ejemplo el *ChatGPT* o los nuevos servicios que están apareciendo, tengan que cumplir requisitos de transparencia, revelar que el contenido ha sido generado por IA, evitar que el modelo genere contenidos ilegales y publicar resúmenes de los datos protegidos por derechos de autor utilizados para el entrenamiento. Aspectos que, sin duda alguna, tienen una incidencia directa en la actividad comunicativa.

Ligado a estas acciones, otro de los ámbitos de actuación europeos que debe citarse es el Código de buenas prácticas en materia de desinformación. Este Código se adoptó en 2018 como uno de los elementos clave en la estrategia de la Unión Europea contra la desinformación. Su objetivo es que los firmantes del Convenio asuman compromisos voluntarios para evitar y combatir la desinformación y las *fake news*, siendo una herramienta eficaz para limitar la propagación de determinados bulos o desinformaciones en línea, tanto en el día a día, como en aquellos periodos en los que debe tenerse un especial cuidado con la difusión de estas noticias, como pueden ser los períodos electorales, o en aquellos momentos que surge una crisis. Además, en 2022 se aumentó la eficacia del Código al ampliar el número de los firmantes, que ya no solo son las grandes plataformas, y reforzar los compromisos asumidos con: la reducción de los posibles incentivos financieros o publicitarios que puedan llegar a los

---

rán los que incluyan una manipulación cognitiva del comportamiento de personas o grupos vulnerables específicos. Y entre loa de alto riesgo, están los sistemas de IA que afecten negativamente a la seguridad o a los derechos fundamentales. En ambos casos puede haber una relación directa con la actividad comunicativa.

autores de la desinformación; la investigación y seguimiento de nuevos comportamientos de manipulación (cuentas falsas, *bots* o falsificaciones malintencionadas); el empoderamiento de los usuarios con mejores herramientas para reconocer, comprender y señalar la desinformación, mediante alfabetización mediática sobre estas cuestiones; la ampliación de los procedimientos, apoyos y remuneración a la verificación de datos en todos los países de la Unión y todos sus idiomas; el mejor etiquetaje e información sobre los patrocinadores, los gastos y el período de exposición de la publicidad política, etc.

Es evidente que, con las nuevas normas que hemos comentado en este apartado, así como con la *Directiva de Servicios de Comunicación Audiovisual, o la Propuesta de Reglamento para adoptar la Ley Europea de Libertad de Medios de Comunicación,* que hemos analizado en otros apartados, se está avanzando en los retos de un nuevo marco regulatorio europeo en el que convergen varios sectores en una nueva realidad en una sociedad y entorno digital[113].

---

113 Al respecto, también puede consultarse la *Communication from the Commission to the European Parliament, the Council, the European Economic and Social Committee and the Committee of the Regions Report on the state of the Digital Decade 2023.* SWD (2023) 573 final. 27.09.2023

4. La regulación de la comunicación en España en la era digital

El marco normativo de la comunicación, frente a lo que acostumbra a ocurrir en otras parcelas del mundo legislativo y, sobre todo, en la era digital, está en constante cambio para adecuarse a las nuevas realidades tecnológicas y a las nuevas demandas sociales.

Al respecto, ya hemos analizado como en el ámbito de la Unión Europea, desde la primera *Directiva de Televisión sin Fronteras,* que ya en 1989, establecía que cada cinco años debía iniciarse una revisión de esta, hasta la vigente *Directiva de Servicios Audiovisuales,* son el ejemplo de una evolución constante de dicha regulación.

Pero, también, hemos constatado como la convergencia con los otros sectores de las comunicaciones y la informática están propiciando una ampliación de este marco regulatorio y ya no solo con Directivas que deben transponer los Estados aprobando sus propias Leyes, sino con Reglamentos europeos que como leyes europeas que afectan a todos los Estados y todos los ciudadanos sin necesidad de transposición, como es el caso de la *Ley de Servicios Digitales,* la *Ley de Mercados Digitales,* o los avances en la *Ley de Inteligencia Artificial* y la *Ley Europea de Libertad de Medios de Comunicación.*

Además, por una parte, con las Directivas y, por otra, con los Reglamentos *(leyes)* europeos se ha conformado una nueva regulación unitaria de todos los países de la órbita europea que, a su vez, constituye un referente para el resto del mundo en el ámbito de la regulación de la comunicación en la era digital.

En España, este avance regulatorio en el campo que estamos analizando, fundamentalmente, en la actualidad se concreta en la *Ley 13/2022, de 7 de julio, General de Comunicación Audiovisual,* aunque también afecta a otras normas, como la *Ley 55/2007, de 28 de diciembre, del Cine* sobre la que ya se presentó un proyecto de Ley para reformarla, la *Ley 11/2022, de 28 de junio, General de Telecomunicaciones,* así como otras muchas que deben adaptarse a la nueva realidad digital, cuya incidencia la iremos concretando en los distintos subapartados al analizar la comunicación en la era digital.

4.1. EL NUEVO MARCO REGULADOR DE LA COMUNICACIÓN AUDIOVISUAL EN ESPAÑA EN LA ERA DIGITAL

Como hemos expuesto y se reconoce en el propio Preámbulo de la *Ley 13/2022, de 7 de julio, General de Comunicación Audiovisual,* los servicios de comunicación audiovisual han experimentado una evolución rápida y significativa en los últimos años y, podríamos añadir, sobre todo desde el tránsito de la tecnología analógica a la digital. Así, por una parte, los avances técnicos y la convergencia con los otros sectores en el entorno digital y, por otra, la aparición de nuevos hábitos de consumo de contenidos e información, con la diversificación de los formatos audiovisuales y con una audiencia fragmentada y globalizada, por la que compiten, no solo prestadores del servicio de comunicación audiovisual tradicionales a nivel nacional, sino prestadores globales de los servicios de comunicación y redes de internet cuyos servicios también llegan a la audiencia española, hacían necesario reformar la *Ley 7/2010, de 31 de marzo, General de Comunicación Audiovisual.*

Esta premisa se cumplió con la actual *Ley 13/2022, General de Comunicación Audiovisual*[114] que deroga la *Ley 7/2010, General de Comunicación Audiovisual,* para adecuarla a las necesidades del sec-

---

114 BOE. Núm. 163 de 8.7.2022

tor y a su previsible evolución, e incorporar buena parte de los postulados de la *Directiva (UE) 2018/1808* (Directiva de Servicios de Comunicación Audiovisual).

La aprobación de esta nueva *Ley 13/2022* y la derogación de la *Ley 7/2010*, supone un gran cambio en el marco regulatorio de la comunicación audiovisual en España, al ampliar los conceptos y ámbitos que se regulan, así como, al modificar algunos aspectos del marco jurídico preexistente en la publicidad audiovisual o en las obligaciones de emisión o financiación de obras audiovisuales europeas, conforme se contempló en la mencionada *Directiva.*

Así, entre los objetivos fundamentales del nuevo texto legal, podemos destacar los de: actualizar y modernizar el marco regulatorio audiovisual mediante una regulación más acorde a la tecnología y usos actuales de la comunicación audiovisual; regular de manera más adecuada la prestación del servicio de comunicación audiovisual y del servicio de intercambio de vídeos a través de plataforma; establecer unas nuevas garantías y derechos de los usuarios, tanto de los menores como del público en general; mejorar y unificar las reglas de relación entre los diversos operadores del sector; o, reforzar las medidas de protección existentes para el fomento de la diversidad cultural y lingüística del sector audiovisual.

Aunque, también, se dejan en el tintero numerosos aspectos que podrían haber supuesto una mayor adecuación con las tendencias normativas europeas, por ejemplo: con una mayor profundización en la regulación de determinados aspectos de los nuevos servicios y formatos de comunicación audiovisual; con la recuperación de una autoridad audiovisual independiente que se contempló en la *Ley 7/2010*[115]; con la atribución a un organismo independiente de las competencias sobre medios que siguen residiendo en el poder ejecutivo; o incluso, facilitando una mayor

---

115 Aunque no se puso en marcha y se suprimió con la Ley 3/2013, de 4 de junio, de creación de la Comisión Nacional de los Mercados y la Competencia (CNMC), que atribuyó sus competencias a dicho organismo.

participación de las Comunidades Autónomas o sus reguladores independientes en las decisiones sobre los operadores del entorno digital, para propiciar mayor pluralidad e independencia en la adopción de un conjunto de decisiones que siguen residiendo, unilateralmente, en el Ministerio de turno[116] o en la Comisión Nacional de los Mercados y la Competencia (CNMC).

Con todo, la *Ley 13//2022*, supera ampliamente en número de artículos y ámbito regulatorio a la de *Ley 7/2010*, puesto que consta de 164 artículos (frente a los 61 artículos de la anterior), organizados en 11 títulos: Disposiciones generales; Principios generales de la comunicación audiovisual; La prestación del servicio de comunicación audiovisual televisivo; La prestación del servicio público de comunicación audiovisual; La prestación del servicio de comunicación audiovisual radiofónico y sonoro a petición; La prestación del servicio de intercambio de vídeos a través de plataforma; las obligaciones de los prestadores del servicio de comunicación audiovisual televisivo; La contratación en exclusiva de la emisión de contenidos audiovisuales; La política audiovisual estatal; Las Autoridades audiovisuales competentes; y, el régimen sancionador.

Apuntada su estructura, la siguiente reflexión debe ser sobre la concreción del objeto regulatorio y ámbito de aplicación. En esta *Ley 13/2022*, a diferencia de su precedente de 2010, además de tener por objeto regular «*la comunicación audiovisual de ámbito estatal*», reserva también como objeto de esta y, por tanto, atribuye la competencia estatal, en el artículo 1.1, el establecimiento de «*determinadas normas aplicables a la prestación del servicio de intercambio de vídeos a través de plataforma*».

A su vez, en el segundo apartado de este artículo 1, se incluye como objeto de esta Ley el establecimiento de las normas básicas para la prestación del servicio de comunicación audiovisual auto-

---

[116] En el que se ubiquen las competencias sobre telecomunicaciones y agenda digital.

nómico y local, sin perjuicio de las competencias de las Comunidades Autónomas y los Entes Locales en sus respectivos ámbitos. Es decir que, en desarrollo del artículo 149.1.27 de la Constitución, se fija la legislación básica conforme debe desarrollarse la prestación del servicio de comunicación audiovisual autonómico y local.

Acto seguido, se van definiendo y detallando cómo deben entenderse los diversos servicios que se regulan en esta. Unas definiciones que, en buena medida, se describen en unos términos similares a la legislación anterior, como el «*Servicio de comunicación audiovisual*», el «*Servicio de comunicación audiovisual sin ánimo de lucro*», o el «*Servicio de comunicación audiovisual de ámbito autonómico*», aunque en este último caso con un mayor detalle. Al mismo tiempo se incorporan y definen otros nuevos, como: el «*Servicio de intercambio de vídeos a través de plataforma*»; el «*Prestador del servicio de intercambio de vídeos a través de plataforma*»; el «*Vídeo generado por usuarios*»; o el «*Prestador del servicio de agregación de servicios de comunicación audiovisual*». Al tiempo que se definen otros aspectos que no estaban definidos como el «*Programa*» o la «*Decisión editorial*». De esta manera se engloba y detalla todo el objeto y ámbito de aplicación al que se regula.

Mientras que en el artículo 3 de la *Ley 13/2022*, en consonancia con el objeto de que hemos señalado y conforme a lo previsto en la *Directiva (UE) 2018/1808, de Servicios Audiovisuales*, además de todos los servicios de comunicación audiovisual de televisión y radiodifusión instalados o que emiten desde España y los prestadores del servicio de intercambio de vídeos a través de plataforma se incluye en el ámbito de aplicación de esta Ley a: el prestador de dicho servicio de comunicación audiovisual se encuentre establecido en España; el prestador del servicio de comunicación audiovisual utilice un enlace ascendente con un satélite situado en España, o utilice la capacidad de satélite perteneciente a España. Así como a los prestadores del servicio de intercambio de vídeos a través de la plataforma, que no estando establecidos en un Estado miembro se puedan considerar establecidos en España conforme a los supuestos que se detallan a efectos del ámbito de aplicación de la Ley.

Por otra parte, se excluyen, con carácter general, del ámbito de aplicación de esta Ley, y solo les serán de aplicación las disposiciones que expresamente se refieran a ellos: las redes y servicios de comunicaciones electrónicas utilizados para el transporte y difusión de la señal del servicio de comunicación audiovisual, cuyo régimen será el propio de las telecomunicaciones; y, los sitios webs privados y las comunicaciones audiovisuales que no constituyan medios de comunicación de masas en los términos definidos en la *Directiva 2010/13/UE Directiva de servicios de comunicación audiovisual* y, en general, cualesquiera actividades que no compitan por la misma audiencia que los prestadores del servicio de comunicación audiovisual o los prestadores del servicio de intercambio de vídeos a través de plataforma.

4.2. LOS PRINCIPIOS QUE DEBEN REGIR LA ACTIVIDAD COMUNICATIVA AUDIOVISUAL EN LA ERA DIGITAL

Los «*Principios generales de la comunicación audiovisual*» que se recogen en el Título I de la Ley 13/2022, enuncian un conjunto de postulados conforme debería desarrollarse la actividad y guiar los contenidos de los servicios de comunicación audiovisual y de los servicios de intercambio de vídeos a través de la plataforma.

En concreto, se fijan unas bases sobre las que debe discurrir la actividad comunicativa de los prestadores de los servicios de comunicación audiovisual y las plataformas, reconociendo y detallando los siguientes principios: Dignidad humana; Pluralismo; Igualdad de género e imagen de las mujeres; Personas con discapacidad; Lengua oficial del Estado y lenguas oficiales de las Comunidades Autónomas; Veracidad de la información; Alfabetización mediática; Conciliación de la vida personal y familiar; y, Propiedad intelectual.

Sin embargo, estos principios no dejan de ser una especie de postulados del buen hacer de la actividad comunicativa, en unos términos descripticos y con muy poco contenido normativo en el que se puedan reconocer unos derechos y unas obligaciones concretas para el ejercicio y los contenidos de esta actividad comunicativa. Pero este que debería haber sido su objetivo, se ha difuminado y dejado al albur de lo que se acuerde con la autorregulación y con el seguimiento que realicen las autoridades audiovisuales. Este redactado, curiosamente, choca con el contenido de la *Ley 7/2010,* que se titulaba «*Los derechos del público*» y en el que sí se reconocían un conjunto de derechos de los usuarios de los servicios de comunicación audiovisual.

Por otra parte, los últimos artículos de este Título I sobre los «*Principios generales de la comunicación audiovisual*» se refiere a la autorregulación y la corregulación, así como a los Códigos de conducta de ambas. Evidentemente y en la filosofía de reconocer solo los *Principios* y no los *Derechos*, acto seguido se describen los mecanismos, contemplados en el artículo 6 bis de la *Directiva (UE) 2018/1808, de Servicios Audiovisuales*, a través de los cuales puede acordarse el desarrollo de los principios que se han enunciado y que puedan tener cierta fuerza vinculante para quienes los asuman.

Veamos ahora cada uno de estos principios. En primer lugar, en el artículo 4, se apela a «la dignidad humana» estableciendo que la comunicación audiovisual será respetuosa con la dignidad humana y los valores constitucionales, reproduciendo, a continuación, el contenido del artículo 14 del texto constitucional y citando: la *Ley Orgánica 1/1982, de 5 de mayo, de protección civil del derecho al honor, a la intimidad personal y familiar y a la propia imagen*; la *Ley Orgánica 2/1984, de 26 de marzo, reguladora del derecho de rectificación*; y, *Ley Orgánica 3/2018, de 5 de diciembre, de protección de datos personales y garantía de los derechos digitales*. Evidentemente, no hay nada novedoso en este artículo, puesto que todos estos derechos del texto constitucional y las leyes orgánicas citadas deben cumplirse *per se,* sin que sea necesario, en técnica jurídica, citarlos de nuevo. Quizás, lo único reseñable de este artículo, que obedece a la transposición del artículo 6 de la *Directiva (UE) 2018/1808, de Servicios Audiovisuales,* es el detalle en afirmar que: «*La comunicación audiovisual no contendrá una provocación pública a la comisión de ningún delito y, especialmente, no provocará públicamente la comisión de un delito de terrorismo, de pornografía infantil o de incitación al odio, hostilidad, discriminación o violencia contra un grupo, una parte del mismo o contra una persona determinada por motivos racistas, xenófobos, por su sexo o por razones de género o discapacidad en los términos y sin perjuicio de lo previsto en el Código Penal*».

El siguiente principio, o falso derecho que se postula, puesto que en ningún momento se reconoce como tal, es «el pluralismo de la comunicación audiovisual». Al respecto, solo puede destacarse que se regula la buena voluntad para promover la pluralidad de la comunicación audiovisual a través del fomento de la existencia de un conjunto de medios públicos, privados y comunitarios, que reflejen el pluralismo ideológico y político y la diversidad cultural y lingüística de la sociedad, así como la diversidad de fuentes y de contenidos, procedentes de diferentes ámbitos, acordes con la organización del territorio nacional. Y, por último, con esta referencia constante a la autorregulación, se limita a establecer, en el apartado tercero del artículo 5 que se promoverá la adopción de «*códigos de conducta en materia de pluralismo interno de los prestadores del servicio de comunicación audiovisual*».

En términos parecidos deberíamos pronunciarnos sobre «la pluralidad lingüística», de la que, en el artículo 8 de esta *Ley 13/2022*, únicamente se plantea un desiderátum genérico, sin ningún tipo de obligación y, curiosamente, ni siquiera la referencia a promover la autorregulación o la corregulación, al establecer que «*la comunicación audiovisual promoverá el conocimiento y la difusión de la lengua oficial del Estado y las lenguas oficiales de las Comunidades Autónomas y de sus expresiones culturales, contribuyendo al reflejo de la diversidad cultural y lingüística*». Es curioso este planteamiento si lo comparamos con los principios generales recogidos en la anterior Ley 7/2010, cuyo artículo 5.1 establecía: «*Todas las personas tienen el derecho a que la comunicación audiovisual incluya una programación en abierto que refleje la diversidad cultural y lingüística de la ciudadanía. Las Comunidades Autónomas con lengua propia podrán aprobar normas adicionales para los servicios de comunicación audiovisual de su ámbito competencial con el fin de promover la producción audiovisual en su lengua propia*». En términos jurídicos, por lo tanto, puede contrastarse la diferencia entre el reconocimiento de un derecho que se plasmaba en el texto de 2010 y el enunciado de un deseo que se recoge en la Ley de 2022.

En cuanto a «la igualdad de género e imagen de las mujeres», que se desarrolla en el artículo 6, apenas aporta novedades a la regulación general sobre esta materia que ya obliga a transmitir una imagen igualitaria y no discriminatoria de mujeres y hombres, así como a evitar situaciones de discriminación o que inciten a la violencia sexual o de género. Y, por otra parte, el voluntarismo de «*se promoverá la autorregulación*» para contribuir al cumplimiento de la legislación en materia de igualdad no deja de ser un brindis al sol. La única novedad como tal, es la que se recoge en el apartado cuarto del citado artículo, al establecer que la autoridad audiovisual competente elaborará un informe anual sobre la representación de las mujeres en los programas y contenidos audiovisuales emitidos por prestadores del servicio de comunicación audiovisual de ámbito estatal, con especial atención a su representación en noticiarios, programas de contenido informativo de actualidad y en comunicaciones comerciales audiovisuales.

Respecto a «las personas con discapacidad», aunque solo se enuncia que la comunicación audiovisual favorecerá una imagen ajustada, respetuosa, apreciativa, inclusiva y libre de estereotipos de las personas con discapacidad y que se promoverá su autorregulación, en este caso, sí se hace referencia a las obligaciones concretas que supondrán estos derechos al citar los títulos IV y VI de la *Ley 13/2022* en las que se recogen las garantías de accesibilidad para las personas con problemas de visión o auditivos que analizaremos en otro apartado.

La referencia a «la veracidad de la información» recogida en el artículo 9, en un intento de desarrollo del derecho reconocido en el 20.1.d de la Constitución Española *«A comunicar o recibir libremente información veraz por cualquier medio de difusión»* al establecer que *«Los noticiarios y los programas de contenido informativo de actualidad se elaborarán de acuerdo con el derecho de los ciudadanos a recibir información veraz y el deber de diligencia profesional en la comprobación de los hechos. Serán respetuosos con los principios de veracidad, calidad de la información, objetividad e imparcialidad, diferenciando de forma clara y comprensible entre información y opinión, respetando el pluralismo político, social y cultural y fomentando la libre formación de opinión del público»*, también, se queda en mero brindis al sol, puesto que solo se define un poco más en la línea que ha detallado la jurisprudencia y que hemos analizado, pero no se establece ningún mecanismo o garantía para su cumplimiento y solo se apela a la posibilidad de promover autorregulación para garantizar la observancia de estos principios.

En el mismo artículo 9, cuyo enunciado se refiere a la veracidad de la información, sin embargo, va más allá de los principios y, en este caso sí reconoce un derecho, al garantizarse «el derecho de los ciudadanos a ser informados de los acontecimientos de interés general», conforme a los términos previstos en el título VII de dicha Ley, que analizaremos en el apartado correspondiente.

Un nuevo principio que se incluye es el relativo a «la conciliación de la vida personal y familiar», recogido en el artículo 10, aunque, solo insta a que la autoridad audiovisual competente incentive la racionalización de los horarios y las buenas prácticas en materia de conciliación y programación de contenidos audiovisuales en el servicio de comunicación audiovisual televisivo lineal en abierto.

Quizás, el aspecto más novedoso, o puede que no tanto, puesto que era obligada su inclusión al transponer la *Directiva (UE) 2018/1808, de Servicios Audiovisuales*, es el detalle de un conjunto de medidas y obligaciones, aquí ya no son principios, sobre la «la alfabetización mediática». Así, en el artículo 10 de la Ley se insta a que las autoridades audiovisuales competentes y los prestadores del servicio de comunicación audiovisual, así como los de intercambio de vídeos a través de plataforma, en cooperación con todas las partes interesadas, incluidas las organizaciones, asociaciones, colegios y sindicatos profesionales del ámbito de la comunicación y el periodismo, adopten medidas para la adquisición y el desarrollo de las capacidades de alfabetización mediática. Y, además, en el apartado cuarto, se amplía esta obligación para facilitar y promover que los padres, madres o tutores de los menores hagan un uso beneficioso, seguro, equilibrado y responsable de los dispositivos digitales, de los servicios de comunicación audiovisual y de los servicios de intercambio de vídeos a través de plataforma, a fin de garantizar el adecuado desarrollo de su personalidad y preservar su dignidad y sus derechos fundamentales[117].

Evidentemente, estas obligaciones en torno a la alfabetización mediática constituyen una medida necesaria para propiciar y favorecer la adaptación de todos los ciudadanos y especialmente los niños al entorno digital, con el objetivo de la ciudadanía pueda desarrollar competencias, conocimientos, destrezas y actitudes para utilizar con eficacia y seguridad los medios, discernir entre hechos y opiniones, reconocer las noticias falsas y los procesos de desinformación e, incluso, tengan un mayor conocimiento y conciencia a la hora de crear contenidos audiovisuales de un modo responsable y seguro.

Asimismo, para constatar la aplicación de estas obligaciones en el ámbito de la alfabetización mediática y los avances que puedan producirse se establece la obligación de evaluar

---

117 Unas medidas que deben respetar los principios recogidos en el artículo 83 y 84, al tiempo que los objetivos del artículo 97 de la Ley Orgánica 3/2018, de 5 de diciembre, de Protección de Datos Personales y garantía de los derechos digitales, así como las previsiones contenidas en Carta de Derechos Digitales.

periódicamente las medidas impulsadas y su eficacia, primero en términos generales y, después, en el apartado quinto, con un mandato concreto a la autoridad audiovisual competente de ámbito estatal para que elabore un informe sobre estas acciones cada tres años.

Otra de las novedades en el Título I que encontramos en la *Ley 13/2022*, respecto de los derechos recogidos en el capítulo I de la *Ley 7/2010* es la referencia, establecida en el artículo 13, a «la propiedad intelectual» para que la comunicación audiovisual sea respetuosa con los derechos reconocidos en favor de terceros de acuerdo con la legislación vigente en materia de protección de la propiedad intelectual. Evidentemente, esto debe ser así y ya está regulado en el *Real Decreto Legislativo 1/1996, de 12 de abril, por el que se aprueba el texto refundido de la Ley de Propiedad Intelectual*, por lo que no era necesario incluir un nuevo artículo que más bien parece un recordatorio sobre la necesidad de cumplir la legislación vigente en materia de propiedad intelectual.

Una última cuestión que debemos referir es «la autorregulación, la corregulación y los códigos que puedan adoptarse». Estos instrumentos están profusamente desarrollados en los artículos 12, 14 y 15 de la *Ley 13/2022*, conforme a lo que se indica en el artículo 4bis y otros de la *Directiva (UE) 2018/1808, de Servicios Audiovisuales,* en un intento de fomentar el compromiso con aquellos principios generales que son difíciles de concretar en un mandato legal en la regulación de la actividad comunicativa.

Incluso, en el apartado cuarto del artículo 15, se concretan un conjunto de ámbitos sobre los que, tanto a nivel estatal como autonómico, postula que se promuevan unos códigos de conducta para la protección en la difusión de contenidos audiovisuales de: los menores en los servicios de comunicación audiovisual y en los servicios de intercambio de vídeos a través de plataforma, así como en las comunicaciones comerciales de dichos servicios en aquello que pueda afectarles; los usuarios respecto de contenidos que fomenten una imagen no ajustada, contra la dignidad o estereotipada de la imagen de la mujer, de las personas con discapacidad, o de las minorías; la salud pública en el ámbito audiovisual; los usuarios respecto de los contenidos con violencia gratuita y pornografía; los usuarios respecto de la desinformación. Así como, que se promuevan códigos de conducta para el fomento de: la diversidad lingüística y cultural; la alfabetización mediática, informacional y audiovisual; los contenidos audiovisuales que promuevan el respeto a la naturaleza; los contenidos audiovisuales que promuevan el bienestar de los animales, etc.

En otras palabras, se reiteran buena parte de los contenidos o recomendaciones que ya se han detallado en la descripción de los principios generales en los artículos previos de la *Ley 13/2022.*

Sin embargo, al margen de los hitos que puedan lograrse con la autorregulación, la corregulación y los códigos, también hay que señalar que se ha perdido una baza importante y, probablemente el elemento clave para que esta autorregulación sea un instrumento efectivo y eficaz en la comunicación audiovisual, al eliminar la previsión que se contemplada en el artículo 12.3 de la *Ley de 7/2010* al establecer la obligación de que las autoridades audiovisuales respecto de la autorregulación de verificar «*la conformidad con la normativa vigente y de no haber contradicciones dispondrá su publicación*» y de «*velar por el cumplimiento de los códigos*». Por tanto, se elimina la posibilidad que permitía la anterior ley de que las autoridades audiovisuales acordasen la publicación y pudiesen sancionar los incumplimientos de los códigos de autorregulación, que ahora se dejan únicamente a la buena voluntad de aquellos organismos que se autorregulen y que, presumiblemente, podrán analizar en un caso determinado el binomio coste-beneficio interno en sus decisiones sobre el cumplimiento de la autorregulación.

4.3. LA PRESTACIÓN DEL SERVICIO DE COMUNICACIÓN TELEVISIVO DE ÁMBITO PRIVADO

El Título II de la *Ley 13/2022* regula «*La prestación del servicio de comunicación audiovisual televisivo*». Se trata de un Título con más de treinta artículos, en los que se regulan los principios y régimen jurídico que deben regir la prestación del servicio de comunicación audiovisual televisivo y que, en términos generales, sigue las pautas establecidas por la Ley de 2010, con las novedades que especificaremos.

Así, en primer lugar, fija el régimen jurídico general, catalogando al servicio de comunicación audiovisual televisivo como un «*servicio de interés general*» que se presta en ejercicio de la responsabilidad editorial de conformidad con los derechos constitucionales a la libertad de expresión, a comunicar y recibir información, a participar en la vida política, económica, cultural y social y a la libertad de empresa, al tiempo que con los principios que hemos detallado en el apartado precedente.

En cuanto al concepto de «*servicio de interés general*», debe apuntarse que no siempre su régimen jurídico se ha catalogado de la misma manera. Al margen de antecedentes más remotos[118] y en virtud de lo dispuesto en el artículo 1.2 de la *Ley 4/1980, de 10 de enero, del Estatuto de la Radio y Televisión*, que definía la radiodifusión y la televisión como un «*servicio público esencial*», cuya titularidad correspondía al Estado, la *Ley 10/1988, de 3 de mayo, de Televisión Privada* que permitió la existencia de televisiones privadas en España asumió este régimen jurídico que se mantuvo también con la implantación de la tecnología digital en el ámbito televisivo, como se contempla en la Disposición Adicional 44 de la *Ley 66/1997, de 30 de diciembre,*

---

[118] El *Proyecto Real Decreto regulador del régimen jurídico de la televisión privada,* que se debatió en el Consejo de ministros de 30 de julio de 1981, a propuesta de Pío Cabanillas, entonces Ministro de la Presidencia del Gobierno, pero que, finalmente, no se tramitó.

de Medidas Fiscales, Administrativas y del Orden Social, hasta que se aprobó la *Ley 7/2010, de 31 de marzo, General de Comunicación Audiovisual*, en la que la comunicación audiovisual televisiva se la pasa a catalogar como «*servicio de interés general*». Con ello deja de estar entre en el ámbito del *servicio público esencial*, es decir, de aquellas actividades que se prestan por los organismos del Estado o bajo el control y la regulación de este, con el objetivo de satisfacer las necesidades de una colectividad garantizando la igualdad entre los ciudadanos y pasa a considerarse «*servicio de interés general*» debiendo prestarse con las obligaciones específicas que determinen las Ley.

Tras establecer esta catalogación, se detallan los títulos habilitantes necesarios para para poder realizar la prestación del servicio de comunicación audiovisual televisivo de los operadores privados, que pueden prestarse a través del «*Servicio de comunicación audiovisual televisivo en régimen de comunicación previa*», y del «*Servicio de comunicación audiovisual televisivo en régimen de licencia*», estableciendo el procedimiento y el régimen jurídico en ambos casos, y detallando, de manera específica, todo lo relativo a las competencias, requisitos, limitaciones, procedimiento, duración, negocios jurídicos y extinción de la licencia. Asimismo, referido también al régimen de licencias y relacionado con estas, regula el pluralismo en el mercado de comunicación audiovisual televisivo lineal mediante ondas hertzianas terrestres, tanto desde la perspectiva estatal como en la emisión en cadena de la televisión lineal de ámbito local. Por último, en los dos últimos capítulos, se establece el régimen jurídico de la «*Prestación transfronteriza del servicio de comunicación audiovisual televisivo*» y de la «*Prestación del servicio de comunicación audiovisual televisivo comunitario sin ánimo de lucro mediante ondas hertzianas terrestres*».

Se establecen, por tanto, cuatro maneras de prestación de este servicio de comunicación televisivo de ámbito privado: *en régimen de licencia* (la que se emite a través de repetidores terrestres o satelitales y se recibe en abierto a través de las antenas de televisión;

en *régimen de comunicación previa*; la *prestación transfronteriza*; o, la *prestación comunitaria sin ánimo de lucro*. Veamos cada uno de estos sistemas.

4.3.1. Los servicios de comunicación televisivos en régimen de licencia

La prestación del servicio de comunicación audiovisual televisivo mediante ondas hertzianas terrestres que se recibe en abierto a través de las antenas de televisión exige ser titular de una licencia, otorgada mediante concurso público por la autoridad audiovisual competente estatal[119], en el caso de las emisiones de ámbito nacional, o por la autoridad autonómica, en el caso de las emisiones en ámbito autonómico o en demarcaciones comarcales o locales[120].

Precisamente, como una cuestión previa al análisis de los servicios de televisión que se prestan a través de ondas hertzianas terrestres, resulta necesario analizar la distribución territorial ordenada y las bandas del espectro radioeléctrico destinado a la televisión.

Ante todo, es necesario apuntar que el espectro radioeléctrico a que utiliza la radiodifusión en España lo determinan los Planes Técnicos de distribución internacional de las frecuencias, acordado en las Conferencias celebradas al respecto por la Unión Internacional de Telecomunicaciones. Y que, en el plano interno, las competencias sobre el régimen general de distribución de frecuencias y ámbitos territoriales relativas a la televisión, a tenor de lo establecido en el art. 149.1, puntos 21 y 27, de la *Constitución Española*, corresponden al Estado. Al respecto, *la Ley 4/1980, del Estatuto de Radio y Televisión*, en su art. 2.4 disponía «*la atribución*

---

119 Consejo de ministros (artículo 22 de la Ley 13/2022).

120 Conforme a las demarcaciones contempladas en los Planes Técnicos Nacionales, en la actualidad, Real Decreto 391/2019, de 21 de junio, por el que se aprueba el Plan Técnico Nacional de la Televisión Digital Terrestre y se regulan determinados aspectos para la liberación del segundo dividendo digital. BOE, núm. 151, de 25.06.2019.

de frecuencias se efectuará por el Gobierno en aplicación de los Acuerdos y Convenios Internacionales y de las Resoluciones o Directrices de los Organismos Internacionales que vinculen al Estado Español».

Sin embargo, todas las frecuencias se reservaron para los medios públicos, estatal y autonómico de televisión, hasta que con la Ley 10/1988, de 3 de mayo, de Televisión Privada[121] se posibilitó la existencia y emisión de televisiones privadas en España. Acto seguido, otro conjunto de normas de desarrollo acabaron de concretar el marco jurídico conforme se desarrolló esta televisión privada que emitía en analógico, entre ellas: el *Plan Técnico Nacional de la Televisión Privada, aprobado por Real Decreto 1362/1988, de 11 de noviembre*; el *Real Decreto 951/1989, de 28 de julio, por el que se regula el Registro Especial de Sociedades Concesionarias para la gestión indirecta del servicio público esencial de televisión*; la *Resolución de 25 de enero de 1989, de la Secretaría General de Comunicaciones*, por la que se publica el acuerdo por el que se aprueba el Pliego de bases del concurso para la adjudicación del servicio público de televisión, en gestión indirecta, adjudicando *las concesiones*, en aquel momento prestaban el servicio público y todavía no se podían considerar *licencias*, a las sociedades que explotan los canales con los indicativos: *Antena 3, Canal Plus* y *Tele 5*.

Este panorama de las televisiones privadas, no obstante, se amplió mediante la *Resolución de 29 de julio de 2005, de la Secretaría de Estado de Telecomunicaciones y para la Sociedad de la Información*[122] por la que se dispone la publicación del Acuerdo del Consejo de Ministros, de 29 de julio de 2005, de modificación del contrato concesional con Sogecable, S.A., para la prestación del servicio público de televisión en abierto para emitir *Cuatro*. Así como, la *Resolución de la Secretaría de Estado de Telecomunicaciones y para la Sociedad de la Información por la que se aprobó el pliego de bases administrativas particulares y de prescripciones técnicas por las que ha de regirse el concurso público para la adjudicación de una concesión*

---

[121] BOE, núm. 108, de 5.05.1988.

[122] BOE, núm. 181, de 30.07.2005.

para la explotación del servicio público de la televisión en régimen de emisión en abierto y se convoca el correspondiente concurso[123], que se adjudicó mediante *Resolución de 30 de noviembre de 2005* a la sociedad Gestora de Inversiones Audiovisuales *La Sexta*[124]. A ambas cadenas se les otorgaba la concesión para emitir en analógico, pero se les obligaba a emitir ya en tecnología digital.

Por otra parte, también se aprobaron otras leyes que permitieron la asignación de frecuencias y el desarrollo de la televisión privada en otros ámbitos como el de la televisión local o la televisión por satélite: la Ley 37/1995, de 12 de diciembre, de Telecomunicaciones por Satélite[125], en lo referido a los servicios de comunicación audiovisual por satélite; o la Ley 41/1995, de 22 de diciembre, de Televisión Local por Ondas Terrestres[126].

Asimismo, *la implantación de la tecnología digital en la transmisión de las señales de televisión* va a conllevar tres consecuencias notables. Primero, obliga a los operadores de televisión a que adopten dicha tecnología en una serie de plazos preestablecidos. En segundo lugar, el cambio de la tecnología permite incrementar notablemente el posible número de sociedades concesionarias de televisión privada, tanto de cobertura estatal, como autonómica y local. Y, por último, posibilita la emisión de la televisión terrenal digital privada de ámbito autonómico que no estaba prevista en la emisión analógica.

La implantación de la tecnología digital se contempla en la Disposición Adicional 44 de la Ley 66/1997, de 30 de diciembre, de Medidas Fiscales, Administrativas y del Orden Social[127], por la que se establece el Régimen jurídico de la radiodifusión sonora digital terrenal y de la televisión digital terrenal. Posteriormente, desarrollada por el *Real Decreto 2169/1998, de 9 de octubre, por el que*

---

123 BOE, núm. 181, de 30.07.2005.

124 BOE, núm. 301, de 17.12.2005.

125 BOE, núm. 297, de 13.12.1995.

126 BOE, núm. 309, de 27.12.1995.

127 BOE, núm. 313, de 31.12.1997.

se aprueba el Plan técnico nacional de la televisión digital terrenal. Posteriormente completado y modificado por la *Ley 10/2005, de 14 de junio, de Medidas Urgentes para el Impulso de la Televisión Digital Terrestre*[128], y los *Reales Decretos 944 y 945/2005, de 29 de julio, por el que se aprueba el Plan Técnico nacional de la Televisión Digital Terrestre y su Reglamento para la prestación del servicio o el Real Decreto-Ley 11/2009, de 13 de agosto,* por el que se regula para las concesiones de ámbito estatal, la prestación del servicio de televisión digital terrestre de pago mediante acceso condicional. Normativa que sirve de base tanto a la televisión digital terrenal de ámbito estatal, como a las de ámbito autonómico y local.

Por otra parte, también debe apuntarse que coincidiendo con el cese de las emisiones analógicas el 3 de abril de 2010, se publicó *el Real Decreto 365/2010, de 26 de marzo, por el que se regula la asignación de los múltiples de la Televisión Digital Terrestre tras el cese de las emisiones de televisión terrestre con tecnología analógica.* Con este Real Decreto, partiendo del marco jurídico establecido por el *Real Decreto 944/2005, por el que se aprobó el Plan Técnico Nacional de la Televisión Digital Terrestre,* concluye el proceso de transición ordenada y adecuada del servicio de televisión terrestre con tecnología analógica al servicio de televisión digital terrestre, y asignó que cada una de las sociedades privadas concesionarias del servicio público de televisión terrestre de ámbito estatal, si habían acreditado el cumplimiento de las condiciones establecidas para el impulso y desarrollo de la televisión digital terrestre, el acceso a la capacidad equivalente de un múltiple digital de cobertura estatal.

Asimismo, el *Real Decreto 365/2010* contempló la planificación de dos múltiples digitales reservados para el ámbito territorial de las Comunidades autónomas que, conforme a su marco competencial, podían dedicar a la gestión directa de los servicios públicos autonómicos y a la concesión de las correspondientes licencias a operadores privados. No obstante, esta capacidad de dos

---

[128] BOE, núm. 142, de 15.06.2005.

múltiples para disposición de las Comunidades Autónomas, salvo para Cataluña, se reducirán a un solo múltiple digital, con el *Real Decreto 805/2014, de 19 de septiembre, por el que se aprueba el Plan Técnico Nacional de la Televisión Digital Terrestre y se regulan determinados aspectos para la liberación del dividendo digital* que modifica el Real Decreto de 2010 y aprueba un nuevo *Plan Técnico Nacional de la Televisión Digital Terrestre*. A su vez, el *Real Decreto 391/2019, de 21 de junio, por el que se aprueba el Plan Técnico Nacional de la Televisión Digital Terrestre y se regulan determinados aspectos para la liberación del segundo dividendo digital*, ha derogado y modificado el anterior Plan Técnico, pero en ambos casos, la filosofía ha sido la misma de reducir la amplitud del espectro de ondas hertzianas dedicadas a la transmisión de señal de televisión digital terrestre para cederlo a las tecnologías 5G y 6G de telefonía para aumentar la capacidad de transmisión de datos.

Por tanto, este es el marco jurídico es el que ha servido para la instauración y desarrollo de la televisión privada en España hasta el abandono definitivo de la transmisión analógica y la obligatoria transmisión en digital en 2010.

Casi al mismo tiempo que se aprobó la *Ley 7/2010, de 31 de marzo, General de Comunicación Audiovisual* que, entre otras, derogó: *la Ley 10/1988, de 3 de mayo, de Televisión Privada; la Ley 37/1995, de 12 de diciembre, de Telecomunicaciones por Satélite, en lo referido a los servicios de comunicación audiovisual por satélite; la Ley 41/1995, de 22 de diciembre, de Televisión Local por Ondas Terrestres; la disposición adicional cuadragésimo cuarta de la Ley 66/1997, de 30 de diciembre, de Medidas Fiscales, Administrativas y del Orden Social; la Ley 7/2009, de 3 de julio, de medidas urgentes en materia de Telecomunicaciones; o el Real Decreto-Ley 11/2009, de 13 de agosto, por el que se regula para las concesiones de ámbito estatal, la prestación del servicio de televisión digital terrestre de pago mediante acceso condicional.*

Con todo ello se conformó un nuevo régimen jurídico que pivotaba sobre la *Ley 7/2010, de 31 de marzo, General de Comunicación Audiovisual*, en el que la comunicación audiovisual de televisión se la catalogaba como servicio de interés general y el régimen de las concesiones ya pasaba a ser el régimen de licencias actual, siendo el requisito fundamental para poder prestar este servicio es ser titular de una licencia otorgada a través de un concurso público.

Al respecto, la actual *Ley 13/2022*, en su artículo 24, establece unos requisitos previos para ser titular de una licencia, fundamentalmente, tener la nacionalidad o domicilio social, en el caso de las personas jurídicas, de un Estado miembro de la Unión Europea o la de cualquier Estado que, de acuerdo con su normativa interna, reconozca este derecho a las personas físicas y jurídicas españolas. En cambio, se prohíbe presentarse para optar a tener una licencia a aquellas personas que, habiendo sido titulares de una licencia, hayan sido sancionadas en los dos últimos años anteriores a la solicitud mediante resolución administrativa firme.

En cuanto a los concursos para otorgar las licencias, establece que deberán convocarse en el marco de la planificación de espectro radioeléctrico realizada por el Estado, convocando mediante concurso de forma simultánea las licencias disponibles de la misma naturaleza e idéntico ámbito territorial y con duración de la explotación por el licenciatario de un plazo de quince años, pudiendo renovarla de manera automática a su vencimiento, siempre que lo solicite con un plazo de antelación de al menos veinticuatro meses respecto de la fecha de vencimiento, haya cumplido las condiciones establecidas para la prestación del servicio y no existan obstáculos técnicos sobrevenidos con el espectro de la licencia. Excepcionalmente, la renovación automática de la licencia prevista en el apartado anterior no tendrá lugar y deberá procederse a su adjudicación mediante el correspondiente concurso cuando el espectro radioeléctrico esté agotado o que exista un tercero o terceros que pretendan la concesión de la licencia.

A su vez, se permiten los negocios jurídicos sobre dichas licencias, pudiendo los titulares de las mismas venderlas o arrendarlas, siempre que hayan transcurrido al menos dos años desde la adjudicación inicial de la licencia, garantizando el cumplimiento de la oferta mediante la cual se obtuvo la adjudicación de la licencia y con la autorización previa de la autoridad audiovisual competente, conforme a determinados requisitos que se prevén en la *Ley 13/2022*.

Precisamente, esta posibilidad de celebrar negocios jurídicos sobre las licencias obliga a que prevean unas limitaciones para ser titulares de participaciones sociales o derechos de voto en diferentes prestadores del servicio de comunicación audiovisual televisivo para garantizar el pluralismo en los mercados de comunicación audiovisual televisivos lineales mediante ondas hertzianas terrestres.

En concreto, no se permite que una misma persona física o jurídica pueda adquirir una participación significativa en más de un prestador del servicio de comunicación audiovisual televisivo de ámbito estatal, cuando la audiencia media del conjunto de los servicios de ese prestador supere el veintisiete por ciento de la audiencia total durante los doce meses consecutivos anteriores a la adquisición, o cuando los prestadores del servicio de comunicación audiovisual televisivo de ámbito estatal acumulen derechos de uso sobre el dominio público radioeléctrico superiores, en su conjunto, a la capacidad técnica correspondiente a dos canales múltiplex (ocho canales de televisión lineal en abierto), o cuando suponga impedir la existencia de, al menos, tres prestadores privados distintos del servicio de comunicación audiovisual televisivo en el ámbito estatal.

Estos límites para evitar una posición de dominio y propiciar el pluralismo en las emisiones televisivas también se contempla en el ámbito autonómico estableciendo la limitación de que cualquier persona física o jurídica no pueda, disponer para sus emisiones de más capacidad técnica que la correspondiente a un canal múltiplex autonómico. Y, en cuanto a los prestadores del servicio de comunicación audiovisual televisivas lineal mediante ondas hertzianas terrestres que dé cobertura local a uno o a varios municipios y, en su caso, a un ámbito insular completo, de conformidad con el Plan Técnico Nacional correspondiente, se permite que puedan realizar emisiones en cadena con otras entidades autorizadas siempre y cuando el total del tiempo de emisión en cadena no supere el veinticinco por ciento semanal del tiempo de programación y dicho porcentaje no se concentre en los horarios de máxima audiencia. Aunque, en el artículo 36.4 de la *Ley 13/2022* este requisito se deriva a la competencia de las Comunidades Autónomas con relación a los prestadores que hayan obtenido licencias en sus respectivos ámbitos territoriales.

Por último, debe indicarse que los operadores que prestan el servicio de comunicación audiovisual televisivo lineal mediante ondas hertzianas terrestres pueden ceder libremente a terceros que estén debidamente inscritos en el *Registro de prestadores del servicio de comunicación audiovisual*, la señal de sus servicios para su difusión mediante cualquier soporte tecnológico. También podrán ceder la inclusión de sus emisiones a un catálogo de programas de los contenidos audiovisuales, aunque requerirá un acuerdo previo entre las partes que garantice, en todo caso, el derecho del prestador del servicio de comunicación audiovisual a acceder a los datos de consumo de sus contenidos audiovisuales en dicho servicio a petición.

4.3.2. Los servicios comunicación televisivos en régimen de comunicación previa

Para iniciar la prestación de los servicios de comunicación audiovisual televisivo a través de redes de cable, internet u otros sistemas que no sean mediante la difusión por ondas hertzianas a través de repetidores terrestres, únicamente se requerirá una comunicación fehaciente y previa al inicio de la actividad dirigida a la autoridad audiovisual competente, de ámbito estatal o autonómico.

Esta comunicación fehaciente y previa permite iniciar la difusión de los contenidos televisivos desde el momento de su presentación, sin perjuicio de las facultades de comprobación, control e inspección atribuidas al órgano competente que podrá comprobar su adecuación a la legislación vigente.

Sin embargo, dicha comunicación no producirá ningún efecto cuando la persona física o jurídica que la realiza ha sido inhabilitada por resolución firme, en los dos años anteriores a la dicha comunicación, para prestar el servicio de comunicación audiovisual televisivo en cualquier Estado miembro de la Unión Europea y en cualquier modalidad de emisión televisiva, o cuando haya visto prohibidas sus actividades durante los dos últimos años por atentar contra derechos reconocidos en el Convenio Europeo de Derechos Humanos o lo dispuesto en la normativa europea en materia de protección de menores.

En estos supuestos, mediante resolución de la autoridad audiovisual competente, en el plazo de tres meses desde que se realizó la comunicación previa, se podrá declarar la concurrencia de cualquiera de las circunstancias reseñadas y acordar el nulo efecto de la comunicación previa. Además, cuando la prohibición para prestar el servicio de televisión esté motivada por razones de extrema gravedad, como la incitación a la comisión de un delito o de un acto terrorista, la autoridad audiovisual competente podrá dictar las medidas provisionales necesarias para salvaguardar el interés general de forma previa a la resolución que debe adoptar en el plazo de tres meses.

Por tanto, cumplido el trámite de la comunicación previa y no estando inhabilitado por alguno de los supuestos que hemos señalado, podrá prestarse el servicio de televisión a través de la difusión en los formatos que se han indicado, hasta que se pierda la condición de prestador de este servicio por: el cese en la actividad; la extinción de la personalidad jurídica; la muerte o incapacidad sobrevenida; una sanción administrativa firme que determine la pérdida de la condición de prestador del servicio de comunicación audiovisual televisivo acordada por resolución de la autoridad audiovisual competente.

4.3.3. La prestación transfronteriza del servicio de comunicación televisivo

La Ley 13/2022, en consonancia con lo previsto en la *Directiva (UE) 2018/1808, de Servicios Audiovisuales*, garantiza la libertad de recepción en todo el territorio español de los servicios de comunicación audiovisual televisiva cuyos titulares se encuentren establecidos en un Estado miembro de la Unión Europea, mediante cualquier sistema de difusión, siempre que no interfieran técnicamente en las emisiones de los prestadores establecidos bajo jurisdicción española.

Esta prestación, coherente con el mercado único europeo y en el que la prestación de servicios de televisión no pueden ser una excepción, no obstante, tiene unos límites a dicha libertad de recepción en los supuestos que contengan incitaciones al odio, perjudiquen el desarrollo físico, mental o moral de los menores, vayan en detrimento o presente riesgos para la salud pública, inciten a la comisión de un delito de terrorismo, o puedan perjudicar la salvaguarda de la seguridad y defensa nacionales..

En estos supuestos, Comisión Nacional de los Mercados y la Competencia podrá limitar o restringir con carácter provisional la libertad de recepción de estas emisiones en territorio español, con los procedimientos y requisitos que se establecen en los artículos 45, 46 y 47 de la *Ley 13/2022*, aunque dicho procedimiento deberá notificarse al titular del servicio de comunicación audiovisual televisivo, al Estado miembro de la Unión Europea que tiene jurisdicción sobre dicho prestador y a la Comisión Europa. Esta medida, deberá levantarse en el caso de que la Comisión Europea, en el procedimiento previsto en el artículo 3.5 de la *Directiva (UE) 2018/1808, de Servicios de comunicación Audiovisual*, determine que no es compatible con el Derecho de la Unión Europea y solicite que se ponga fin a dicha medida.

Esta prestación transfronteriza también conlleva, la posible reciprocidad para que las emisiones audiovisuales de prestadores establecidos en España puedan difundir dichas emisiones en otros

Estados miembros de la Unión Europea, al tiempo que obliga a la cooperación de las autoridades audiovisuales competentes con las autoridades regulatorias audiovisuales de otros Estados miembros con un intercambio mutuo de información e inscripción en los correspondientes Registros de prestadores, incluso en los casos que un prestador de servicios de comunicación audiovisual esté inscrito en un Registro autonómico.

4.3.4. La prestación del servicio de comunicación televisivo comunitario sin ánimo de lucro mediante ondas hertzianas terrestres

Otra de las modalidades de prestación del servicio de comunicación audiovisual televisivo que se recogen en la *Ley 13/2022* es la de la prestación sin ánimo de lucro prestado mediante ondas hertzianas terrestres.

Esta modalidad que ya se contempló en la *Ley 7/2010* pero estableciendo unos límites de costes que hacían muy difícil su implantación, tiene, con la nueva Ley, una redacción más acorde a lo que puede ser la realidad que permita desarrollar esta modalidad de prestación del servicio de televisión.

Como característica más destacada de la prestación del servicio de comunicación audiovisual televisivo comunitario sin ánimo de lucro mediante ondas hertzianas terrestres es que se realizará en un ámbito geográfico local o inferior, requiriendo que se le otorgue por la autoridad audiovisual autonómica competente una licencia para su emisión con la potencia y ámbito geográfico concreto, en el marco de la planificación de espectro radioeléctrico realizada por el Estado correspondiente para los servicios de comunicación audiovisual televisivos locales. Para ello, el Ministerio competente en materia de planificación y gestión del espectro radioeléctrico deberá reservar el dominio público radioeléctrico necesario y asignar una frecuencia para la prestación de estos servicios televisivos.

En cuanto al régimen jurídico específico de estos prestadores se acordará por las Comunidades Autónomas que podrán desarrollar la regulación de esta modalidad de servicio de comunicación audiovisual televisivo en lo que se refiere a los requisitos de prestación y actividad. Aunque, la Ley estatal obliga a que este tipo de emisión televisiva no incluya ningún tipo de comunicación comercial audiovisual, salvo aquella cuyo objeto sea exclusivamente promocionar bienes y servicios relacionados con la actividad de personas físicas o jurídicas establecidas en el ámbito de cobertura del servicio, así como los anuncios de servicio público o de carácter benéfico. Y, también prohíbe que su licencia pueda ser objeto de transmisión, arrendamiento, cesión o cualquier otro negocio jurídico.

Además, en la Disposición transitoria tercera de la *Ley 13/2022* prevé que los servicios de comunicación audiovisual televisivos comunitarios sin ánimo de lucro mediante ondas hertzianas terrestres que acrediten su funcionamiento ininterrumpido durante los últimos cinco años, sin haber causado problemas de interferencias, y pretendan continuar su actividad, podrán solicitar, en el plazo de seis meses desde la entrada en vigor de esta ley, la concesión del correspondiente título habilitante a la autoridad audiovisual autonómica competente, conforme a las disponibilidades de espectro radioeléctrico. Aunque la dificultad estriba en que hasta el momento no había espectro radioeléctrico reservado y, por lo tanto, cualquier emisión era susceptible de causar problemas de interferencias.

4.4. LOS PRESTADORES PÚBLICOS DEL SERVICIO DE COMUNICACIÓN AUDIOVISUAL

Como resultado de los Pactos de la Moncloa, en la atmósfera de consenso que rodeó las primeras etapas de la transición democrática española, se aprobó *la Ley 4/1980, de 10 de enero, del Estatuto de la Radio y la Televisión.* Dicha Ley 4/1980 supuso una transformación sustancial de las concepciones vigentes hasta entonces, ya que la radio y la televisión públicas, durante la Dictadura y antes de la reforma de 1980, se gestionaban como servicios públicos integrados y al dictado de la Administración del Estado, primero como una Dirección General y, en el momento de la transición como un Organismo autónomo del Ministerio de Información y Turismo. Sin embargo, también debe apuntarse que con esta Ley 4/1980 que supuestamente creo un Ente Público independiente que debía democratizar la radio y televisión públicas estatales, tampoco se va a conseguir este objetivo, porque la Dirección general del Ente Público seguía nombrándose por el Gobierno y el Consejo de Administración nombrado por el Parlamento apenas tenía competencias.

Lo mismo puede de los medios de comunicación audiovisual autonómicos que se crearon unos años más tarde, ya que conforme a la *Ley 46/1983, de 26 de diciembre, reguladora del Tercer Canal de Televisión,* y lo previsto en el artículo 2 de la Ley 4/1980, se articuló un modelo similar para las radios y televisiones autonómicas.

En el ámbito local, primero la *Ley 11/1991, de 8 de abril, de Organización y Control de las Emisoras Municipales de Radiodifusión Sonora,* y posteriormente la *Ley 41/1995, de 22 de diciembre, de Televisión Local por Ondas Terrestres,* conformaron la normativa fundamental por la que debían regirse, respectivamente, las radios y televisiones públicas locales.

Estas regulaciones específicas, así como un conjunto de normas generales aplicables en virtud de su naturaleza jurídica, constituían el régimen jurídico de aplicación a las radios y televisiones públicas que resultaba ser un tanto caótico, anacrónico en algunos aspectos y falto de elementos democráticos. No obstante, debieron transcurrir más de veinticinco años hasta que con la derogación de la *Ley 4/1980* y su sustitución por la *Ley 17/2006, de 5 de junio de la Radio y la Televisión de Titularidad Estatal,* en lo relativo a la Radio Televisión Española, o la modificación de la legislación sobre medios audiovisuales en algunas comunidades autónomas, iniciaron un proceso de cambio que tuvo su punto álgido con la *Ley 7/2010, General de Comunicación Audiovisual* que fijó un nuevo régimen jurídico para los operadores públicos de radio y televisión estatal, autonómico y local, derogando las cuatro leyes que hasta aquel momento constituían la legislación básica que debían cumplir estos prestadores –la *Ley 4/1980, de Estatuto de la radio y televisión*, la *Ley 46/1983, del Tercer Canal de Televisión*, la *Ley 11/1991 de organización y control de las emisoras municipales de radiodifusión sonora*, y la *Ley 41/1995 de Televisión Local*-.

En la actualidad, la regulación básica sobre los medios de comunicación públicos se recoge en el Título III de la *Ley 13/2022, General de Comunicación Audiovisual*. Aunque, también debe tenerse en cuenta que sigue vigente, en todo aquello que no se opongan a la actual *Ley 13/2022*, la legislación específica que regula los medios públicos estatales, en concreto: la *Ley 17/2006, de 5 de junio, de la radio y la televisión de titularidad estatal*[129], y la *Ley 8/2009, de 28 de agosto, de financiación de la Corporación de Radio y Televisión Española*[130]-. Y, para las radios y televisiones públicas autonómicas, también se mantienen vigentes sus respectivas leyes reguladoras, en todo aquello que no se opongan a la Ley 13/2022.

Respecto a las líneas generales que se pautan en la *Ley 13/2022* sobre los medios públicos, en primer lugar, debemos referir el artículo 53 de esta Ley que cataloga como «servicio público de comunicación audiovisual» la prestación del servicio de comunicación audiovisual que realizan los medios de comunicación audiovisuales de carácter público y define la prestación de dicho servicio como «*un servicio esencial de interés económico general*» al que se encomienda «*la producción, edición y difusión de programas, contenidos y servicios audiovisuales diversos, para todo tipo de públicos y de todo tipo de géneros, a través de servicios de comunicación audiovisual televisivos y radiofónicos y servicios de televisión conectada*».

A su vez, a estos medios se *les encomienda la misión de* difundir programas que fomenten los principios y valores constitucionales,

---

129 BOE, núm. 134, de 06.06.2006.

130 BOE, núm. 210, de 31.08.2009.

que reflejen y den a conocer el pluralismo político, social y cultural de la sociedad, y que promuevan el acceso al conocimiento cultural, científico, histórico y artístico de la sociedad, así como satisfacer sus necesidades informativas, culturales, educativas y de entretenimiento con programas de calidad, así como con programas especialmente dirigidos a la infancia, y a la alfabetización mediática de la ciudadanía. Además, en el desempeño de su misión de servicio público deberán respetar los principios generales que hemos expuesto en apartados precedentes.

En cuanto a la potestad y modo de organizar la prestación de este servicio público, la *Ley 13/2022*, establece que, tanto el Estado como las Comunidades Autónomas podrán acordar y regular, mediante una Ley[131], la prestación del servicio público de comunicación audiovisual en abierto, de carácter generalista o temático, aunque prohíbe a estos prestadores la difusión de canales temáticos dedicados a emitir en exclusiva comunicaciones comerciales.

Y, sobre el título que les habilita para realizar las emisiones a través de ondas hertzianas terrestres en el ámbito estatal, autonómico o local, establece que se deriva de la encomienda de gestión que se fija en las leyes, estatal o autonómica, que regulan esta prestación o, en el caso de los medios locales, los acuerdos de los ayuntamientos. De tal manera que esta encomienda tendrá la consideración de título habilitante equivalente a la licencia, y llevará aparejada una concesión de uso privativo del dominio público radioeléctrico conforme a los respectivos Planes Nacionales de Televisión Digital Terrestre.

Esta encomienda, también, será título suficiente para la prestación del servicio público de comunicación audiovisual mediante cualquier modalidad tecnológica distinta a la emisión mediante ondas hertzianas terrestres. Ahora bien, tanto en un caso como en el otro, deberán inscribirse en el Registro estatal o autonómico

131 Artículo 20.3 de la Constitución Española.

correspondiente identificando cada uno de los servicios prestados.

Asimismo, para la gobernanza y la concreción de los objetivos y el modo de prestar el servicio público de comunicación audiovisual se contemplan dos figuras jurídicas: el mandato-marco; y, el contrato-programa.

Por una parte, *los respectivos Parlamentos, estatal o autonómicos, aprobarán un mandato-marco* sobre la prestación del servicio público de comunicación audiovisual que les corresponde, en el que fijarán los objetivos generales de la función de servicio, en el que se incluirán aspectos como: el fomento de los principios y valores constitucionales; la independencia respecto del poder ejecutivo; la imparcialidad, neutralidad y la obligación de diferenciar la información de las opiniones; el modelo de gestión de la prestación del servicio; las líneas estratégicas de los contenidos, la producción, la innovación y los nuevos servicios digitales; o las obligaciones financieras.

A su vez, en el artículo 55 se prevé que *los Gobiernos del Estado o de las Comunidades Autónomas y sus respectivos Entes públicos o Corporaciones que prestan el servicio público de comunicación audiovisual suscribirán un contrato-programa* en el que se concretará y desarrollarán los objetivos de su misión de servicio público y, en su caso, los objetivos aprobados en los correspondientes mandatos-marco, con el desarrollo de aspectos como: la oferta de televisión, radiofónica, así como de los otros servicios de televisión conectada, información en línea, multiplataforma y multipantalla; los planes estratégicos de producción e innovación; las previsiones presupuestarias; la estrategia económica y de recursos humanos; o, los indicadores de transparencia de la gestión, calidad audiovisual y valor del servicio público, objetivamente cuantificables.

Otro de los aspectos que debe tenerse en cuenta es la organización, financiación y control de los organismos que gestionen el servicio público *de comunicación audiovisual,* para cuyo máximo órgano de administración se exige que su composición refleje el pluralismo político y social de su ámbito de cobertura, con una presencia equilibrada de mujeres y hombres.

Las pautas generales a las que debe ajustarse la financiación del servicio público de comunicación audiovisual también está regulada en la *Ley 13/2022* y en sus respectivas leyes estatal y autonómicas, estando sometido a los principios de: estabilidad presupuestaria para el cumplimiento efectivo de las funciones de servicio público; compatibilidad con la normativa vigente en materia de competencia; o, la obligación de una contabilidad analítica en la que se concrete la aportación de los fondos públicos que deberá estar acotado a las actividades y contenidos relacionados con la función de servicio público[132].

Asimismo, los organismos que gestionen este servicio público estarán sometidos a numerosos controles. Por una parte, las Cortes Generales, las Asambleas Legislativas de las Comunidades Autónomas y, en su caso, a los órganos de gobierno de las Entidades Locales, deberán vigilar el cumplimiento de las funciones de servicio público encomendadas en el contrato-programa y en el mandato-marco. También, las autoridades audiovisuales de ámbito estatal y autonómico deberán supervisarán e informar del adecuado cumplimiento de la misión de servicio público en sus respectivos ámbitos, de acuerdo con la normativa estatal o autonómica correspondiente. La fiscalización de la gestión económico-

---

132 Para ello en los artículos 63, 64, 65 y 66 se fija la cuantificación del coste neto de la encomienda o acuerdo de prestación del servicio público de comunicación audiovisual; las reservas que pueden mantener para el cumplimiento del servicio público de comunicación audiovisual; la separación estructural de sus actividades para garantizar los precios de transferencia y el respeto a las condiciones de mercado; o, la prohibición de bajar injustificadamente los precios de la oferta comercial o de presentar utilizar la compensación pública para bajar injustificadamente los precios de su oferta comercial y de servicios, o presentar ofertas desproporcionadamente elevadas frente a competidores privados por derechos de emisión sobre contenidos en el mercado audiovisual.

financiera corresponderá al Tribunal de Cuentas para el servicio público estatal, mientras que para los prestadores autonómicos y locales lo determinará la normativa autonómica.

Por otra parte, también deben apuntarse las características específicas en la prestación y la gestión de los distintos medios públicos de carácter estatal, autonómico o local que se marcan en la *Ley 13/2022*. Veamos ahora los aspectos más singulares y destacados de cada una de ellas.

Respecto a la prestación del servicio público de comunicación audiovisual estatal, el artículo 67 lo define como «*El servicio público de comunicación audiovisual de ámbito estatal es el servicio de comunicación audiovisual prestado por el Estado*» y, en el siguiente artículo, encomienda a la sociedad mercantil estatal *Corporación de Radio y Televisión Española, SA*, la gestión directa del servicio público de la radio, televisión, servicios de televisión conectada y de información en línea de titularidad estatal en los términos definidos por la *Ley 17/2006, de 5 de junio, de la radio y la televisión de titularidad estatal*, y por la *Ley 8/2009, de 28 de agosto, de financiación de la Corporación de Radio y Televisión Española*. Al tiempo que establece que se reservará o se adjudicará a la *Corporación de Radio y Televisión Española* un máximo del veinticinco por ciento del espacio radioeléctrico disponible para el servicio de televisión de ámbito estatal, y un máximo del treinta y cinco por ciento del espacio radioeléctrico disponible para el servicio radiofónico de ámbito estatal.

En cuanto a su gobernanza y control, se ajusta a los términos que ya hemos comentado, con la aprobación por las Cortes Generales de un mandato-marco con una vigencia de ocho años, la elaboración de los contratos-programa por la Corporación de Radio y Televisión Española que deberán ser aprobados por Acuerdo del Consejo de Ministros, con una vigencia de cuatro años. Mientras que corresponderá a la Comisión Nacional de los Mercados y la Competencia la supervisión del cumplimiento de la misión de servicio público y de la adecuación de los recursos públicos asignados.

Por último, como especificidad en este marco regulatorio respecto de los otros operadores públicos puede apuntarse que se encomienda a la Corporación de Radio y Televisión Española velar por la conservación de los archivos históricos audiovisuales y sonoros, al tiempo que garantizar el acceso a los mismos.

En lo que se refiere a la prestación del servicio público de comunicación audiovisual autonómico, se establece que las Comunidades Autónomas, conforme a lo previsto en sus respectivos Estatutos y lo que determina la *Ley 13/2022*, como norma básica estatal, podrán regular la prestación del servicio público de comunicación audiovisual dentro de la capacidad de espectro radioeléctrico que les ha sido asignada, de conformidad con lo dispuesto en el Plan Técnico Nacional correspondiente y determinar el modelo de gestión de la prestación de dicho servicio. Constituyendo la encomienda de la prestación del servicio público de comunicación audiovisual de ámbito autonómico establecida en la Ley autonómica el título suficiente, tanto para emitir por ondas hertzianas terrestres como por medio de cualquier otra tecnología, así como para inscribirse en el Registro de prestadores del servicio de comunicación audiovisual autonómico correspondiente.

La gran novedad en la regulación de los medios de comunicación públicos autonómicos respecto de la *Ley 7/2010* es que, en el artículo 72, además de prever que la prestación de este servicio público de comunicación audiovisual puede realizarse puede realizarse mediante la prestación directa del servicio, a través de sus propios órganos, medios o entidades, abre la posibilidad a que se realice mediante una prestación indirecta del servicio, conforme a los principios de publicidad, transparencia, concurrencia, no discriminación e igualdad de trato, a través de persona física o jurídica que estará sujeta a lo dispuesto en el presente título. E, incluso, que podrán acordar la transformación de la gestión directa del servicio en gestión indirecta mediante la enajenación de la titularidad de la entidad prestadora del servicio, que se realizará conforme con los principios del apartado anterior. Es decir, permite la privatización de origen, o en cualquier momento de los servicios de radio y televisión autonómicos. Asimismo, cuando este servicio se privatice, las Comunidades Autónomas podrán participar en el capital social del prestador de su servicio público, frente a la prohibición que se sigue manteniendo de participar, directa o indirectamente, en el capital social de los titulares de licencias de los servicios de comunicación audiovisual.

La posibilidad de prestar el servicio público de comunicación audiovisual mediante ondas hertzianas terrestres de una Comunidad Autónoma en otra limítrofe, con afinidades lingüísticas y culturales, ya se contemplaba en *la Ley 7/2010* y se mantiene en la Ley actual. Para ello será necesario que se firme un convenio entre las Comunidades Autónomas interesadas, que exista reciprocidad entre las emisiones, que se utilice el espacio radioeléctrico asignado a la Comunidad Autónoma de conformidad con el Plan Técnico Nacional correspondiente y que se notifique la firma de dicho convenio a la Administración General del Estado.

Por su parte, los ayuntamientos también pueden acordar la prestación del servicio público de comunicación audiovisual en el ámbito local, tanto de televisión como de radiodifusión.

Para ello, será necesario que las Entidades Locales, en el supuesto de que deseen realizar emisiones de radio o televisión a través de ondas hertzianas terrestres, soliciten a la autoridad autonómica correspondiente la autorización que se la asignará, previa notificación a la Administración General del Estado y conforme al Plan Técnico Nacional correspondiente, en el caso de la radio con la indicación de la frecuencia y potencia adecuadas en el entorno local. Mientras que, en el supuesto de la prestación del servicio de televisión, conforme al Plan Técnico Nacional que establece las demarcaciones de ámbito local o comarcal y reserva una de las frecuencias para la posible emisión de una televisión local, deberán acordarlo los municipios del conjunto de la demarcación. Asimismo, tienen prohibido participar, directa o indirectamente, en el capital social de los titulares de licencias del servicio de comunicación audiovisual.

La gestión de estos servicios, según lo previsto en el artículo 75.2 de la Ley 13/2022, deberán realizarla las Entidades Locales de forma directa, a través de sus propios órganos, medios o entidades. Y deberán inscribirse en el Registro de prestadores del servicio de comunicación audiovisual autonómico correspondiente. Tanto la prestación del servicio que se realiza a través de ondas hertzianas como aquellas otras prestaciones de servicios de comunicación audiovisual que se realicen con otras tecnologías de difusión.

4.5. LA PRESTACIÓN DEL SERVICIO DE INTERCAMBIO DE VÍDEOS A TRAVÉS DE PLATAFORMA

El Título V relativo a «*La prestación del servicio de intercambio de vídeos a través de plataforma*» supone, sin duda alguna, la gran novedad de esta *Ley 13/2022* al incorporar en el marco normativo de la comunicación audiovisual de masas la regulación de estos servicios.

La inclusión de este nuevo marco regulatorio obedece a la obligada transposición de los artículos 28 bis y el 28 ter de la *Directiva (UE) 2018/1808, de Servicios Audiovisuales* a nuestro ordenamiento jurídico, estableciendo un conjunto de derechos y obligaciones a los prestadores y a la prestación del servicio de *intercambio de vídeos a través de plataforma,* así como para los *usuarios de especial relevancia* que empleen servicios redes sociales cuya finalidad esencial sea compartir programas y contenidos audiovisuales a través de las plataformas.

Se trata de una regulación necesaria ante las actuales realidades y perspectivas de futuro del consumo audiovisual, dado que estos servicios, con un impacto considerable en la audiencia, están compitiendo, tanto respecto a su oferta de contenidos como su publicidad, con los otros servicios de comunicación audiovisual tradiciones que, conforme a la legislación anterior y la actual, debían y deben cumplir unas obligaciones y respetar un conjunto de principios y derechos de los usuarios en sus emisiones, mientras que los prestadores del servicio de intercambio de vídeos a través de plataforma, hasta esta *Ley 13/2022*, no tenían un marco normativo concreto que les obligase a respetar estos principios y derechos.

Así, por una parte, con la nueva regulación se incorpora la obligación, en la prestación de los servicios de comunicación audiovisuales que se realizan a través de estas plataformas, de respetar los derechos de los usuarios, en general, y proteger algunos colectivos específicos como los menores, en particular, evitando que el conjunto de los usuarios, tengan que soportar contenidos que inciten al odio, a la violencia, o a la discriminación, o que los menores accedan a contenidos perjudiciales para el desarrollo de su personalidad.

Para ello, en la Ley 13/2022, en los artículos 87 y siguientes, se fijan las pautas que deben cumplir los prestadores de este servicio de intercambio de vídeos a través de plataforma deben garantizar, en sus contenidos, la observancia de los principios de dignidad humana y los valores constitucionales (entre ellos, la no incitación a la violencia, al odio o a la discriminación por razón de edad, sexo, discapacidad, orientación sexual, raza, color origen étnico o social, características sexuales o genéticas, lengua, religión, creencias, opiniones políticas o cualquier otro tipo, nacionalidad, patrimonio o nacimiento, así como el respeto al honor, la intimidad y la propia imagen de las personas), también, tener un especial cuidado con el respeto a la igualdad de género e imagen de las mujeres, y ofrecer una imagen ajustada, respetuosa, apreciativa, inclusiva y libre de estereotipos de las personas con discapacidad. Asimismo, les insta a que, en cooperación con todas las partes interesadas, adopten medidas para favorecer la adquisición y el desarrollo de las capacidades de alfabetización mediática en todos los sectores de la sociedad, así como medidas para promover que los padres, madres, tutores o representantes legales procuren que los menores hagan un uso beneficioso, seguro, equilibrado y responsable de los dispositivos digitales y de los servicios de intercambio de vídeos a través de plataforma. Además, la norma plantea la autorregulación, la corregulación y la adopción de códigos de conducta para su actividad, como instrumentos para facilitar y garantizar el cumplimiento de estos principios.

Acto seguido, establece las obligaciones que deben respetar las emisiones de los programas o de los vídeos generados por usuarios y de las comunicaciones comerciales de estas plataformas en relación con los contenidos o informaciones dirigidas o en las que participan los menores, para que no puedan perjudicar su desarrollo físico, mental o moral, o incumplir los mandatos previstos en la Ley respecto a los derechos y protección de los menores.

En el artículo 89, asimismo, concreta un conjunto de medidas que deben adoptar las plataformas para para proteger a los menores y al público en general, entre ellas, las de: establecer sistemas de verificación de edad para los usuarios con respecto a los contenidos que puedan perjudicar el desarrollo físico, mental o moral de los menores, y en todo caso impedir el acceso de este tipo de usuarios a contenidos especialmente nocivos como los pornográficos o aquellos con violencia gratuita; incluir cláusulas de condiciones para que los usuarios que compartan videos respeten y no puedan perjudicar los derechos de los menores y lo principios que se han apuntado en párrafos precedentes; o, sistemas que permitan a los usuarios indicar y calificar en función de la edad los contenidos que puedan ser perjudiciales para los menores o el público en general. También se prevé que se faciliten sistemas de control parental o medidas y herramientas eficaces de alfabetización mediática.

Por otra parte, en el ámbito de las comunicaciones comerciales que se difundan a través de estas plataformas, se imponen unas reglas, similares a las que se establecen para el conjunto de prestadores de los servicios de comunicación audiovisual, pero adaptadas a las características y horarios de este formato y tipo de uso, sobre el respeto a todos los valores y principios que se han detallado en párrafos anteriores, reforzadas con algunas prescripciones específicas para la protección de menores en aquellas comunicaciones comerciales que puedan fomentar comportamientos nocivos para la salud (bebidas alcohólicas) o el desarrollo físico y mental (juegos de azar y apuestas, esoterismo y paraciencias). Igualmente, como ocurre en la regulación sobre contenidos, se fomenta la autorregulación, la corregulación y los códigos de conducta.

Además de todo lo apuntado, en la prestación del servicio de intercambio de videos a través de las plataformas, la Ley 13/2022, también fija una regulación específica para los usuarios de especial relevancia que empleen servicios de intercambio de vídeos a través de plataforma.

Al respecto, considera como usuarios de especial relevancia aquellos, de forma simultánea, cumplan los siguientes parámetros: «*a) El servicio prestado conlleva una actividad económica por el que su titular obtiene unos ingresos significativos derivados de su actividad en los servicios de intercambio de vídeos a través de plataforma; b) El usuario de especial relevancia es el responsable editorial de los contenidos audiovisuales puestos a disposición del público en su servicio; c) El servicio prestado está destinado a una parte significativa del público en general y puede tener un claro impacto sobre él; d) La función del servicio es la de informar, entretener o educar y el principal objetivo del servicio es la distribución de contenidos audiovisuales; e) El servicio se ofrece a través de redes de comunicaciones electrónicas y está establecido en España*» (art. 94.2). A estos efectos, sin embargo, no se incluyen los centros educativos o científicos, las entidades culturales, las administraciones públicas o partidos políticos con fines de información y de presentación de las funciones que desempeñan, así como las empresas, trabajadores por cuenta propia, asociaciones y organizaciones no gubernamentales con fines de autopromoción y de presentación de las actividades que realizan.

En cuanto a las prescripciones específicas que establece para estos usuarios de especial relevancia, cabe destacar el respeto, en sus contenidos y en sus comunicaciones comerciales, de los principios del título I de la *Ley 13/2022* y, en especial, las obligaciones para la protección de los menores en términos similares a las obligaciones fijadas para las plataformas que ya hemos comentado. También, con las recomendaciones de fomentar la adopción de códigos de conducta de autoregulación y corregulación.

Por último, debe apuntarse que obliga, tanto a los prestadores de este servicio de intercambio de videos a través de plataforma, como a los usuarios de especial relevancia que empleen servicios de intercambio de vídeos a través de plataforma, a que se inscriban en el Registro de prestadores del servicio de comunicación audiovisual (art. 87), atribuyendo a la Comisión Nacional de Mercados y Competencia (CNMC) la supervisión, inspección y control del cumplimiento del conjunto de esta normativa y la aplicación, en su caso, del régimen sancionador (art. 93). Al tiempo que establece ciertas restricciones sobre el tratamiento de datos personales de menores (art. 90) y encomienda una especial vigilancia de las prescripciones en torno a la protección de los datos personales de los menores y de los usuarios en general, a la Agencia Española de protección de datos (AEPD).

4.6. LA PRESTACIÓN DEL SERVICIO DE COMUNICACIÓN RADIOFÓNICO Y SONORO A PETICIÓN

La actual *Ley 13/2022,* frente a la dispersión en distintos títulos y artículos de la regulación sobre la prestación de los diversos servicios de radiodifusión en la Ley 7/2010, unifica en el Título IV el régimen jurídico de «*La prestación del servicio de comunicación audiovisual radiofónico y sonoro a petición*», salvo en los aspectos relativos a la organización del servicio público de radiodifusión de ámbito local, al que ya nos hemos referido en el apartado correspondiente.

Ante todo, debe precisarse que se regula el régimen jurídico de los servicios de comunicación audiovisual radiofónicos que se difunden a través de ondas hertzianas terrestres, con tecnología digital o analógica (lineal), y los denominados sonoros a petición, es decir, que utilizan otros medios de difusión (podcasts, plataformas...), en sus distintos formatos y modos de prestar servicios, debe apuntarse que se catalogan como servicios de interés general que se prestan en ejercicio de la responsabilidad editorial y de conformidad con los principios que hemos comentado en los apartados correspondientes y al amparo de los derechos constitucionales a la libertad de expresión, a comunicar y recibir información, a participar en la vida política y social y a la libertad de empresa.

Como aspectos más destacados de dicho régimen jurídico podemos observar que, en términos generales, es muy similar al previsto para los servicios de comunicación audiovisual televisivos, tanto para su acceso (comunicación previa o licencia), como para los negocios jurídicos sobre licencias, el registro de prestadores, o el régimen de propiedad (arts. 76, 77 y 80). Aunque, debe precisarse que, a diferencia de los servicios de televisión lineal, en estos momentos el ámbito de mayor peso consumo es la Frecuencia Modulada (FM) y está tiene mayoritariamente una estructura territorial local, así que el grueso del ámbito competencial en el otorgamiento de licencias, Registro de prestadores, seguimiento de la programación, etc., corresponde a las autoridades audiovisuales de las Comunidades Autónomas.

Para los operadores de radiodifusión también se fijan unas obligaciones en relación a los contenidos que puedan afectar a los menores. En concreto, en el artículo 83, establece limitaciones horarias de la emisión de determinados programas y contenidos perjudiciales para el desarrollo físico, mental o moral de los menores, en especial los relacionados con esoterismo y paraciencias, así como los de actividades de juegos de azar basados en la participación activa, además de todo lo que se prescribe en el artículo 95 de la propia *Ley 13/2022* sobre los derechos de los menores en el ámbito audiovisual.

Asimismo, en el artículo 85, se marcan unas obligaciones generales para la emisión de comunicaciones comerciales audiovisuales en el servicio de comunicación audiovisual radiofónico y en el servicio de comunicación audiovisual sonoro a petición en unos términos similares a los otros servicios de comunicación audiovisual, con alguna particularidad respecto a los horarios de emisión, el patrocinio y el emplazamiento de productos.

Entrando en los distintos formatos y estructura de la prestación del servicio de radiodifusión a través de ondas hertzianas terrestres, resulta necesario analizar la distribución ordenada de bandas y frecuencias del espectro radioeléctrico destinado a la radiodifusión para catalogar los distintos modos de prestar este servicio.

El régimen general de distribución de frecuencias y en especial las relativas a la radiodifusión, a tenor de lo establecido en el art. 149.1, puntos 21 y 27, de la Constitución Española, corresponden al Estado. Al respecto, la *Ley 4/1980*, en su art. 2.4 disponía «*la atribución de frecuencias se efectuará por el Gobierno en aplicación de los Acuerdos y Convenios Internacionales y de las Resoluciones o Directrices de los Organismos Internacionales que vinculen al Estado Español*», en unos términos muy similares a lo que, con mayor detalle, se fue concretando en las leyes posteriores de ordenación de las telecomunicaciones (*Ley 31/1987, Ley 32/2003, Ley 9/2014...*), hasta la actual Ley *11/2022, de 28 de junio, General de Telecomunicaciones.*

Sobre estas bases, conforme a los Acuerdos y Convenios Internacionales, el Gobierno ha ido aprobando los diversos Planes Técnicos Nacionales de Radiodifusión. Dichos Planes constituyen el instrumento normativo capital para la ordenación de las cuestiones técnicas de la radiodifusión al establecer –según la ordenación internacional– los cuadros generales de reservas de frecuencias y potencias sobre los que debe operar el sector; así como las prescripciones y características técnicas de acceso a esta actividad.

Entre estos planes, el Plan Técnico de Radiodifusión Sonora de 1978, adoptado a partir del ajuste y las mayores posibilidades de cobertura tras la distribución de la Conferencia de Ginebra de 1975, se convirtió en el punto de referencia para el desarrollo de la radiodifusión en la etapa democrática, estableciendo en las bandas internacionalmente asignadas para este fin, las frecuencias y potencias para las ondas largas (kilométricas), medias (hectométricas), cortas (decamétricas) y las ondas métricas con modulación de frecuencia (FM) (art. 1). No obstante, aunque sí estableció el cuadro efectivo de explotación de la radiodifusión en Onda Larga (art. 2), Onda Media (art. 3), Onda Corta (art. 4), no hizo lo mismo con la frecuencia modulada (art. 5°) para la que mantuvo la vigencia del Decreto de 1965, hasta la elaboración de un plan específico para dicha frecuencia.

Este Plan de 1978, marcó las líneas generales del régimen de prestación del servicio para cada una de las bandas que distribuyó, criterios que después fueron seguidos por la *Ley 31/1987, de Ordenación de las Telecomunicaciones* y que han seguido las normas posteriores, asignando la explotación de los servicios de radiodifusión sonora en *Onda Corta y Larga* directamente al Estado o sus entes públicos, y los servicios de radiodifusión de *Onda Media* y *Frecuencia Modulada* «en concurrencia» a las Administraciones públicas y a los particulares (art. 26). Sin embargo, lo que ahora nos interesa es la configuración técnica para cada una de las bandas de frecuencia.

Respecto a la banda de <u>Onda Larga</u> el citado Plan concreta la reserva estatal a favor de RNE, asignándole dos frecuencias y un número máximo de cinco estaciones para difundir un programa de carácter nacional, con especial atención a las necesidades de la audiencia de las áreas rurales (art. 2).

En cuanto a la <u>Onda Corta</u> también le atribuye a RNE la realización de las emisiones destinadas al exterior (art. 4); aunque sin fijar el número de las estaciones ni de las frecuencias a utilizar.

Para la radiodifusión en Onda Media (OM) el Plan de 1978 encomendó a la Administración Estatal la aprobación de los nuevos cuadros de frecuencias, ubicación y potencia, las normas de desarrollo y los oportunos pliegos de condiciones. Posteriormente, mediante el *RD 765/1993,* se aprobó *el Plan Técnico Nacional de Radiodifusión Sonora en Ondas Medias*[133], que modificó estos cuadros de frecuencias y las potencias de las estaciones de onda media, con las consiguientes características técnicas de las concesiones que siguen siendo válidas en la actualidad.

En lo que respecta a la radiodifusión en Ondas métricas con modulación de frecuencia (FM), el Plan de 1978 se limitó a mantener la situación vigente hasta que se elaborase un Plan definitivo de distribución de frecuencias y de instalaciones en todo el territorio nacional, precisando el número máximo de estas emisoras para cada núcleo de población, así como la potencia y distancia entre emisores. Dicho Plan fue aprobado por el *Real Decreto 1433/1979, de 8 de junio*; si bien su ejecución, especialmente para acomodarse a las exigencias de la radiodifusión local y las competencias de las Comunidades Autónomas sobre esta banda de frecuencia, sufrió importantes retrasos, hasta que después de aprobarse la *Ley 31/1987, de Ordenación de las Telecomunicaciones* y con la ampliación internacional de las disponibilidades de frecuencias acordadas por el Plan de Ginebra de 1984 se aprobó el *RD 169/1989 sobre el Plan Técnico Nacional de la Radiodifusión Sonora en Ondas Métricas con Modulación de Frecuencia (FM).* En este Plan, específico para la FM de 1989, ya se fijaron las frecuencias que se reservaba el Estado para la gestión directa a través de RNE, las frecuencias destinadas a la programación de los Entes Públicos de las Comunidades Autónomas y las que podían otorgarse en gestión indirecta, cuya concesión debía otorgar el Gobierno o las Comunidades Autónomas con competencias en medios de comunicación social. En este Plan también se desarrollaron profusamente las

133 BOE, núm. 139, de 11.06.1993.

características técnicas que debían cumplir las emisoras correspondientes a las Corporaciones Locales para la prestación del servicio de radiodifusión sonora en ondas métricas con modulación de frecuencia (FM) (art. 5).

La asunción de competencias sobre este ámbito por las Comunidades Autónomas y las demandas de más frecuencias en esta banda (FM), así como la necesidad de reordenar las frecuencias, una vez que la mayor parte de las Comunidades Autónomas habían asumido competencias en medios de comunicación, propició que mediante el *RD 1399/1997 sobre el Plan Técnico Nacional de la Radiodifusión Sonora en Ondas Métricas con Modulación de Frecuencia (FM)*, se aprobase un incremento de frecuencias para gestión indirecta de emisoras, al mismo tiempo que se ordenaron las frecuencias, se amplió el número de las posibles estaciones emisoras y se concretaron las características técnicas de las mismas.

Unos años más tarde, con el *Real Decreto 964/2006, de 1 de septiembre por el que se aprueba el Plan Técnico Nacional de Radiodifusión Sonora en Ondas Métricas con Modulación de Frecuencia (FM)*[134], incrementó el número de frecuencias destinadas tanto a la gestión directa como indirecta, completando el panorama y frecuencias de la FM convencional, aunque desde hace tiempo se reclama la aprobación de un nuevo Plan Técnico que aumente el número de frecuencias, conforme permiten las disponibilidades técnicas actuales[135].

---

134 BOE, núm. 223, de 18.09.2006.

135 Por el momento, únicamente el Real Decreto 462/2015, de 5 de junio, por el que se regulan instrumentos y procedimientos de coordinación entre diferentes Administraciones Públicas en materia de ayudas públicas dirigidas a favorecer el impulso de la sociedad de la información mediante el fomento de la oferta y disponibilidad de redes de banda ancha, ha actualizado el artículo 3 del Real Decreto 964/2006. BOE, núm. 143, de 16.06.2015.

En cuanto a la Radiodifusión Sonora Digital Terrenal, cuyo régimen de prestación del servicio se había establecido mediante la Disposición Adicional 44 de la *Ley 66/1997*, precisaba, con carácter previo a la adjudicación de las oportunas concesiones, la aprobación de un plan técnico específico que detallase los plazos, características técnicas y distribución de frecuencias de las emisiones terrestres digitales de radiodifusión. Dicho Plan se aprobó mediante el *Real Decreto 1287/1999, de 23 de julio, por el que se aprueba el Plan técnico nacional de la radiodifusión sonora digital terrenal*[136], concretando las bandas de frecuencias y programas que se reservan para la gestión directa e indirecta, los objetivos de la cobertura, las especificaciones técnicas de las transmisiones, las características técnicas de las estaciones y las fases de introducción de la tecnología en los ámbitos nacional, autonómico y local. A este Plan le siguió la *Orden, de 23 de julio de 1999, por la que se aprobó el Reglamento Técnico y de Prestación del Servicio de la Radiodifusión Sonora Digital Terrenal* que desarrolló las formas de gestión de este servicio, el régimen jurídico de la concesión y los requisitos para el otorgamiento del título habilitante de las concesiones para la prestación del servicio de radiodifusión sonora digital terrenal.

Posteriormente, este *Real Decreto de1999* se modificó por *el Real Decreto 776/2006, de 23 de junio*[137], el Real Decreto 802/2011, de 10 de junio[138] y por *Real Decreto 391/2019, de 21 de junio*[139], en este último caso para modificar las bandas de frecuencia.

Al respecto, también es obligado comentar que con la Disposición adicional cuadragésima primera de la *Ley 62/2003, de 30 de diciembre, de Medidas Fiscales, Administrativas y del Orden Social*[140], asimismo, se fijaron unos criterios y plazos para la conversión a la tecnología digital de las emisiones analógicas en Onda Media,

136 BOE, núm. 177, de 26.07.1999.

137 BOE, núm. 150, de 24.06.2006.

138 BOE, núm. 153, de 28.06.2011.

139 BOE, núm. 151, de 25.06.2019.

140 BOE, núm. 313, de 31.12.2003.

cuyos concesionarios podrán solicitarlo voluntariamente el momento que lo consideren oportuno, o deberán hacerlo obligatoriamente a los dos años de la renovación de su título habilitante. Esta *Ley 62/2003*, también afectó a las ondas métricas con modulación de frecuencia (FM) que podrán solicitar dicha conversión, aunque para ello será necesario que existan normas armonizadas elaboradas por un organismo de normalización europeo reconocido y que el nivel de interferencia en el mismo canal o en los adyacentes no sea superior al que se produciría con la modulación de frecuencia.

También, respecto a los servicios de comunicación audiovisual radiofónicos que se difunden a través de ondas hertzianas terrestres, se fijan unas limitaciones en aras a garantizar el pluralismo en dicha oferta.

Para ello, por una parte, en el artículo 79, restringe la emisión en cadena de servicios de comunicación audiovisual radiofónicos de un mismo prestador cuando haya obtenido licencias, con tecnología digital o analógica, en diversos ámbitos territoriales o haya alcanzado acuerdos con otros titulares de licencias en una o varias Comunidades Autónomas.

Mientras que, en el artículo 78, restringe el control sobre un número o porcentaje determinado de emisoras en los distintos ámbitos territoriales, con tecnología digital o analógica y siempre sin contar las emisoras de radiodifusión gestionadas de forma directa por entidades públicas. Así, en los ámbitos territoriales de carácter local o comarcal prohíbe que una misma persona, física o jurídica, pueda tener el control directo o indirecto de más del cincuenta por ciento de las licencias disponibles, o controlar más de cinco licencias para prestar servicios de comunicación audiovisual radiofónicos mediante ondas hertzianas terrestres en un mismo ámbito territorial. En el conjunto del territorio nacional, o en una parte importante del mismo, que supere una comunidad Autónoma, tampoco permite el control directo o indirecto de más de un tercio de las licencias del servicio de comunicación audiovisual radiofónico mediante ondas hertzianas terrestres. Y, en el territorio de una misma Comunidad Autónoma, para las licencias de ámbito autonómico, no permite el control de más de un cuarenta por ciento de dichas licencias.

Otra de las cuestiones que con la nueva *Ley 13/2022* se regula de manera específica es el servicio de comunicación audiovisual radiofónico comunitario sin ánimo de lucro prestado mediante ondas hertzianas terrestres, que debe ofrecerse en un ámbito geográfico local o inferior, de acuerdo con el artículo 81 de esta Ley y la legislación autonómica aplicable.

Para prestar dicho servicio se requiere que tenga una licencia concedida por la autoridad audiovisual autonómica competente, en el marco de la planificación de espectro radioeléctrico realizada por el Estado correspondiente para los servicios de comunicación audiovisual radiofónicos: Dicha licencia no puede ser objeto de transmisión, arrendamiento, cesión o cualquier otro negocio jurídico.

Como pautas generales para su explotación se exige que no incluyan ningún tipo de comunicación comercial audiovisual, salvo aquellas cuyo objeto sea exclusivamente promocionar bienes y servicios relacionados con la actividad de personas físicas o jurídicas establecidas en el ámbito de cobertura del servicio, así como los anuncios de servicio público o de carácter benéfico.

Además, en la Disposición transitoria tercera de esta *Ley* se prevé que los servicios de comunicación audiovisual radiofónicos comunitarios sin ánimo de lucro mediante ondas hertzianas terrestres que acrediten su funcionamiento ininterrumpido durante los últimos cinco años, sin haber causado problemas de interferencias, y pretendan continuar su actividad, podrán solicitar, en el plazo de seis meses desde la entrada en vigor de dicha ley, la concesión del correspondiente título habilitante a la autoridad audiovisual autonómica competente, que podrá otorgarlo conforme a las disponibilidades de espectro radioeléctrico que determine la autoridad estatal competente en materia de planificación y gestión del espectro radioeléctrico.

Otra novedad de la *Ley 13/2022* es la regulación de la cesión de la señal del servicio de comunicación audiovisual radiofónico para su difusión mediante cualquier soporte tecnológico que se realiza en el artículo 82. Al respecto, se establece que los licenciatarios, es decir los que emiten a través de las ondas hertzianas, podrán ceder libremente, con o sin contraprestación, a los otros operadores que presten servicio de comunicación audiovisual en cualquier formato, catálogo de programas o servicios a petición, debidamente inscritos en el Registro de prestadores, la señal de su servicio de comunicación audiovisual radiofónico para su difusión mediante cualquier formato y soporte tecnológico.

En el caso de que se trate de prestadores del servicio público de radiodifusión, se cederá sin contraprestación económica a terceros, debidamente inscritos en el Registro correspondiente, aunque en el caso de ofrecer este servicio en un catálogo de programas de los contenidos audiovisuales que formen parte de la señal cedida, requerirá un acuerdo previo entre las partes que garantice, en todo caso, el derecho del prestador del servicio público de comunicación audiovisual a acceder a los datos de consumo de sus contenidos audiovisuales en dicho servicio a petición.

Precisamente, los prestadores del servicio de comunicación audiovisual sonoro a petición, conforme a lo previsto en el artículo 84, deberán incorporar gradualmente herramientas de accesibilidad en sus programas o contenidos ofrecidos mediante catálogo para facilitar el acceso de las personas que puedan tener alguna dificultad y para garantizar transparencia respecto de la oferta.

4.7. DERECHOS DE LOS USUARIOS Y OBLIGACIONES DE LOS PRESTADORES DE LOS SERVICIOS DE COMUNICACIÓN AUDIOVISUAL

En los Títulos VI y VII de la *Ley 13/2022*, en una línea similar a lo que recogía la *Ley 7/2010*, se regulan un conjunto de derechos de los usuarios y de determinados colectivos en los distintos tipos de emisiones televisivas, así como unos derechos y unas obligaciones de los prestadores del servicio de comunicación audiovisual televisivo.

En concreto, podemos distinguir cinco ámbitos sobre los que debemos profundizar: la protección de los menores; la accesibilidad a los servicios; la promoción de obra audiovisual europea; las comunicaciones comerciales; y, la contratación en exclusiva de la emisión de contenidos audiovisuales.

4.7.1. La protección de los menores en la comunicación audiovisual

En el capítulo I del Título VI de la *Ley 13/2022* se regulan las pautas fundamentales que deben regir la protección de menores en la comunicación audiovisual televisiva y, también, en algunos aspectos la radiofónica -en especial, en lo preceptuado en los artículos 95 y 96, a los que se refiere el artículo 83 cuando regula la protección de los menores en la radiodifusión-. Asimismo, diferencia entre servicios de comunicación audiovisual en línea (programas y comunicaciones comerciales) y los servicios de intercambio de vídeos a través de plataforma (programas, comunicaciones comerciales y vídeos generados por usuarios), aunque, en su redacción «*utiliza términos propios de dinámicas del pasado difuminando así su potencial renovador. Es el caso del verbo transmitir (utilizado 6 veces, en distintas formas) que tradicionalmente refleja unidireccionalidad, en vez de compartir (1 vez) o intercambiar (4 veces) que refleja de forma más exacta el cambio de paradigma comunicativo que vivimos*»[141], debe destacarse que con esta nueva redacción se siguen transponiendo los mandatos de las Directivas europeas y, en concreto del artículo 6 bis y el artículo 28 ter de la *Directiva (UE) 2018/1808, de Servicios de Comunicación Audiovisuales*, en aras a proteger los derechos de los menores en el ámbito de la comunicación audiovisual.

Para ello, se establecen un conjunto de obligaciones, en buena parte similares a los mandatos recogidos en la Ley de 2010, aunque el elemento más novedoso en relación a la protección

---

141 TUR-VIÑESLA, V. "Protección de los menores en la Ley General de Comunicación Audiovisual". RGDA, núm. 63, Mayo (2023) Iustel,

de menores es el refuerzo de la autorregulación y la corregulación como los mecanismos idóneos para establecer las pautas que deben fijarse en torno a la descripción de los programas, la calificación por edades en los distintos tipos de oferta o difusión de contenidos audiovisuales y para el cumplimiento adecuado de dichas pautas. Así como, para la adopción de códigos de conducta para dar un tratamiento adecuado para los menores en noticiarios y programas de contenido informativo de actualidad, o para fomentar la producción y emisión de contenidos especialmente recomendados para menores. También se propone la corregulación para la descripción de los programas y contenidos audiovisuales mediante descriptores.

En esta misma línea, se establece que las autoridades audiovisuales competentes pondrán en marcha «*actuaciones dirigidas a fomentar la producción y emisión de programas especialmente recomendados para menores de edad, adaptados a su edad, madurez y lenguaje que promuevan su desarrollo y bienestar integral*» (art. 100). Aunque esta prescripción entona más con un *desiderátum* que con la propuesta de medidas concretas, canales o cuotas de programas que aseguren una oferta adecuada y proporcionada, cuando menos en la televisión lineal para propiciar esta producción de programas y difusión de contenidos para menores.

En cuanto a <u>los derechos específicos de los menores en el ámbito audiovisual</u>, se centran en exigir la autorización para emitir la imagen o voz de los menores, así como en proteger y salvaguardar su imagen, su voz, su nombre u otros datos que permitan la identificación de los menores en el contexto que les pueda perjudicar (art. 95). Al respecto, conviene recordar que estos derechos, además de estar reconocidos en la *Ley Orgánica 1/1982, de protección civil del derecho al honor, a la intimidad personal y familiar y a la propia imagen*, tienen un desarrollo específico en *la Ley Orgánica 1/1996 de Protección Jurídica del Menor* que reconoce, en su art. 4 los derechos al honor, a la intimidad y a la propia imagen de los menores, y prevé la intervención del Ministerio Fiscal, de oficio o a instancia del menor o cualquier persona interesada, para el caso de que se produzca una intromisión ilegítima en estos derechos o se actúe en contra del interés de los menores, incluso si consta el consentimiento del menor o de sus representantes legales.

Respecto de las obligaciones establecidas sobre la difusión de los contenidos o la utilización de menores en las emisiones audiovisuales, la novedad es que, como hemos apuntado, se aplicarán a todos los prestadores del servicio de comunicación audiovisual, como son los del servicio televisivo lineal en abierto, los de acceso condicional, los prestadores de servicios *a petición*, los del servicio de intercambio de vídeos a través de plataforma y las redes sociales, que tienen el deber de facilitar información suficiente a los espectadores sobre los programas, utilizando un sistema de descriptores que pueda ser consultado en cualquier dispositivo y describa la naturaleza de dichos contenidos, al tiempo que disponer una calificación por edades, visible en pantalla mediante indicativo visual y fácilmente comprensible para todas las personas.

Sobre *el sistema de descriptores*, sin embargo, se plantean numerosas dudas, puesto que, por una parte, falta una concreción sobre la antelación con la que puedan consultarse estos descriptores que permitirán a los padres constatar los contenidos inadecuados o potencialmente perjudiciales para los menores sobre consumo de alcohol, drogas, violencia, discriminación, etc. Y, por otra, tampoco están contempladas las variables que definen cada producto para poder decidir sobre aconsejar o desaconsejar su consumo que se dejan al albur de los distintos códigos que puedan adoptarse por los operadores o las autoridades audiovisuales, aunque estas últimas, frente a lo que se contemplaba en la Ley de 2010, no tienen una potestad directa de velar y, en su caso, sancionar sobre el incumplimiento de los mismos, salvo que atenten directamente contra lo preceptuado en la Ley. Asimismo, aunque en los artículos 97 y 98 se aborde la descripción de programas instando a los prestadores a que cumplimenten los campos de los descriptores en las Guías Electrónicas de Programas (EPG), este precepto no deja de ser una mera sugerencia, puesto que no establece mecanismo alguno para su supervisión o control, ni tampoco establece un plazo temporal mínimo para que esta información esté disponible para los usuarios.

La *calificación por edades*, en cambio, sí se concreta en la *Disposición transitoria segunda* de esta *Ley 13/2022*, que establece 6 tipos de calificación para los contenidos televisivos, en concreto: apta para todos los públicos, +7, +12, +16, +18 y X[142]. Con esta nueva clasificación se elimina la catalogación de «*especialmente recomendados para la infancia*», aunque se entiende que puede ser potestativo incluirlo por parte de los operadores. Además, se establece que los programas cuya calificación por edad sea «*No recomendada para menores de dieciocho años*» solo podrán emitirse entre las 22:00 y las 6:00

Respecto a la calificación de las películas cinematográficas o contenidos cuyo estreno en cines es previo a su acceso mediante plataforma debe entenderse, por esta circunstancia, que prevalece la primera calificación ha sido estipulada por la Instituto de la Cinematografía y las Artes Audiovisuales. Mientras que, para la catalogación del resto de los programas, la Comisión Nacional de los Mercados y la Competencia elaboró una tabla con contenidos potencialmente perjudiciales para la infancia, otros contenidos positivos para la infancia y una serie de variables moduladoras cuyo número varía en función del tipo de contenido potencialmente perjudicial[143].

---

142 La *Resolución por la que aprueban los criterios orientadores para la calificación de contenidos audiovisuales,* adoptada por la CNMC (Comisión Nacional de los Mercados y la Competencia), el 9 de julio de 2015 que sustituyó los criterios de clasificación que se recogían como anexo al Código de autorregulación sobre contenidos televisivos e infancia de 2007, de la que ahora deberá suprimirse la catalogación de «especialmente recomendados para la infancia».

143 *Resolución por la que aprueban los criterios orientadores para la calificación de contenidos audiovisuales,* adoptada por la CNMC (Comisión Nacional de Mercados y Competencia), el 9 de julio de 2015.

Esta calificación, debe aplicarse todos los contenidos televisivos, salvo a los programas informativos, los contenidos no ficcionados y las retransmisiones, excepto las que por su violencia la requieran (boxeo, lucha...), siendo de obligado cumplimiento e, incluso, se recomienda la conveniencia de incluir una señalización de los contenidos positivos y de los negativos para los menores.

Asimismo, en la *Ley 13/2022* se prohíben de manera expresa *los contenidos que puedan ser perjudiciales para el desarrollo físico, mental o moral de los menores.* En concreto, en el artículo 99, para los servicios de televisión lineal en abierto, prohíbe la emisión de programas o contenidos audiovisuales que contengan escenas de violencia gratuita o pornografía, mientras que para los programas o contenidos audiovisuales que puedan resultar perjudiciales para los menores, se exige que el prestador adopte un código de corregulación y que disponga de mecanismos de control parental o sistemas de codificación digital en su emisión.

Para los servicios de televisión lineal de acceso condicional, se les exige adscribirse al código de autorregulación que fije las obligaciones sobre la protección de los menores sobre los contenidos perjudiciales para estas emisiones, al tiempo que se les obliga a proporcionar mecanismos de control parental o sistemas de codificación digital en sus emisiones.

A los servicios de televisión a petición, por su parte, la *Ley* les exige que ofrezcan en catálogos separados los programas y contenidos audiovisuales que puedan incluir escenas de pornografía o violencia gratuita, además de suscribir el código de autorregulación correspondiente para el resto de sus contenidos que puedan afectar a los menores.

A su vez, para los prestadores del servicio televisivo lineal en abierto y los de acceso condicional la *Ley 13/2022* acota al horario comprendido entre la 1:00 y las 5:00 horas la emisión de programas relacionados con el esoterismo y las paraciencias, basados en la participación activa de los usuarios, así como programas de actividades de juegos de azar y apuestas (salvo los sorteos comercialización está reservada en exclusiva a los operadores designados al efecto por la *Ley 13/2011, de 27 de mayo, de Regulación del Juego*). Además, prevé que los prestadores tendrán responsabilidad subsidiaria en aquellos delitos que puedan cometerse, o los daños que puedan causarse a través de la emisión de los mencionados programas.

Por último, debemos apuntar la protección de los menores frente a las comunicaciones comerciales, que se recogen en el artículo 124. Al respecto, como pauta general se establece que las comunicaciones comerciales audiovisuales no deberán: producir perjuicio físico, mental o moral a los menores; incitar directamente a los menores a la compra o arrendamiento de productos o servicios aprovechando su inexperiencia o credulidad; animar directamente a los menores a que persuadan a sus padres o terceros para que compren bienes o servicios publicitados; explotar la especial relación de confianza que los menores depositan en sus padres, profesores, u otras personas, tales como profesionales de programas infantiles o personajes de ficción; mostrar, sin motivos justificados, a menores en situaciones peligrosas; incitar conductas que favorezcan la discriminación entre hombres y mujeres, o a la adopción de conductas violentas sobre los menores, así como de los menores hacia sí mismos o a los demás, o fomentar estereotipos por razón de sexo, raza u origen étnico, nacionalidad, religión o creencia, discapacidad, edad u orientación sexual; o, promover el culto al cuerpo y el rechazo a la autoimagen. A su vez, en el artículo citado, se detalla que las comunicaciones comerciales de productos especialmente dirigidos a menores, como los juguetes, no inducirán a error sobre las características de los mismos, su seguridad, o la capacidad y aptitudes necesarias en el menor para utilizarlas sin producir daño para sí o a terceros, ni reproducirán estereotipos sexistas.

Asimismo, debe reseñarse, para completar esta regulación sobre las comunicaciones comerciales dirigidas a los menores, que se encomienda a las autoridades audiovisuales competentes el impulso de códigos de conducta para evitar las comunicaciones comerciales inadecuadas para los menores y, en el caso de que dichos códigos se sean insuficientes o ineficaces, insta al Gobierno e establecer otras restricciones sobre el contenido o el horario de emisión.

4.7.2. Accesibilidad a los servicios de comunicación audiovisual

La necesidad de garantizar el acceso a los servicios de comunicación audiovisual de todas las personas, incluso aquellas que puedan tener alguna dificultad, entronca con los propios derechos constitucionales con los derechos y libertades de expresión e información, reconocidos en el artículo 20 de la Constitución, con el derecho de acceso a la cultura (art. 44), o con todo el conjunto de derechos en torno al concepto de igualdad que se reconocen en la carta Magna (arts. 14, 49...). Además, se este derecho de accesibilidad se ha desarrollado de manera específica por el *Real Decreto Legislativo 1/2013, de 29 de noviembre, por el que se aprueba el Texto Refundido de la Ley General de Derechos de las Personas con Discapacidad y de su inclusión social* (LGDPD) en su art. 2.k entiende esta accesibilidad universal como: «*la condición que deben cumplir los entornos, procesos, bienes, productos y servicios, así como los objetos, instrumentos, herramientas y dispositivos para ser comprensibles, utilizables y practicables por todas las personas en condiciones de seguridad y comodidad y de la forma más autónoma y natural posible. En la accesibilidad universal está incluida la accesibilidad cognitiva para permitir la fácil comprensión, la comunicación e interacción a todas las personas. La accesibilidad cognitiva se despliega y hace efectiva a través de la lectura fácil, sistemas alternativos y aumentativos de comunicación, pictogramas y otros medios humanos y tecnológicos disponibles para tal fin*».

También, en la órbita europea, *la Directiva (UE) 2019/882 del Parlamento europeo y del Consejo de 17 de abril de 2019 sobre los requisitos de accesibilidad de los productos y servicios*[144], conocida como *Acta Europea de Accesibilidad,* fija unas directrices generales que

---

144 DOUE, núm. 151, de 7.06.2019.

ya se tuvieron en cuenta, en el ámbito del acceso a los servicios de comunicación audiovisual y en los diferentes formatos, en la *Directiva (UE) 2018/1808 Directiva de Servicios de Comunicación Audiovisual* que impone a los Estados miembros, sin dilaciones indebidas, la obligación de garantizar que los servicios ofrecidos por los prestadores del servicio de comunicación audiovisual televisivo, sujetos a su jurisdicción, mejoren de forma continua y progresiva la accesibilidad de su servicio para las personas con discapacidad (art. 7).

En España la *Ley 13/2022, General de Comunicación Audiovisual* amplia los contenidos de estas obligaciones que se recogían en el artículo 8 de la *Ley de 7/2010*, y con el texto actual pasan a regularse, con mucho mayor detalle, en los artículos 101 al 109.

En estos artículos se fijan las obligaciones de accesibilidad que deben cumplir los prestadores del servicio de comunicación audiovisual, primero desde una perspectiva general y, después, detallando las obligaciones para cada tipo de prestación del servicio. Así, frente a una determinación de porcentajes en 2010 que solo afectaba a la comunicación audiovisual televisiva, en abierto y cobertura estatal o autonómica, con la nueva Ley se amplía al conjunto de los prestadores, aunque detallando aspectos específicos para cada uno de ellos.

En las obligaciones generales que afectan al conjunto de los prestadores podemos destacar, por una parte, las obligaciones para garantizar la calidad de los servicios de accesibilidad, entre ellas: la mejora progresiva y continua la accesibilidad a sus servicios de comunicación audiovisual; el desarrollo y financiación de planes de accesibilidad de mejora continua de la accesibilidad de los servicios; el cumplimiento progresivo de los requisitos de calidad del subtitulado y de la audio-descripción conforme a la normativa de calidad española y los criterios de calidad recogidos por el Centro de Normalización Lingüística de la Lengua de Signos Española o, en su caso, por los organismos equivalentes de las Comunidades Autónomas que tengan su propia lengua de signos; la garantía de que los servicios de acceso a través de páginas web, así como los contenidos de éstas y las aplicaciones para dispositivos móviles, sean gradualmente accesibles; o, la obligación de que las guías electrónicas de programación previstas en la normativa de telecomunicaciones están sincronizadas con los programas que efectivamente se emiten y que dichas guías señalicen claramente las medidas de accesibilidad de dichos programas. Asimismo, se establecen como centros de referencia para la accesibilidad de los servicios de comunicación audiovisual de ámbito estatal el Centro Español del Subtitulado y la Audiodescripción (CESyA) y el Centro de Normalización Lingüística de la Lengua de Signos Española (CNSLE) del Real Patronato sobre Discapacidad.

Por otra parte, también, desde esta perspectiva general y de obligado cumplimiento para el conjunto de los prestadores del servicio de comunicación audiovisual contempla que, con esta accesibilidad, se fomente el pleno disfrute de los contenidos y la comunicación audiovisual de las personas con discapacidad, evitando cualquier discriminación o repercusión negativa hacia dichas personas y que se garantice la difusión de forma clara, comprensible y accesible, de las informaciones relativas a situaciones de emergencia, incluyendo las comunicaciones y anuncios en situaciones de catástrofes naturales y crisis de salud pública. En lo relativo a las comunicaciones comerciales, establece que deberán fomentar la difusión de comunicaciones comerciales accesibles.

Todo ello, conforme a los estándares y normativas fijadas por las respectivas autoridades competentes y los códigos de autorregulación que adopten los prestadores. Al tiempo que fiando buena parte del desarrollo de estas obligaciones a la adopción de dichos códigos de autorregulación por parte de los prestadores del servicio de comunicación audiovisual con el fin de alcanzar la accesibilidad universal de dicho servicio y mejorar la calidad de las medidas obligatorias. Y, también prevé que, en el caso de que no se hubieran adoptado dichos códigos, o que la autoridad audiovisual competente llegase a la conclusión de que no son suficientemente eficaces para mejorar la calidad de la accesibilidad a los servicios de comunicación audiovisual, el Gobierno establezca dichos requisitos de calidad reglamentariamente, tomando como referencia la normativa de calidad española UNE y los criterios de calidad recogidos por el Centro de Normalización Lingüística de la Lengua de Signos Española (artículo 106).

Asimismo, se establecen unas obligaciones cualitativas y cuantitativas en materia de accesibilidad audiovisual para cada tipo de prestadores televisivos. Veamos, por separado, cada una de ellas.

Las emisiones de *los prestadores privados del servicio de comunicación audiovisual televisivo lineal en abierto* deberá incluir la subtitulación en el 80% de sus programas y un mínimo de 5 horas semanales en lengua de signos y otras 5 horas semanales de programas que incluyan audiodescripción. Obligaciones que deberán cumplirse, sobre todo, en horarios de máxima audiencia e incluyendo películas cinematográficas, documentales y series.

Dichas obligaciones se refuerzan para *los prestadores del servicio público de comunicación audiovisual televisivo* que deberán subtitular el 90% de sus programas, un mínimo de 15 horas semanales que incluyan lengua de signos y otras 15 horas semanales de programas audiodescritos. Todo ello, también, en horarios de máxima audiencia e incluyendo películas cinematográficas, documentales y series.

Por su parte, a los *prestadores del servicio de comunicación audiovisual televisivo lineal de acceso condicional* se les exige que sus emisiones contengan un mínimo de un 30% de contenidos subtitulados, 5 horas semanales de programas autodescritos y la incorporación gradual de la lengua de signos en programas que puedan ser de mayor interés para dicha audiencia.

Los *prestadores del servicio de comunicación audiovisual televisivo a petición* deberán cumplir, para garantizar la accesibilidad de los contenidos en su catálogo, un mínimo de un 30% de los programas que ofrezcan subtitulados, entre ellos, los que puedan resultar de mayor interés para la audiencia, así como la incorporación gradual de programas con audiodescripción y lengua de signos.

Para *los prestadores del servicio de comunicación audiovisual que difundan programas y contenidos audiovisuales producidos por terceros*, el artículo 105 establece que deberán difundirlos manteniendo las medidas de accesibilidad que estos lleven incorporadas, siempre que empleen los formatos interoperables acordados por los Códigos de autorregulación. Mientras que los prestadores del servicio de agregación de servicios de comunicación audiovisual deberán distribuir dichos servicios o aquellos otros que los licenciatarios hayan cedido, manteniendo las medidas de accesibilidad que estos lleven incorporadas, conforme a los estándares de calidad y los códigos de autorregulación.

Por último, debe apuntarse que se encomienda a la Comisión Nacional de los Mercados y la Competencia que sea el «*punto de contacto único*», con el objetivo de «*facilitar información y recibir quejas sobre las cuestiones de accesibilidad que afecten a los servicios de comunicación audiovisual de ámbito estatal*» (art. 107). Al tiempo que, dicho organismo debe elaborar un informe anual sobre el cumplimiento de las obligaciones de accesibilidad por parte de los prestadores del servicio de comunicación audiovisual. A su vez, las Comunidades Autónomas, en el marco de sus competencias, también podrán determinar cuáles son los puntos de contacto a disposición del público y los centros autonómicos técnicos de referencia en materia de accesibilidad.

4.7.3. La promoción de las obras audiovisuales europeas

A partir de los mandatos establecidos en la *Directiva de televisión sin Fronteras* de 1989, en la regulación española, desde la *Ley 25/1994, por la que se incorpora al ordenamiento jurídico español la Directiva 89/552/CEE, sobre la coordinación de disposiciones legales, reglamentarias y administrativas de los estados miembros relativas al ejercicio de actividades de radiodifusión televisiva*, se incorporó la obligación de emitir un porcentaje mayoritario de las obras audiovisuales europeas en las parrillas de las televisión lineal, de ámbito estatal y autonómico, al mismo tiempo que les exigía destinar una parte de sus ingresos a la producción de obras audiovisuales europeas.

Esta medida, que supuso un cambio radical en la programación y contenidos que ofrecían las televisiones en España y en el conjunto de los países de la Unión Europea, además de ser un elemento clave para el mantener y relanzar la producción audiovisual europea, fue ampliándose con la aprobación de nuevas directivas su transposición a la legislación española. Así, con la *Ley 7/2010, General de Comunicación Audiovisual*, se reforzó la participación y financiación en producciones audiovisuales independientes, e incorporaron a nuevos operadores en estas obligaciones.

A su vez, la nueva *Directiva (UE) 2018/1808, de Servicios de Comunicación Audiovisuales* modificó este régimen de promoción de obra audiovisual, fundamentalmente, para extenderlo al conjunto de prestadores que ofrecen servicios de comunicación audiovisual, en todos los ámbitos de prestación que regula y con independencia del Estado miembro en el que esté establecido el prestador -única excepción al principio de país de origen y la libertad de emisiones transfronterizas que guía la Directiva de servicios de comunicación audiovisual-, así como ampliando las obligaciones en aras a una mayor pluralidad.

En la transposición a la regulación española, *la Ley 13/2022, General de Comunicación Audiovisual*, además ha procurado reforzar esta protección de la diversidad cultural y lingüística, con la finalidad de fomentar las emisiones en las diversas lenguas cooficiales existentes, la producción audiovisual independiente de las empresas que prestan del servicio televisivo, la producción de obras audiovisuales recientes, etc. Al tiempo que ha incluido garantías adicionales para facilitar el cumplimiento de estos mandatos, entre ellos la posibilidad de que la financiación anticipada de obras audiovisuales europeas ya compute en estos porcentajes obligados de financiación.

Por tanto, lo primero que debemos delimitar es el concepto de obra europea y los otros elementos asociados que se detallan en la *Ley 13/2022*, fundamentalmente en los artículos 111, 112 y 113. Al respecto, hay tres criterios que sirven para delimitar que debemos considerar como obras europeas y bastará cumplir uno de ellos para que la producción audiovisual pueda considerarse como tal.

En primer lugar, se consideran obras europeas las obras originarias de Estados de la Unión Europea o de terceros Estados que formen parte del Convenio Europeo de Televisión Transfronteriza del Consejo de Europa, siempre que las obras de los Estados de la UE no estén sometidas a medidas discriminatorias en ese tercer país. Y, para considerarse obra originaria, se requerirá que cumplir una de las tres condiciones: que las obras sean realizadas por uno o más productores establecidos en uno o varios de dichos Estados; que la producción de las obras sea supervisada y efectivamente controlada por uno o varios productores establecidos en uno o varios de dichos Estados; o, que la contribución de los coproductores de dichos Estados sea mayoritaria en el coste total y en el control de la coproducción.

En segundo lugar, las obras estén coproducidas en el marco de acuerdos relativos al sector audiovisual concertados entre la Unión Europea y terceros países conforme a las condiciones fijadas en los mismos, siempre que las obras de los Estados miembros no estén sometidas a medidas discriminatorias en dichos países.

Y, por último, también se catalogarán como obras europeas las que no son originarias de un Estado miembro, pero se han producido en el marco de tratados de coproducción bilaterales celebrados entre los Estados miembros y terceros países, siempre que la contribución de los coproductores comunitarios en el coste total de la producción sea mayoritaria y que dicha producción esté controlada por los productores comunitarios.

Una vez delimitado que obras audiovisuales pueden ser consideradas como obras europeas, procede detallar las obligaciones que establece la *Ley 13/2022* para fomentar la creación de obras europeas, que se proyectan en dos ámbitos: la cuota de pantalla de obra audiovisual europea y la financiación anticipada de obra audiovisual europea. En ambos casos, referidas también al apoyo y promoción de la diversidad lingüística.

En cuanto a la obligación de cuota de pantalla de obra audiovisual europea en los servicios de comunicación audiovisual, supone reservar para obras europeas un determinado porcentaje de su programación -si el servicio televisivo es lineal- o del catálogo -si el servicio televisivo es a petición-[145], aunque para cada uno de ellos se marcan unas cuotas distintas. Precisamente, ampliar esta obligación a los servicios audiovisuales que se prestan a través de catálogo es una gran novedad de la *Directiva (UE) 2018/1808*. La otra es flexibilizar estas obligaciones según el volumen de negocio, para aquellos servicios de comunicación audiovisual con baja audiencia o en aquellos casos en los que la obligación resulte impracticable o injustificada en razón de la naturaleza del servicio de comunicación audiovisual (art. 114.2)[146].

---

145 Dicha obligación legal ya había sido declarada conforme al Derecho comunitario por el *Tribunal de Justicia de la Unión Europea* en varias sentencias. Entre ellas la STJUE, de 5 de marzo de 2009 (C-222/07). Igualmente, en España, el *Tribunal Constitucional* consideró que esta obligación prevista en la Ley /2010 respondía a una finalidad legítima y establecía una medida que resulta adecuada al fin perseguido, sin vulnerar el derecho a la libertad de empresa (STC 35/2016, de 3 de marzo).

146 No obstante, en la Disposición transitoria quinta de la Ley 13/2022 se establece un régimen transitorio antes de la aplicación de esta flexibilidad hasta que no se apruebe el reglamento que lo desarrolle, continuando vigentes algunos previsiones relativas a la promoción y financiación de las obras audiovisuales europeas, establecidas en la Ley 7/2010, de 31 de marzo, General de la Comunicación Audiovisual, y en el Real Decreto 988/2015 de 30 de octubre, por el que se regula el régimen jurídico de la obligación de financiación anticipada de determinadas obras audiovisuales europeas.
Al mismo tiempo que se prevé en su apartado tercero que: «*En tanto no entre en vigor la normativa de desarrollo correspondiente a esta obligación, se entenderá por baja audiencia aquella inferior al dos por ciento en el caso de*

La obligación concreta de la cuota de pantalla para los prestadores del servicio de comunicación audiovisual televisivo lineal se establece al exigir que, al menos, el cincuenta y uno por ciento del tiempo de emisión anual de su programación se dedique a obra europea. El computo de este porcentaje debe realizarse con la exclusión del tiempo dedicado a noticiarios, acontecimientos deportivos, juegos y comunicaciones comerciales audiovisuales.

Además, en la emisión de obras audiovisuales europeas debe reservarse, como mínimo, el cincuenta por ciento a obras en la lengua oficial del Estado o en alguna de las lenguas oficiales de las Comunidades Autónomas. En esta cuota la televisión pública estatal se reservará, en todo caso, un mínimo del quince por ciento a obras audiovisuales en alguna de las lenguas oficiales de las Comunidades Autónomas, teniendo en cuenta su peso poblacional y reservando, al menos, un diez por ciento para cada una de ellas. Es decir, las televisiones privadas de ámbito estatal no tienen obligación concreta que cumplir una cuota específica de obra audiovisual en lenguas autonómicas cooficiales. Asimismo, aquellas Comunidades Autónomas que tengan lengua oficial podrán regular obligaciones adicionales para los prestadores del servicio público de comunicación audiovisual en sus correspondientes ámbitos autonómicos. Mientras que en el caso de los servicios de comunicación audiovisual televisivos lineales que se ofrezcan para su difusión exclusiva en otros Estados Miembros de la Unión Europea estarán exceptuados de cumplir con esta obligación de la lengua oficial del estado o de las Comunidades autónomas.

---

los servicios de comunicación audiovisual lineal, y la inferior al uno por ciento en el caso de los servicios de comunicación audiovisual a petición conforme a lo establecido en la Comunicación de la Comisión de 2 de julio de 2020, por la que se establecen Directrices en virtud del artículo 13, apartado 7, de la Directiva de servicios de comunicación audiovisual relativas al cálculo de la proporción de obras europeas en los catálogos a petición y a la definición de «baja audiencia» y «bajo volumen de negocios».

Respecto a los productores independientes[147], la Ley contempla que al menos el diez por ciento del tiempo de emisión total de obras europeas en la televisión lineal se reserve a los productores independientes del prestador del servicio y la mitad de ese diez por ciento debe haber sido producida en los últimos cinco años.

Por otra parte, la cuota de obra audiovisual europea que deben ofrecer los prestadores del catálogo del servicio de comunicación audiovisual televisivo a petición se fija en, al menos, el treinta por ciento del catálogo y deberán garantizar la prominencia de obras europeas en sus catálogos.

Además, como mínimo el cincuenta por ciento de esta cuota se debe reservar a obras en la lengua oficial del Estado o en alguna de las lenguas oficiales de las Comunidades Autónomas. También, en este caso, la televisión pública estatal, cuando preste el servicio de catálogo a petición, debe reservar un mínimo del cuarenta por ciento a obras audiovisuales en alguna de las lenguas oficiales de las Comunidades Autónomas, teniendo en cuenta su peso poblacional y reservando, al menos, un diez por ciento para cada una de ellas. Asimismo, aquellas Comunidades Autónomas que tengan lengua oficial podrán regular obligaciones adicionales para los prestadores del servicio de comunicación audiovisual televisivo a petición de ámbito autonómico. Mientras que los ser-

---

[147] A estos efectos, según el artículo 112, de la Ley 13/2022 se considera productor independiente a la persona física o jurídica que no está vinculada de forma estable en una estrategia empresarial común con un prestador del servicio de comunicación audiovisual y que asume la iniciativa, la coordinación y el riesgo económico de la producción de programas o contenidos audiovisuales, por iniciativa propia o por encargo, y a cambio de una contraprestación los pone a disposición de dicho prestador del servicio de comunicación audiovisual. Mientras que se presume que existe una vinculación estable entre un productor independiente y un prestador del servicio de comunicación audiovisual cuando son parte del mismo grupo de sociedades conforme al artículo 42 del Código de Comercio, o cuando existen acuerdos estables de exclusividad que limitan la autonomía de las partes para contratar con terceros.

vicios de catálogo que se ofrezcan para su difusión exclusiva en otros Estados miembros de la Unión Europea por parte de los prestadores estarán exceptuados de cumplir con esta obligación de plurilingüismo.

La otra gran medida de la *Ley 13/2022* para promover obra audiovisual europea por parte de los prestadores del servicio de comunicación audiovisual televisivo es la financiación anticipada de obra audiovisual europea.

Están obligados a cumplir con esta financiación anticipada los prestadores del servicio de comunicación audiovisual televisivo lineal o a petición establecidos en España y que prestan sus servicios en España, tanto los de ámbito estatal como los autonómicos. También están obligados a cumplir con esta financiación los prestadores que estén establecidos en otro Estado miembro de la Unión Europea, pero dirijan sus servicios a España. Dicha obligación, sin embargo, no será exigible a los prestadores de servicios de comunicación audiovisual de ámbito local que no formen parte de una red nacional, ni a los prestadores con un bajo volumen de negocio, baja audiencia o en aquellos casos en los que la obligación resulte impracticable por la naturaleza o temática del servicio de comunicación audiovisual[148].

---

[148] Como ya se ha apuntado, la Disposición transitoria quinta de la Ley 13/2022 se establece un régimen transitorio y su interpretación conforme a *Comunicación de la Comisión de 2 de julio de 2020, por la que se establecen Directrices en virtud del artículo 13, apartado 7, de la Directiva de servicios de comunicación audiovisual relativas al cálculo de la proporción de obras europeas en los catálogos a petición y a la definición de «baja audiencia» y «bajo volumen de negocios»*, hasta que se apruebe el reglamento correspondiente.

Asimismo, deberá modificarse el Real Decreto 988/2015, de 30 de octubre, por el que se regula el régimen jurídico de la obligación de financiación anticipada de determinadas obras audiovisuales europeas (BOE, núm. 267, de 07.11.2015) para ajustarse a lo contemplado en esta Ley.

La cuantía de esta obligación de financiación anticipada se determinará sobre la base de los ingresos devengados en el ejercicio anterior, conforme a su cuenta de explotación, por la prestación de servicios de comunicación audiovisual televisivos en el mercado audiovisual español.

En cuanto a los ámbitos sobre los que podrá destinarse dicha financiación, en el artículo 117 se establecen: a través de la participación directa en la producción de las obras; mediante la adquisición de los derechos de explotación de las mismas; mediante la contribución al Fondo de Protección a la Cinematografía; o mediante la contribución al Fondo de fomento de la cinematografía y el audiovisual en lenguas cooficiales distintas al castellano. En ningún caso computarán a los efectos de cumplimiento de la obligación de financiación anticipada de obra audiovisual europea la producción o la compra de derechos de películas que sean susceptibles de recibir la calificación X de conformidad con la Ley 55/2007, de 28 de diciembre, del Cine.

Por último, desde esta perspectiva general, apuntar que el control y supervisión de estas obligaciones de promoción de obra audiovisual europea corresponde a las autoridades audiovisuales de los estados en los que prestan sus servicios. En España la Comisión Nacional de los Mercados y la Competencia en el caso de los prestadores de servicios de comunicación audiovisual de ámbito estatal y las autoridades autonómicas para los servicios de comunicación audiovisual de ámbito autonómico.

Sobre estos mandatos generales, a su vez, la Ley 13/2022 establece unas obligaciones distintas para las obligaciones de financiar anticipadamente obra audiovisual europea entre los prestadores del servicio público de televisión y los prestadores privados de los servicios de comunicación audiovisual televisivo en línea o a petición.

La obligación de financiación para los prestadores del servicio público de comunicación audiovisual televisivo, que se establece en el artículo 118, con carácter general, es la de a destinar el seis por ciento de sus ingresos computables a financiar anticipadamente obra audiovisual europea.

Dicha obligación deberá aplicarse conforme a los varios criterios. En primer lugar, deberán destinar un mínimo de un setenta por ciento a obras audiovisuales producidas por productores independientes, cuya versión original sea en la lengua oficial del Estado o en alguna de las lenguas oficiales de las Comunidades Autónomas. En dicho porcentaje, un mínimo del quince por ciento deberá ser en las lenguas oficiales de las Comunidades Autónomas, teniendo en cuenta su peso poblacional y reservando, al menos, un diez por ciento para cada una de ellas. En segundo lugar, deberá reservarse un mínimo del treinta por ciento a obras audiovisuales dirigidas o creadas exclusivamente por mujeres. En tercer lugar, un mínimo de un cuarenta y cinco por ciento deberá destinarse a películas cinematográficas producidas por productores independientes, en versión original en cualquiera de las lenguas oficiales en España. Y, por último, obliga a que un mínimo de un doce por ciento se destine a obras de animación y documentales.

Por su parte, las Comunidades Autónomas con lenguas oficiales podrán regular obligaciones adicionales de financiación para los prestadores del servicio público de comunicación audiovisual televisivo de ámbito autonómico.

En cuanto a la obligación de financiación anticipada de obra audiovisual europea para prestadores del servicio de comunicación audiovisual televisivo, lineal o a petición, en el artículo 119, se modula conforme a la Recomendación de la Comisión Europea, de 6 de mayo de 2003[149], sobre la definición de microempresas, pequeñas y medianas empresas.

En concreto, se prevé que los prestadores del servicio de comunicación audiovisual televisivo, lineal o a petición, cuyos ingresos computables sean iguales o superiores a cincuenta millones

---

149 DOUE, núm. 124, de 20.05.2003.

de euros[150], destinarán anualmente el cinco por ciento de dichos ingresos a la financiación de obra audiovisual europea en las modalidades previstas en el artículo 117 y que hemos expuesto en párrafos anteriores. La distribución de esta financiación deberá ajustarse a los mismos porcentajes que hemos señalado para los prestadores del servicio público en los párrafos precedentes respecto de los productores independientes y versión original en la lengua oficial del Estado o en alguna de las lenguas oficiales de las Comunidades Autónomas (70% y 15%), así como de las obras audiovisuales dirigidas o creadas exclusivamente por mujeres (30%). Mientras que la inversión en películas cinematográficas producidas por productores independientes se rebaja al cuarenta por ciento (40%)

Cuando los ingresos de estos prestadores del servicio de comunicación audiovisual televisivo, lineal o a petición, sean inferiores a cincuenta millones de euros y superiores o iguales a diez millones de euros, se mantiene la obligación de destinar el cinco por ciento de dichos ingresos a la financiación de obra audiovisual europea en las modalidades previstas en el citado artículo 117, aunque para la distribución de dicha inversión solo se les obliga a destinar un setenta por ciento a obras audiovisuales producidas por productores independientes cuya versión original sea en la lengua oficial del Estado o en alguna de las cooficiales.

Por último, a los prestadores de estos servicios de comunicación audiovisual televisivo, lineal o a petición, cuyos ingresos computables

---

150 En el caso de las plataformas que ofrecen canales temáticos producidos por otros suministradores de contenidos televisivos deberá concretarse si se aplica la solución a la que había llegado la jurisprudencia del Tribunal Supremo para los canales temáticos, conforme a la Ley 7/2010, que se cuantifica exclusivamente en función de los ingresos de los canales sobre los que tienen responsabilidad editorial y quedaban sin computar, por tanto, los ingresos de los canales proporcionados por operadores proveedores de contenido a operadores de pago. STS de 20 de junio de 2018, FJ 2º y STS de 25 de febrero de 2020, FJ 3.

sean inferiores a diez millones se les exime cumplir estos porcentajes de inversión.

Asimismo, la Ley 13/2022 prevé que las Comunidades Autónomas con lenguas oficiales puedan regular obligaciones adicionales para los prestadores del servicio de comunicación audiovisual televisivo de ámbito autonómico.

4.7.4. Las comunicaciones comerciales audiovisuales

En cuanto a las comunicaciones comerciales en los servicios audiovisuales, la *Ley 7/2010 establecía* dos tipos de obligaciones. Por una parte, las normas cualitativas que prohibían la emisión de comunicaciones comerciales audiovisuales de productos relacionados con el tabaco o medicamentos que necesitan prescripción facultativa, así como de las comunicaciones comerciales audiovisuales encubiertas o ilícitas, al tiempo que establecían restricciones para la emisión de comunicaciones comerciales audiovisuales bebidas alcohólicas, dependiendo de la gradación. Y, por otra parte, se fijaban unos marcos cuantitativos que limitaban a doce minutos por hora la emisión de anuncios, además de fijar otros límites específicos para televenta, autopromoción, etc. Aunque, también debe precisarse que, mientras las normas cualitativas aplicaban a todos los servicios de comunicación audiovisual, las normas cuantitativas sólo aplicaban a los prestadores del servicio de comunicación audiovisual televisivo televisivos lineales en abierto y los de acceso condicional.

Con la *Directiva (UE) 2018/1808, de Servicios de Comunicación Audiovisuales* se amplió el contenido y alcance de las normas cualitativas para los prestadores del servicio de comunicación audiovisual televisivo a petición, así como para los prestadores del servicio de intercambio de vídeos a través de plataforma, a quienes les impone el deber de poner a disposición de los usuarios de las mismas herramientas para que sean ellos quienes detallen si el contenido que generan o la parte de dicho contenido puede ser considerado una comunicación comercial audiovisual. Asimismo, se flexibilizaron algunos aspectos, como, por ejemplo, los relativos a la regulación del emplazamiento de producto y el computo sobre los límites temporales para la emisión de anuncios, al establecerlos en un veinte por ciento sobre el tiempo de emisión del periodo comprendido en las franjas de 06:00 a 18:00 y de 18:00 a 24:00, frente a las franjas horarias de la anterior regulación.

A partir de estas prescripciones, la *Ley 13/2022, General de Comunicación Audiovisual*, además de reconocer el derecho a emitir comunicaciones comerciales a través de los medios audiovisuales, tanto para los prestadores de televisión lineal como los del servicio de comunicación audiovisual televisivo a petición -estos últimos, salvo en los límites cuantitativos temporales previstos en el artículo 117-, de conformidad con la propia Ley, así como con *Ley 34/1988, de 11 de noviembre, General de Publicidad*, y las normativas específicas para cada sector que se publicite[151], define y enmarca lo que debe entenderse por comunicación comercial audiovisual y las reglas que debe seguir. En concreto, define que considera comunicación comercial audiovisual y establece que dichas comunicaciones deben estar claramente diferenciadas del contenido editorial mediante mecanismos ópticos y/o acústicos y/o espaciales, al tiempo que el nivel sonoro de la emisión de las comunicaciones comerciales audiovisuales no puede ser superior al nivel medio del programa que le precede.

También detalla, en los artículos 126 a 134, los diversos tipos de comunicaciones comerciales audiovisuales, especificando para cada uno de ellos las pautas a las que deben ajustarse. En concreto se consideran los siguientes tipos de comunicaciones comerciales en el ámbito audiovisual: anuncio publicitario audiovisual; autopromoción;

---

[151] Al respecto, la propia Ley 13/2022, detalla en su artículo 25 las de: a) Publicidad institucional;
b) Protección del medio ambiente; c) La seguridad de las personas; d) Servicios bancarios y financieros; e) Productos alimenticios; f) Participación política y propaganda electoral.

patrocinio; emplazamiento de producto; telepromoción; televenta; servicios de comunicación comercial audiovisual y catálogos de comunicación comercial audiovisual; espacios promocionales de apoyo a la cultura europea; y, anuncios de servicio público o de carácter benéfico.

Entrando en las especificaciones normativas sobre los contenidos publicitarios, en primer lugar debemos referir las prohibiciones y restricciones cualitativas sobre determinadas comunicaciones comerciales que, como ya se ha apuntado, en la *Ley 13/2022* se amplían a los prestadores del servicio de comunicación audiovisual televisivo a petición, prohibiendo, con carácter generales, *las comunicaciones comerciales audiovisuales que vulneren la dignidad humana, las utilicen la imagen de las mujeres con carácter vejatorio o discriminatorio, así como las comunicaciones comerciales encubiertas o subliminales.*

A su vez, se prohíben o restringen las comunicaciones comerciales audiovisuales que fomenten comportamientos nocivos para la salud, entre las que detalla: tabaco, alcohol, medicamentos, esoterismo o paraciencias, y juegos de azar y apuestas.

Respecto de las *comunicaciones comerciales sobre el tabaco y los medicamentos,* se mantiene, para el primero, la prohibición absoluta y para los medicamentos la prohibición en los términos que marcan las normas sanitarias.

En cuanto a las *comunicaciones comerciales sobre bebidas alcohólicas,* se modifica el régimen jurídico, al suprimir la prohibición absoluta existente para la emisión televisiva de comunicaciones comerciales de bebidas con una graduación alcohólica superior a 20 grados (en la línea de lo previsto en los arts. 9 y 22 de la *Directiva (UE) 2018/1808*), eliminando la prohibición absoluta por la graduación de la bebida. Por otra parte, se establecen restricciones horarias para la emisión de estos anuncios, siendo más restrictiva la aplicable a las bebidas alcohólicas de graduación superior a 20 grados (1:00h a 5:00h) que la que corresponde a las de graduación igual o inferior (20:30-5:00 h), si bien para las de menos de 20 grados contempla un tratamiento específico para los servicios de radio y para los de intercambio de vídeos a través de plataforma, en razón de los contenidos, naturaleza y características propias que se ofrezcan por estos medios.

En lo relativo a las comunicaciones *comerciales relacionadas con esoterismo y paraciencias* se amplían las restricciones horarias actuales, para permitirse solo en la franja entre la 1:00h y las 5:00h.

La mayor novedad en el ámbito cualitativo, no obstante, se ha producido con el nuevo marco jurídico de las *comunicaciones comerciales de juegos de azar y apuestas.* Ante el grave problema de la ludopatía y, especialmente, entre las personas más jóvenes y su fácil acceso a los servicios de comunicación audiovisual, con la *Ley 13/2022* se ha pretendido un doble objetivo, por una parte, la lucha contra las adicciones de ludopatía y, por otra, la protección de los menores de edad. Para ello, dentro del respeto a los principios de protección de menores, responsabilidad social y de juego responsable o seguro, sólo podrá realizarse comunicación comercial audiovisual relacionada con juegos de azar y apuestas de aquellas entidades que cuenten con título habilitante para realizar esta clase de actividades en España. Además, se prohíbe cualquier comunicación comercial audiovisual relacionada con juegos de azar y apuestas cuando sea emitida junto a programas dirigidos a una potencial audiencia infantil. También se fija una restricción horaria para la emisión de la publicidad de actividades de juego y apuestas (de 1:00 a 5:00 horas). Aunque, con algunas excepciones, como la publicidad de la lotería o aquellos otros tipos de juego de azar que por sus características estructurales tengan un menor nivel de afectación frente a los riesgos de la actividad de juego.

Asimismo, en el artículo 124 se regulan un conjunto de aspectos que deben cumplir las comunicaciones comerciales audiovisuales dirigidas a los menores, conforme ya hemos analizado en un apartado precedente, al que me remito.

Por último, en el ámbito de las delimitaciones cualitativas sobre comunicaciones comerciales audiovisuales de determinados productos que merecen un tratamiento específico y tienen una regulación propia, como son la publicidad sobre: protección del medio ambiente; seguridad de las personas; servicios bancarios y financieros; productos alimenticios; participación política y propaganda electoral; y, publicidad institucional, la propia *Ley 13/2022* pauta que debe atenderse la *Ley 34/1988, General de Publicidad*, y las normativas específicas para cada sector.

Por otra parte, en cuanto a los límites cuantitativos en las comunicaciones comerciales audiovisuales para el servicio televisivo lineal que fija la *Ley 13/2022*, ya se ha apuntado que la principal novedad es la modificación de la estratificación del cómputo horario, que con la actual Ley pasa a ser de un máximo de 144 minutos de emisiones publicitarias entre las 6:00 y las 18:00 y de 72 minutos entre las 18:00 y las 24:00.

En este cómputo total de los 212 minutos día como tiempo máximo de publicidad en los servicios de comunicación audiovisual televisiva, se excluye el tiempo el tiempo dedicado a la autopromoción, el patrocinio, el emplazamiento de producto, los espacios de promoción de apoyo a la cultura europea –entre ellas las obras audiovisuales europeas- y los anuncios de servicio público o de carácter benéfico.

En cambio, frente lo que establecía con la *Ley 7/2010*[152], en la norma actual la telepromoción que se incluye dentro del límite cuantitativo computable, sin establecer excepciones en función de su duración. Ello viene motivado por varias razones, como son

---

[152] Al respecto, el TJUE, en su Sentencia de 24/11/2011 (asunto C-281/09), condenó al Reino de España en 2011 por incumplir ciertas obligaciones de la Directiva al permitir que ciertos tipos de publicidad, como los anuncios de telepromoción entre otros, excedieran del límite máximo de emisión por hora de reloj, sentencia que motivó la modificación del desarrollo reglamentario de la Ley 7/2010 sobre las comunicaciones comerciales, a través del Real Decreto 21/2014, de 17 de enero, en lo que se refiere al cómputo de las telepromociones a efectos de los límites cuantitativos, cuya conformidad con la Ley 7/2010 fue confirmada posteriormente por el Tribunal Supremo, en su Sentencia 114/2016, de 26/01/2016.

la flexibilización de las reglas de cómputo cuantitativo aplicables a las comunicaciones comerciales y que la *Directiva (UE) 2018/1808* no lo incluye expresamente entre las excepciones de cómputo a las telepromociones.

Dichos límites cuantitativos, en cambio, no se aplican a los prestadores del servicio de comunicación audiovisual televisivo a petición.

En cuanto a la identificación, presentación y colocación de las comunicaciones comerciales audiovisuales, la Ley 13/2022 establece varias pautas.

La primera de ellas es que las comunicaciones comerciales audiovisuales cuyas características de emisión puedan confundir al espectador sobre su carácter publicitario, incluirán una sobreimpresión permanente y legible con la indicación «*publicidad*», evitando confundir al espectador sobre su carácter publicitario. Al tiempo que en la comunicación audiovisual televisiva lineal deberán respetar la integridad del programa en el que se inserte y las unidades que lo conforman.

En las interrupciones de programas para emitir comunicaciones comerciales audiovisuales se establecen varias pautas para respetar la integridad del programa en el que se inserta y de las unidades que lo conforman. Así, en las emisiones de películas realizadas para televisión (con exclusión de las series, los seriales y los documentales), películas cinematográficas, noticiarios y programas infantiles solo podrá interrumpirse una vez por cada periodo previsto de treinta minutos como mínimo para emitir comunicaciones comerciales audiovisuales. En cambio, se prohíbe insertar comunicaciones comerciales audiovisuales durante la emisión de los servicios religiosos.

En las retransmisiones de acontecimientos deportivos difundidos por prestadores del servicio de comunicación audiovisual televisivo lineal, las comunicaciones comerciales audiovisuales podrán insertarse cuando el acontecimiento se encuentre detenido, o siempre y cuando permitan seguir el desarrollo del acontecimiento deportivo y de conformidad con el desarrollo reglamentario.

Cuando se trate de la inserción de sobreimpresiones, publicidad virtual o superposiciones con fines comerciales en el servicio de comunicación audiovisual televisivo lineal o a petición se requerirá el consentimiento expreso del prestador del servicio de comunicación audiovisual responsable de dicho servicio, con excepción de aquellas superposiciones que sean iniciadas por los usuarios en el ejercicio de sus derechos legítimos.

En los supuestos de pantalla dividida y sobreimpresiones los prestadores del servicio de comunicación audiovisual televisivo lineal podrán difundir comunicaciones comerciales audiovisuales simultánea o paralelamente a los programas a través del uso de la misma pantalla, salvo en noticiarios y servicios religiosos. Mientras que cuando se empleen técnicas basadas en publicidad hibrida o interactiva, se deberá respetar las disposiciones establecidas en el *Reglamento (UE) 2016/679 del Parlamento Europeo y del Consejo, de 27 de abril de 2016*, y en la *Ley Orgánica 3/2018, de 5 de diciembre, respecto al consentimiento de los usuarios y el tratamiento de sus datos personales.*

4.7.5. La contratación en exclusiva y emisión e información de acontecimientos de interés general

En la *Ley 7/2010,* conforme a lo establecido por las Directivas Europeas de Servicios de Comunicación Audiovisual, al mismo tiempo que se reconoció el derecho a la contratación en exclusiva de la emisión de contenidos audiovisuales, también se reconoció el derecho a recibir información sobre dichos acontecimientos y estableció la obligación de aprobar un catálogo de acontecimientos de interés general que debían retransmitirse en abierto, detallando un conjunto de acontecimientos susceptibles de incluirse en dicho catálogo[153].

---

[153] Un catálogo que, sin embargo y a pesar de que la Ley 3/2013, de 4 de junio, de creación de la CNMC, atribuyó la competencia de aprobar dicho catálogo de acontecimientos de interés general al Ministerio de

La actual *Ley 13/2022* que también reconoce el derecho de los prestadores del servicio de comunicación audiovisual a contratar contenidos audiovisuales para su emisión en exclusiva en abierto o en acceso condicional, siempre que no se prive a una parte sustancial del público residente en otro Estado miembro de la posibilidad de seguir acontecimientos calificados de interés general para la sociedad. Para ello, prevé que sea el Consejo de Ministros quien, a propuesta de la persona titular del Ministerio competente en la materia de Transformación Digital, y previo informe de la Comisión Nacional de los Mercados y la Competencia, así como de la Comisión Delegada del Gobierno para Asuntos Económicos, quien apruebe un catálogo de acontecimientos de interés general para la audiencia española, con vigencia de cuatro años, en el que se incluya los acontecimientos de interés general para la sociedad española que deberán emitirse total o parcialmente en directo o en diferido, según los casos, por los servicios de comunicación audiovisual televisivos en abierto y de ámbito estatal.

Como novedades más importantes en este listado de acontecimientos que podrían ser de interés para la audiencia que se recogen en el artículo 146 de la *Ley 13/2022*, se han incluido competiciones deportivas femeninas y eventos culturales, como la Gala de entrega de los Premios Goya a los mejores profesionales de cada una de las especialidades técnicas y creativa de la industria cinematográfica y la Gala de entrega de los Premios MAX de las Artes Escénicas. Además, también se prevé que, excepcionalmente, se podrán incluir en este listado otros acontecimientos considerados de interés general para la sociedad.

A su vez, se contempla que las Comunidades Autónomas, a propuesta de sus autoridades audiovisuales competentes, puedan elaborar catálogos similares para ser emitidos en abierto por los prestadores bajo su competencia. Así como, la posibilidad, en determinados

---

Presidencia, no se desarrolló, por lo que en el momento de aprobarse la Ley 13/2022 seguía vigente el catálogo detallado en la Ley 7/2010,

caos, de emplear servicios a través de televisión conectada para su retransmisión en la lengua oficial de dicha Comunidad Autónoma.

También debe apuntarse que el reconocimiento de la contratación exclusiva de acontecimientos de interés general incluye previsiones para garantizar el libre disfrute y sin contraprestación alguna de los ciudadanos a las emisiones de los acontecimientos incluidos en el catálogo de interés general.

Para ello, en los artículos 147 y 148 contempla que los prestadores del servicio de comunicación audiovisual televisivo lineal de acceso condicional y los prestadores del servicio de intercambio de vídeos a través de plataforma que sean titulares del derecho de emisión en exclusiva de un acontecimiento incluido en el catálogo podrán optar entre emitir en directo y en abierto dicho acontecimiento o venderlo a otro prestador para su emisión en abierto. Y, en el caso de que el titular del derecho de emisión en exclusiva de un acontecimiento incluido en dicha relación tenga un ámbito territorial de emisión inferior al estatal, deberá vender a un prestador de ámbito estatal o a varios prestadores que cubran todo el territorio nacional, la emisión en abierto y en directo de dicho acontecimiento, a un precio acordado entre los interesados.

Por otra parte, este derecho a la contratación en exclusiva de acontecimientos de interés general, que resulta el elemento esencial para la subsistencia de numerosos servicios de comunicación audiovisual televisivos de acceso condicional, se conjuga con el derecho a recibir información sobre los acontecimientos contratados en exclusiva por los usuarios de los servicios de comunicación audiovisual televisivos y radiofónicos.

Para ello, la *Ley 13/2022* reconoce a los prestadores del servicio de comunicación audiovisual televisivo, en el artículo 144, el derecho de acceso a los espacios en los que se celebre tal acontecimiento y el derecho a emitir un resumen informativo en diferido y con una duración inferior a 90 segundos, en noticiarios y programas de contenido informativo de actualidad, garantizando la aparición permanente del logotipo o marca comercial de la entidad organizadora y del patrocinador principal de la competición, y sin contraprestación económica, salvo los gastos técnicos necesarios para facilitar la elaboración del resumen informativo.

En cuanto a los prestadores del servicio de comunicación audiovisual radiofónico, en el artículo 145 de la *Ley 13/2022*, al igual que en la legislación anterior, les reconoce el derecho al libre acceso a los estadios y recintos para retransmitir en directo los acontecimientos deportivos que tengan lugar en los mismos, a cambio de una compensación económica equivalente a los costes generados por el ejercicio de tal derecho.

4.8. REGISTRO DE PRESTADORES Y RÉGIMEN SANCIONADOR

Este nuevo marco regulador de la comunicación audiovisual que rige en España precisa también un Registro en el que se inscriban todos los prestadores de los distintos servicios de comunicación audiovisual que hemos analizado para constatar que cumplen los requisitos establecidos en la *Ley 13/2022* para prestar dichos servicios y, a su vez, permita una comunicación fluida con las autoridades audiovisuales. Al mismo tiempo se fija por Ley un Régimen sancionador en el que se detallen los posibles incumplimientos de derechos de los usuarios y obligaciones de los prestadores de los servicios que rigen la actividad comunicativa audiovisual en la era digital con sus correspondientes sanciones.

4.8.1. Registro de prestadores

La ubicación de la regulación del Registro de prestadores en la *Ley 13/2022* no parece que sea la más acertada en técnica legislativa, al incluir en el Título II que se dedica a la prestación del servicio de comunicación audiovisual televisivo un Registro al que también deben inscribirse los operadores de radio, conforme se establece en el artículo 76, del Título IV que regula la prestación del servicio de comunicación audiovisual radiofónico y sonoro a petición, así como a los prestadores del servicio público, regulados en el Título III, o los prestación del servicio de intercambio de vídeos a través de plataforma regulados en el Título V.

El cuanto al contenido regulatorio de este capítulo IV (arts. 37 a 42), del Título II, que se denomina *«Registro de prestadores y publicidad del régimen de propiedad de los servicios de comunicación audiovisual y los servicios de intercambio de videos a través de plataforma»*, la primera observación que debe realizarse es la existencia del Registro estatal y de los Registros autonómicos en los que deberán inscribirse los distintos prestadores del servicio de comunicación audiovisual que estén emitiendo en su respectivo ámbito competencial. Además, en el artículo 41, se les obliga a articular un cauce que asegure la cooperación entre dichos Registros, así como a intercambiar la información contenida en los mismos y crear una base de datos centralizada.

El Registro estatal pasa a depender del Ministerio competente en la materia, frente a la adscripción a la Comisión Nacional de los Mercados y la Competencia (CNMC) que lo gestionaba hasta la aprobación de la *Ley 13/2022*[154], debiendo inscribirse, según el artículo 39.2, los: *«a) Prestadores del servicio de comunicación audiovisual televisivo de ámbito estatal; b) Prestadores del servicio público de comunicación audiovisual de ámbito estatal; c) Prestadores del servicio de agregación de servicios de comunicación audiovisual de ámbito estatal; d) Prestadores del servicio de intercambio de vídeos a través de plataforma; e) Prestadores del servicio de comunicación audiovisual radiofónico de ámbito estatal; f) Prestadores del servicio de comunicación audiovisual sonoro a petición de ámbito estatal; g) Usuarios de*

---

154 Al respecto, en la *Disposición transitoria séptima. Régimen transitorio del Registro estatal de prestadores de servicios de comunicación audiovisual.* Se prevé que, hasta la puesta en marcha de este Registro, se mantiene en vigor el Registro estatal de prestadores de servicios de comunicación audiovisual previsto en el artículo 33 de la Ley 7/2010, de 31 de marzo, General de la Comunicación Audiovisual, así como las inscripciones efectuadas en el mismo, que serán de oficio trasladadas al nuevo Registro.

especial relevancia de los servicios de intercambio de vídeos a través de plataforma conforme a lo establecido en el artículo 94.2».

En los asientos de dichos Registros deben inscribirse los prestadores del servicio de comunicación audiovisual, detallando la denominación y domicilio social, datos de contacto, personas físicas o jurídicas titulares de la responsabilidad editorial o autores del contenido editorial, personas físicas o jurídicas propietarias o titulares de participaciones significativas -tres por ciento del capital social, o treinta por ciento de los derechos de voto-, número y proporción de mujeres integrantes del órgano de administración de la sociedad, los negocios jurídicos que puedan realizarse en el caso de las licencias, etc.

Y, por último, hay que apuntar que las inscripciones del Registro serán públicas y de libre acceso para su consulta por cualquier persona, con los límites establecidos en los artículos 14 y 15 de la *Ley 19/2013, de Transparencia, acceso a la información pública y buen gobierno*, y la *Ley Orgánica 3/2018, de Protección de Datos Personales y garantía de los derechos digitales.*

4.8.2. Régimen sancionador

En el Título X de la *Ley 13/2022* se establece el régimen sancionador aplicable a los distintos tipos de prestadores del servicio de comunicación audiovisual que se regulan en dicha Ley.

Los órganos competentes para interponer dichas sanciones serán las autoridades audiovisuales. En el ámbito estatal, se realiza un reparto del ámbito competencial sancionador entre el Ministerio competente en Transformación Digital que ejercerá las competencias de supervisión, control y la potestad sancionadora en materia de títulos habilitantes y la CNMC que supervisará y controlará el cumplimiento de los otros aspectos previstos en la *Ley 13/2022.* En este reparto, se refuerza la posición de los reguladores audiovisuales a nivel nacional, con competencias sobre los prestadores del servicio de comunicación audiovisual de ámbito estatal, aquellos cuya emisión sobrepase los límites territoriales autonómicos y sobre los prestadores del servicio de intercambio de vídeos a través de plataforma. Por otra parte, en el control de las comunicaciones comerciales sobre medicamentos, productos sanitarios y actividades de juego, por su grado de complejidad y especialidad, se prevé que la CNMC, en la aplicación del régimen sancionador frente a los anunciantes, pueda recabar apoyo y colaboración de los órganos competentes del Estado que tengan atribuidas competencias en materia de medicamentos, productos con pretendida finalidad sanitaria, o actividades de juego. En otro ámbito, como la protección de datos, también se contempla que la Agencia Española de Protección de Datos (AEPD) tendrá competencias en aquellas cuestiones relacionadas con la protección de datos de los usuarios o los prestadores.

Mientras que, en el ámbito autonómico, atendiendo el título competencial recogido en el artículo 149.1. 27ª de la Constitución, la competencia supervisora y, en su caso, sancionadora corresponderá a las distintas autoridades audiovisuales que tengan reconocidas en su respectivo marco normativo.

Respecto al procedimiento sancionador se establece que deberá ajustarse a lo dispuesto en la *Ley 39/2015, de 1 de octubre, del Procedimiento Administrativo Común de las Administraciones Públicas* y su desarrollo reglamentario, si bien se prevén algunas especificidades como la duración para resolver un procedimiento sancionador que pasa a ser 1 año.

Las infracciones se gradúan como muy graves, graves y leves, aumentando los supuestos constitutivos de infracciones graves y muy graves, así como las sanciones que llevan aparejadas respecto a la anterior Ley de 2010. También se establece de un sistema de graduación de dichas sanciones en función tanto del servicio que se presta -comunicación audiovisual televisivo, comunicación audiovisual radiofónico, intercambio de videos a través de plataforma-, como del volumen de ingresos del prestador -los obtenidos por la prestación de servicios de comunicación audiovisual en el mercado audiovisual español-. Asimismo, se establecen criterios para la determinación de la cuantía económica de la sanción, y se prevé la posibilidad de imponer, además, una sanción accesoria por la comisión de determinadas infracciones muy graves.

Otra novedad que se incorpora es la obligación de cesar la emisión presuntamente constitutiva de infracción con el primer requerimiento de la autoridad audiovisual, así como el establecimiento de medidas provisionales previas al procedimiento sancionador, o medidas cautelares que puedan adoptarse una vez que se haya iniciado el correspondiente procedimiento sancionador.

5. Los retos y perspectivas de la nueva regulación del audiovisual en la era digital

Uno de los grandes retos a los que se enfrentaba la redacción de una nueva Ley General de Comunicación Audiovisual era la manera de abordar una regulación que no solo debe servir para ordenar y garantizar los derechos de los usuarios[155] en el actual paradigma de la tecnología digital, sino que debe ser capaz de abordar las perspectivas ligadas a la consolidación de este paradigma y los desafíos que tenemos ante las nuevas tecnologías de la comunicación y generación de contenidos que ya nos están planteando, entre otros, la utilización del 6G o de la inteligencia digital IA.

Al respecto, tenemos la ventaja de tener la referencia todas las actuaciones y normativas sobre las que se está trabajando en la Unión Europea y que hemos analizado en los apartados correspondientes, tanto en lo relativo a la regulación específica de los servicios de comunicación audiovisual, que estamos obligados a incorporar con las *Directivas de los Servicios de Comunicación Audiovisual*, como a las actuaciones y normativas sobre libre competencia y pluralismo en la comunicación audiovisual, y sobre todo, al acceso al nuevo mercado de las comunicaciones y la convergencia con otros sectores en la sociedad digital.

Sin embargo, la *Ley 13/2022*, aunque ha supuesto un avance al asumir las directrices europeas e incorporar la regulación de nuevos formatos audiovisuales, no parece haber asumido la idea

---

155 Unos derechos de los usuarios que van más allá de ser simples consumidores y se entroncan con el disfrute de los derechos y libertades fundamentales de expresión e información.

de propiciar una política española del audiovisual de una manera clara y decidida, en a que se marquen las medidas que deben adoptarse para impulsar el sector y avanzar hacía el nuevo paradigma que suponen las tecnologías actuales y las que están llegando.

Por otra parte, tampoco se ha avanzado, sino que más bien se ha retrocedido en la creación de una Autoridad Audiovisual independiente que esté dedicada a implementar y llevar a cabo esta política audiovisual, frente a la regulación actual en la que buena parte de las competencias siguen residenciadas en el Poder ejecutivo y las otras diluidas en un organismo, como es la *Comisión Nacional de los Mercados y la Competencia,* que tiene numerosos ámbitos de actuación en otros aspectos, pero que no puede abordar con garantías un campo tan específico y ligado a los derechos fundamentales de expresión e información.

Por tanto, se trata de unos retos que han quedado algo difuminados, como podremos constatar en los siguientes apartados y, sobre todo, en la falta de concreción de una verdadera política audiovisual o en la no regulación de una autoridad audiovisual independiente y específica para abordar los desafíos que tenemos planteados en la conjugación de los derechos fundamentales que subyacen en el ámbito de la comunicación con la incorporación de las nuevas tecnologías.

5.1. LA CREACIÓN DE AUTORIDADES INDEPENDIENTES Y SU ÁMBITO COMPETENCIAL

En el marco de esta política audiovisual, la existencia de unas autoridades audiovisuales, independientes de los poderes ejecutivos, es uno de los elementos que conforman el conjunto de la estructura y medidas que deben implementarse[156].

---

156 Al respecto, VIDAL, J.M. "Política y autoridades audiovisuales en la Ley 13/2022, de 7 de julio, General de Comunicación Audiovisual. Naturaleza y régimen jurídico. Análisis crítico". RGDA, núm. 63, Mayo (2023) Iustel

Precisamente, desde las Instituciones europeas, aun no siendo la creación de dichas autoridades audiovisuales una potestad directa de la Unión Europea, ya desde 2007, con la reforma de la *Directiva de Televisión sin Fronteras*, se incidía en la necesidad de que todos los países se doten de «*organismos reguladores independientes*» del audiovisual como un elemento clave en la política audiovisual, para garantizar un espacio informativo y comunicativo audiovisual más libre e independiente.

Esta posición de la Unión Europea se reforzó con la *Directiva 2010/13/UE, de Servicios de Comunicación Audiovisual* y se le ha dado un nuevo impulso con su reforma, mediante la *Directiva (UE) 2018/1808*, que en su artículo 30 establece expresamente: «*1. Cada Estado miembro designará una o más autoridades u organismos reguladores nacionales o ambos. Los Estados miembros velarán por que sean jurídicamente distintos de los órganos gubernamentales y funcionalmente independientes de sus respectivos gobiernos o de cualquier otra entidad pública o privada. Esta circunstancia se entenderá sin perjuicio de la posibilidad de que los Estados miembros establezcan autoridades reguladoras que supervisen varios sectores distintos. 2. Los Estados miembros velarán por que las autoridades u organismos reguladores nacionales ejerzan sus competencias con imparcialidad y transparencia y con arreglo a los objetivos de la presente Directiva, en particular el pluralismo de los medios de comunicación, la diversidad cultural y lingüística, la protección de los consumidores, la accesibilidad, la no discriminación, el correcto funcionamiento del mercado interior y la promoción de la competencia leal… 3. Los Estados miembros velarán por que las competencias y facultades de las autoridades u organismos reguladores nacionales, así como los medios por los que rendirán cuentas, estén claramente definidos por la ley. 4. Los Estados miembros velarán por que las autoridades u organismos reguladores nacionales dispongan de adecuados recursos financieros y humanos y potestades coercitivas para desempeñar sus funciones con eficacia… 5. Los Estados miembros fijarán en el Derecho nacional las condiciones y procedimientos para el nombramiento y cese de los responsables de las autoridades u organismos reguladores nacionales o de los miembros del órgano colegiado que desempeñe dicha función, incluida la duración del mandato. Los procedimientos serán transparentes y no discriminatorios, y garantizarán el grado de independencia requerido...*».

Además, en los artículos 30 bis y 30 ter de la citada *Directiva 2010/13/UE*, se fijan las obligaciones para que los Estados miembros garanticen que estas autoridades u organismos reguladores nacionales tomen las medidas necesarias para intercambiar, mutuamente y con la Comisión, la información necesaria para la aplicación de dicha Directiva, y se establecen ciertas obligaciones para el Grupo de Entidades Reguladoras Europeas para los Servicios de Comunicación Audiovisual (ERGA), creado en 2014 e integrado por representantes de las autoridades u organismos reguladores nacionales en el ámbito de los servicios de comunicación audiovisual, con responsabilidad primaria de la supervisión de los servicios de comunicación audiovisual, para prestar asesoramiento técnico a la Comisión y realizar los pertinentes informes en los ámbitos relacionados con los servicios de comunicación audiovisual.

Lo curioso es que, en España, frente a estas indicaciones y mandatos de la Unión Europea, hemos recorrido el camino inverso. Primero, con el retraso en regular una autoridad estatal independiente que no se contempló hasta la *Ley 7/2010*, con la creación del Consejo Estatal de Medios Audiovisuales (CEMA) y, después, con la desidia para ponerlo en marcha, hasta que se suprimió este organismo con la *Ley 3/2013, de creación de la Comisión Nacional de los Mercados y la Competencia*[157] (CNMC) que, en su artículo 9 y en la Disposición adicional séptima, atribuyen las funciones de supervisión y control del mercado de comunicación audiovisual a dicha CNMC.

En esta concepción un tanto anacrónica y ligada a cierto poso, heredado de la Dictadura y mantenido hasta la *Ley 17/2006* respecto de los medios públicos estatales y la *Ley 7/2010* con la creación de una autoridad independiente, quizás radica uno de los

---

157 BOE, 5.06.2013

problemas de fondo en la legislación española, derivando e interpretando la comunicación y, en este caso, la comunicación audiovisual, en términos de mercado y libre competencia, donde puede intervenir el área económica del Ejecutivo, sin entrar a valorar la importancia y los derechos que deben garantizarse y que inciden directamente en muchos otros derechos fundamentales ligados al desarrollo de la personalidad, a las libertades de expresión e información, e incluso, a las garantías para el funcionamiento de las sociedades democráticas, en el que estos servicios audiovisuales pueden ser claves en el control y manejo de los flujos de la información o de las *fake news* que, por ejemplo, pueden manipular o distorsionar las opiniones ante unos comicios electorales o un referéndum.

La tramitación de una nueva Ley General de Comunicación Audiovisual, sin embargo, hacía presagiar que el Proyecto de Ley, conforme a los mandatos de las *Directivas europeas*, iba a abordar una nueva regulación de un Consejo o Autoridad audiovisual independiente. Pero, no fue así, sino al contrario, en dicho texto se determinó como autoridad regulatoria a un órgano gubernamental (artículo 151.1 del Proyecto de ley, presentado ante el Congreso de los Diputados el 1.12.2021), al establecer: «*El Ministerio de Asuntos Económicos y Transformación Digital es la autoridad audiovisual competente de ámbito estatal en los términos previstos en esta ley*». Tampoco, en su recorrido parlamentario y a pesar de las numerosas enmiendas[158] que proponían la creación de una autoridad regulatoria independiente, se modificaron estos postulados, por lo que, en la redacción definitiva de la *Ley 13/2022, General de Comunicación Audiovisual* el que, a la postre, ha pasado a ser el Título IX, con un solo artículo, el 153, sigue designando al *Ministerio de Asuntos Económicos y Transformación Digital como la autoridad audiovisual competente de ámbito estatal.*

---

158 Boletín Oficial de las Cortes generales. Congreso de los Diputados. 12.5.2022. nº 77-4

Por lo tanto, según lo establecido en dicha *Ley 13/2022*, el Ministerio que asuma las competencias en materia de *Transformación Digital*, como autoridad audiovisual competente de ámbito estatal, le corresponderá asumir las competencias que se van detallando en los diversos artículos de la Ley y, específicamente, las competencias de: «*a) Propuesta, elaboración y modificación de las normas en materia audiovisual que se consideren necesarias para el cumplimiento de las finalidades de esta ley; b) Gestión de títulos habilitantes correspondientes a la prestación de servicios de comunicación audiovisual de ámbito estatal en los términos de los títulos II y IV; c) Recepción de comunicación previa de inicio de actividad relativa a la prestación de servicios de comunicación audiovisual de ámbito estatal; d) Llevanza del Registro estatal de prestadores del servicio de comunicación audiovisual, de prestadores del servicio de intercambio de vídeos a través de plataforma y de prestadores del servicio de agregación de servicios de comunicación audiovisual; e) Promoción de la autorregulación y corregulación a nivel nacional, europeo e internacional; f) Promoción de programas especialmente recomendados para menores prevista en el capítulo I del Título VI; g) Propuestas de estrategia audiovisual en los términos del título VIII; y, h) Elaboración de un informe anual sobre la situación del sector audiovisual*».

Por otra parte, en el apartado 2 del artículo 153, se determina, también, que la *Comisión Nacional de los Mercados y la Competencia* (CNMC) ejerza como autoridad audiovisual competente de ámbito estatal en lo que supone el control y supervisión de las obligaciones previstas en esta ley -salvo todo lo que ya se le ha atribuido al Ministerio-. Es decir, con una función secundaria sobre las competencias del Ministerio, centrada en el seguimiento y adecuación de los contenidos de las emisiones audiovisuales y sin la competencia que asumía hasta esta Ley sobre el Registro de prestadores.

Tras determinar las autoridades audiovisuales estatales y las competencias que asumen cada una de ellas, se obliga a ambas a establecer un marco de colaboración con el fin de dar efectivo cumplimiento a sus funciones, al tiempo que se establece que los prestadores de los distintos servicios de comunicación audiovisual regulados por la *Ley 13/2022* están obligados a colaborar con las autoridades audiovisuales competentes de ámbito estatal (artículo 153.4).

En la *Ley 13/2022* también se constata una escasa referencia al modelo de Estado Autonómico del que nos hemos dotado en este ámbito, dada la escasa participación que se otorga a las Comunidades Autónomas, puesto que tan solo, en el último apartado del artículo 153, se limita a establecer que «*las autoridades audiovisuales competentes de ámbito autonómico ejercerán las correspondientes competencias sobre los prestadores del servicio de comunicación audiovisual de ámbito autonómico, de conformidad con lo dispuesto en esta ley y en la normativa autonómica correspondiente*». Evidentemente, se trata de un contenido superfluo, como otros muchos artículos de esta Ley que se limitan a reconocer que existen otras normas y deben cumplirse, y el único mandato sustantivo sobre este aspecto se traslada a la Disposición adicional segunda, que crea el *Grupo de Autoridades de Supervisión para los Servicios de Comunicación Audiovisual*.

Así, en la referida *Disposición adicional segunda* se crea este *Grupo de Autoridades de Supervisión*, como un órgano de cooperación, en los términos del artículo 145 de la *Ley 40/2015, de 1 de octubre, de Régimen Jurídico del Sector Público* que estará integrado por representantes de las autoridades independientes de ámbito estatal y autonómico en el ámbito de los servicios de comunicación audiovisual que tengan la responsabilidad primaria de la supervisión de los servicios de comunicación audiovisual o, en los casos en que no exista una autoridad u organismo, por otros representantes elegidos a través de sus propios procedimientos. Sin embargo, esta aparente novedad y avance en la articulación del marco competencial del Estado Autonómico se queda difuminado cuando analizamos las competencias o cometidos de este *Grupo de Autoridades de Supervisión para los Servicios de Comunicación Audiovisual*, puesto que todas las competencias que se atribuyen a este *Grupo* en la *Ley 13/2022* están dirigidas a intercambiar información, experiencias y mejores prácticas sobre la aplicación del marco regulador de los servicios de comunicación audiovisual en sus ámbitos de competencia, en concreto en las obligaciones de promoción de obra audiovisual europea, la accesibilidad, la alfabetización mediática, la protección de los menores, el cumplimiento por parte de los servicios públicos de comunicación audiovisual de su misión de servicio público, el funcionamiento de los mecanismos de fomento y promoción de las lenguas oficiales de las Comunidades Autónomas. Quizás, lo único que va más allá de un simple encuentro de intercambio de experiencias y en donde que puede haber un compromiso entre los miembros de este Grupo para que sea un verdadero organismo de cooperación, es en la posibilidad de realizar o encargar los informes que considere oportunos sobre la prestación del servicio de comunicación audiovisual y la cooperación en el ejercicio y desarrollo de sus distintos ámbitos competenciales.

Con todo ello, resulta evidente que en la regulación española se mantiene la mala praxis respecto a las autoridades independientes del audiovisual. Puede que, como ya se ha argumentado en páginas precedentes, las herencias y el poso de la Dictadura respecto del control de la comunicación y los medios audiovisuales por los Poderes públicos lastre esta mentalidad en nuestros legisladores para avanzar en la puesta en marcha que una verdadera autoridad independiente del audiovisual, baste recordar como el nombramiento de la Dirección General de la Radiotelevisión pública estatal le correspondía al Gobierno hasta que se modificó con la *Ley 17/2006* –es decir, no se modificó hasta veintiocho años después de aprobarse la Constitución-, o la tardanza, hasta la *Ley 7/2010*, para crear una autoridad regulatoria independiente del audiovisual que tampoco se puso en marcha y, además, se suprimió con la *Ley 3/2013*.

Por otra parte, tampoco parece que se ajuste y se cumpla, correctamente, con lo establecido en el artículo 30 de la *Directiva 2010/13/UE*, cuando, expresamente, mandata a los Estados miembros que las autoridades u organismos reguladores nacionales sean jurídicamente distintos de los órganos gubernamentales y funcionalmente independientes de sus respectivos gobiernos o de cualquier otra entidad pública o privada. En este tema diferimos bastante del resto de países de nuestro entorno, no parece que nos ajustemos adecuadamente a los postulados europeos y tampoco favorece la articulación de una política de la comunicación audiovisual coherente ante los nuevos retos que tenemos planteados.

5.2. LAS PAUTAS REGULATORIAS Y LOS RETOS, CUMPLIDOS O PENDIENTES, DE LA POLÍTICA AUDIOVISUAL

La construcción de una política de comunicación audiovisual, entendida en términos reales, como ya hemos analizado en otros apartados, se genera con disposiciones y actuaciones en numerosos ámbitos. Así, en la Unión Europea hemos expuesto las regulaciones y actuaciones con: las Directivas de Televisión sin Fronteras y Servicios de Comunicación audiovisual; la regulación del pluralismo y la libre competencia; el estímulo del sector cinematográfico y la producción audiovisual, especialmente con el programa Media -más tarde integrado como parte del programa Europa Creativa-; o, con las actuaciones en favor de la convergencia del sector audiovisual con los otros sectores en el marco de la digitalización y tránsito hacia la sociedad de la información.

En España, con el impulso de las Instituciones Europeas y, a su vez, con la aparición de nuevos operadores y formatos de televisión, el tránsito desde la emisión analógica a la digital, así como por la necesidad de converger con los otros sectores de la sociedad de la información, se fue adoptando un nuevo marco regulatorio, sobre todo con la *Ley 17/2006, de la radio y la televisión de titularidad estatal*, respecto de los medios públicos estatales y con *Ley 7/2010, General de Comunicación Audiovisual.* Pero, ni siquiera en estas Leyes se concretó una política de comunicación audiovisual propia, simplemente, se adoptó un marco normativo totalmente dependiente de lo que marcaban las pautas europeas, sin un rumbo fijo y manteniendo algunos aspectos heredados de la Dictadura, como hemos reseñado.

Al respecto, como hemos analizado, tampoco la *Ley 13/2022* ha supuesto un avance. Aunque conforme hemos apuntado una de las novedades de esta Ley ha sido la de incluir un Título VIII dedicado a la «*Política audiovisual estatal*». Sin embargo, pese a la amplitud que podría incluir este concepto, sus cuatro artículos, simplemente, se centran en encargar la elaboración de un informe anual, un informe cada seis años, un plan trienal y, por último, fijar el marco para la protección de archivos audiovisuales.

Así, en primer lugar, insta a la autoridad audiovisual competente, a elaborar un informe anual sobre la situación del sector audiovisual. Acto seguido, obliga a que cada seis años, el *Consejo de Ministros*, a partir de un Informe que debe realizar la autoridad audiovisual competente, y con los informes favorables de la *Comisión Nacional de Mercados y Competencia* (CNMC), y de la *Comisión Delegada del Gobierno para Asuntos Económicos*, acuerde un plan estratégico audiovisual que incluya el diagnostico, perspectivas de futuro y líneas de trabajo.

El mandato, más ligado a lo que podría ser la política audiovisual, solo se concreta en el artículo 151, encomendando al *Consejo de Ministros* a aprobar un Plan trienal de ordenación e impulso del sector audiovisual. Dicho Plan tiene una elaboración similar al informe que hemos expuesto en el párrafo anterior y debe tener como bases fundamentales: «*a) Contribuir al reflejo de la diversidad cultural mediante el fomento y difusión de las obras audiovisuales grabadas, rodadas o producidas en España y, en particular, de las obras audiovisuales de productores independientes; b) Fomentar la igualdad efectiva entre hombres y mujeres en el sector audiovisual…; c) Promover la internacionalización del sector audiovisual español; d) Incluir indicadores de rentabilidad social de los servi-*

cios de comunicación audiovisual como criterio de evaluación para la concesión de incentivos a estos servicios; e) Promover la competitividad de profesionales y empresas del sector; f) Impulsar la accesibilidad de las personas con discapacidad a los contenidos audiovisuales; g) Fomentar las actividades de alfabetización mediática...; h) Impulsar la formación, capacitación, innovación e investigación audiovisual; i) Fomentar la creación, producción y difusión digital del patrimonio social y cultural». Así, con en este informe, además del seguimiento de la ejecución y evaluación del Plan previsto, se podrán proponer medidas correctoras en el caso de que no se alcancen los objetivos propuestos.

Además, como hemos señalado, en el marco de esta política audiovisual también se incluye la custodia de los archivos audiovisuales de la Corporación de Radio y Televisión Española, SA, que tendrán una protección especial y cuya conservación se encarga a la propia Corporación.

Al margen de estos artículos específicos referidos a la «*Política audiovisual estatal*», en un intento de atisbar con mayor profundidad otros posibles vectores en los que puede proyectarse la política audiovisual en la *Ley 13/2022*, debemos apuntar otros preceptos, cuyo contenido ya hemos analizado en los apartados correspondientes, que también, de manera directa o tangencial, se refieren a algunos aspectos de la política audiovisual o a mandatos específicos a las autoridades reguladoras, aunque no estén recogidos como tales en el citado Título VIII.

En primer lugar, aunque no sea como un mandato específico, sino como una filosofía de actuación que podrá concretarse, o no, en un código autorregulatorio, pueden incluirse buena parte de los principios generales que rigen la comunicación audiovisual, recogidos en el Título I de la Ley, en especial los que se refieren al respeto en los contenidos de los contenidos audiovisuales de la dignidad humana (artículo 4), el pluralismo (artículo 5), la igualdad de género e imagen de las mujeres (artículo 6), los derechos de las personas con discapacidad para acceder a los contenidos audiovisuales (artículos 7, 84...), la promoción del conocimiento y la difusión de la lengua oficial del Estado y las lenguas oficiales de las Comunidades Autónomas y de sus expresiones culturales, para contribuir al reflejo de la diversidad cultural y lingüística en las emisiones audiovisuales (artículo 8), o, la necesidad de salvaguardar, en los noticiarios y los programas de contenido informativo de actualidad, el derecho de los ciudadanos a recibir información veraz y el deber de diligencia profesional en la comprobación de los hechos, así como garantizar el derecho de los ciudadanos a ser informados de los acontecimientos de interés general (artículo 9). También, para apoyar la conciliación de la vida personal y familiar, recogida en el artículo 11, que se encomienda a la autoridad audiovisual competente.

Una mención especial, en esta relación, merece el artículo 10 que, conforme a los postulados de la *Directiva (UE) 2018/1808*, regula la alfabetización mediática. Con ello, además de introducir y desarrollar un concepto básico en la actividad y política audiovisual de presente y futuro, se mandata a las autoridades audiovisuales competentes, para fomentar, impulsar y evaluar periódicamente los avances realizados en esta política.

No obstante, estos postulados sobre los principios generales que deben regir la comunicación audiovisual que pueden constituir una parte de esta política audiovisual sobre los contenidos audiovisuales, así como los otros de aspectos que se detallan en el artículo 15.2, no se recogen como unas obligaciones derivadas de la Ley 13/2022, sino que, en su mayor parte, requieren unos compromisos de autorregulación (artículo 12), corregulación (artículo 14), o códigos de conducta de autorregulación y corregulación (artículo 15) que puedan adoptarse de manera voluntaria los propios prestadores o, de común acuerdo, con otras instituciones y organismos, tanto a nivel estatal como autonómico. Precisamente, en la autorregulación, la corregulación y los códigos que puedan adoptarse, deberán tener un papel fundamental las autoridades audiovisuales, que tendrán la función promover la adopción de estos mecanismos, o participar en los mismos; aunque, frente a lo que se establecía en el artículo 12 de la *Ley 7/2010*, en la Ley actual no se atribuye ninguna potestad a las autoridades audiovisuales para velar por el cumplimiento de dichos mecanismos, por lo que se deja a expensas de la voluntad de las partes el cumplimiento de los mismos y se eliminan los resortes que tener las autoridades audiovisuales para hacerlos cumplir.

Desde la perspectiva de la prestación de los servicios de comunicación audiovisual de radiodifusión y televisión, en sus diversas tecnologías de difusión y formatos, con la obtención de los correspondientes títulos habilitantes, bien sea a través comunicación fehaciente ante la autoridad audiovisual competente y previa al inicio de la actividad, o con licencia previa otorgada por la autoridad audiovisual competente, según el artículo 16, deben prestarse en ejercicio de la responsabilidad editorial, de conformidad con los principios del Título I y al amparo de los derechos constitucionales a la libertad de expresión, a comunicar y recibir información, a participar en la vida política, económica, cultural y social y a la libertad de empresa.

Un caso específico dentro de estos prestadores es el de la emisión transfronteriza del servicio de comunicación audiovisual televisivo, sobre la que existe un mayor control y la posibilidad atribuida a la Comisión Nacional de los Mercados y la Competencia de restringir, con carácter provisional, la libertad de recepción de dicho servicio cuando los contenidos que difunda puedan incurrir en alguno de los supuestos que se contemplan en el artículo 44.

Asimismo, dentro del abanico de los prestadores de radiodifusión y televisión, y en el marco de esta política audiovisual, también debe referirse la regulación específica de la prestación del servicio público de comunicación audiovisual recogido en el Título III, de esta *Ley 13/2022*, así como sus respectivas leyes estatal o autonómicas, que fijan un conjunto de mandatos sobre las obligaciones que debe cumplir estos servicios públicos, al tiempo que prevén la participación y control por parte de las autoridades audiovisuales correspondientes sobre el cumplimiento de la misión de servicio público, así como la adecuación de los recursos públicos asignados al cumplimiento de dicha misión (artículo 59), etc.

En cambio, a los servicios de intercambio de vídeos a través de plataforma, incluidos los usuarios de especial relevancia, la *Ley 13/2022* no les cataloga como servicios de interés general, aunque deberán ajustarse a un conjunto de principios y cumplir determinadas obligaciones en torno a aspectos relacionados con la protección de menores, los contenidos de dichas emisiones o publicidad, así como la atribución de competencias a las autoridades regulatorias para el seguimiento del cumplimiento de estas obligaciones.

En este breve apunte sobre los aspectos de la *Ley 13/2022* que pueden incluirse en el marco de una política audiovisual, también deben referirse las obligaciones que deben cumplir los prestadores del servicio de comunicación audiovisual que se detallan en el Título VI.

En primer lugar, deben citarse las relacionadas con la protección de los menores, tanto en lo relativo a los derechos de los menores en el conjunto de los servicios de comunicación audiovisual (artículo 95), como en el ámbito televisivo, con los descriptores visuales de los programas audiovisuales (artículo 97), la calificación de los programas atendiendo los contenidos perjudiciales para el desarrollo físico, mental o moral de los menores, o los contenidos audiovisuales especialmente recomendado para menores (artículos 98, 99 y 100). Aunque, en esta línea, deben incluirse las obligaciones de protección de los menores en el servicio de comunicación audiovisual radiofónico y en el servicio de comunicación audiovisual sonoro a petición (artículo 83), o las obligaciones para la protección de los usuarios y de los menores frente a determinados contenidos audiovisuales en la prestación del servicio de intercambio de vídeos a través de plataforma (artículo 88 y 90). Todo ello, aderezado con los códigos de conducta para tratamiento adecuado de menores en noticiarios y programas de contenido informativo de actualidad (artículo 96) que deberán promover las autoridades audiovisuales competentes. Una protección de los menores que, asimismo, se debe cumplir en las comunicaciones comerciales en los distintos tipos y formatos de prestadores del servicio de comunicación audiovisual (artículo 124).

Otro de los aspectos de la política audiovisual que se detallan en la *Ley 13/2022*, son las condiciones de accesibilidad universal al servicio de comunicación audiovisual (artículo 101) y, en concreto: la accesibilidad al servicio de comunicación audiovisual televisivo lineal en abierto (artículo 102); la accesibilidad al servicio de comunicación audiovisual televisivo lineal de acceso condicional (artículo 103); la accesibilidad al servicio de comunicación audiovisual televisivo a petición (artículo 104); el mantenimiento de accesibilidad de contenidos audiovisuales o servicios de comunicación audiovisual de terceros (artículo 105); o, el control de las autoridades audiovisuales y autorregulación de las obligaciones de accesibilidad a los servicios de comunicación audiovisual (artículos 106, 107, 108 y 109), sobre los que si hay unas obligaciones concretas y cuantificables que deben cumplirse.

El derecho a contratar la emisión en exclusiva de contenidos audiovisuales, al tiempo que se reconoce el derecho de los usuarios a recibir información sobre dichos acontecimientos emitidos en exclusiva (artículos 144 y 145), el derecho a la fijación de un catálogo de acontecimientos de interés general para la sociedad (artículo 146) que deben emitirse en abierto y accesibles para toda la sociedad, son aspectos que, conforme ya se contemplaba en el texto de 2010, se incluyen en la Ley actual.

Igualmente, otro de los puntos fuertes y una constante que se mantiene en la política audiovisual europea desde la primera Directiva de Televisión sin Fronteras y en toda la legislación que se ha ido transponiendo, es la obligación de que los prestadores del servicio de comunicación audiovisual televisivo garanticen unos niveles suficientes de difusión e inversiones en obras audiovisuales europeas, al mismo tiempo que exige que estas obras audiovisuales contribuyan al reflejo de la diversidad cultural y lingüística del Estado en sus emisiones. Para ello, en la Ley actual, se determinan las condiciones para que una obra audiovisual pueda catalogarse como obra europea (artículo 111), la figura del productor independiente (artículo 112), la película cinematográfica (artículo 113), la obligación de que los distintos tipos y formatos de prestadores del servicio de comunicación audiovisual televisivo cumplan con las cuotas de obra audiovisual europea (artículos 114, 115 y 116). Al tiempo que se concreta la obligación de financiación anticipada de obra audiovisual europea, detallándolo para los prestadores del servicio público de comunicación audiovisual televisivo (artículo 118), como para los prestadores del servicio de comunicación audiovisual televisivo, lineal o a petición (artículo 119). Y, todo ello, con el control y seguimiento de las autoridades audiovisuales (artículo 120).

En el marco de esta política audiovisual, en un país con varias lenguas cooficiales, otro de los aspectos que debía abordar esta política audiovisual era el respeto y promoción de las lenguas oficiales de las Comunidades Autónomas, en los servicios de comunicación audiovisual, para lo cual se establecen un conjunto de pautas, con la finalidad de fomentar la diversidad lingüística y la presencia de lenguas oficiales de las Comunidades Autónomas en las emisiones de los servicios de comunicación audiovisual televisivos. Además, en la *Disposición adicional quinta,* se mandata a la autoridad audiovisual competente de ámbito estatal y las autoridades competentes de aquellas Comunidades Autónomas con lenguas oficiales que promuevan la presencia en los servicios de comunicación audiovisual televisivos de obras audiovisuales producidas, dobladas o subtituladas en las lenguas oficiales de las Comunidades Autónomas.

Con todo lo expuesto, parece evidente que se han regulado algunos aspectos de esta política audiovisual española, por una parte, con numerosos principios de actuación, pero sin obligaciones concretas para los operadores, así como algunos derechos de los usuarios, especialmente para el colectivo de menores y personas con problemas de acceso y, por otra, las pautas para ordenar y regular el sector de la comunicación audiovisual desde una perspectiva del mercado, pero no se ha acometido el desarrollo de una visión integral de la política audiovisual española en el marco del actual desarrollo tecnológico, con la incidencia que tiene el proceso comunicativo de la sociedad digital la difusión de contenidos audiovisuales en la cultura, el ocio, la información, la publicidad, etc., y la importancia de su contribución, tanto en el desarrollo de la personalidad de los ciudadanos en particular como en el proceso de formación colectiva de la opinión pública.

Por tanto, falta un desarrollo integral que tenga en cuenta el reconocimiento y pleno ejercicio de los derechos fundamentales y las libertades públicas -entre ellos, los relacionados con la libre expresión y difusión de ideas, opiniones e informaciones, así como, el libre acceso a las mismas de todos los ciudadanos- que deben tenerse en cuenta de cara a su articulación en la actual sociedad en red. Al igual que falta la creación de una autoridad audiovisual independiente que pueda abordar, apoyar e impulsar, con una visión de conjunto y con las garantías suficientes, el desarrollo de esta política audiovisual. Y, falta, también, una mayor profundización en la regulación de las redes, de la defensa de la pluralidad de medios y los comunicadores ante el control de las redes de difusión, de las garantías o sanciones frente a *fake mews*, etc.

En pleno siglo XXI, con la profunda transformación tecnológica que ha sufrido la comunicación con el envite de Internet y la digitalización, necesitamos no solo actualizar, sino repensar nuestra regulación. Es cierto que Internet prometía ser la panacea, la herramienta definitiva que, sobre la base de la pluralidad de fuentes de generación y difusión de información, podía contribuir a lograr un ejercicio verdadero de las libertades y derechos de expresión, información en el ámbito comunicativo. Sin embargo, a pesar de que, en el ejercicio de estas libertades y derechos, la proliferación de medios y difusores ha supuesto, el aumento de la pluralidad de fuentes y de tráfico informativo en la red, así como un cambio radical en el consumo de la comunicación, también ha agravado la situación de concentración y monopolio en el proceso comunicativo. Así, conforme se constata en numerosos estudios, podemos apuntar que la mayor parte de capas y nodos que hacen posible el flujo de la comunicación en Internet están controladas por unas pocas empresas a nivel global[159].

En esta línea, para evitar que los grupos económicos y financieros multinacionales, o ciertos gobiernos dictatoriales[160] que tengan posiciones dominantes o de control de las interconexiones, los algoritmos o la inteligencia artificial sobre las redes de comunicación en el actual mundo digital, puedan incidir y decidir de manera condicionada sobre el tráfico de los contenidos y la

159 Según constatan diversos observatorios sobre concentración de poder en internet, baste como ejemplo G. E. LEVY Y S. A. URQUIJO. 2016. *Concentración en internet: un asunto de capas.* http://www.observacom.org/concentracion-en-internet-un-asunto-de-capas/, en la actualidad los flujos de información y contenidos han transformado totalmente la estructura comunicativa, de tal manera que el contenido del «cuarto poder» se ha ido diluyendo: «*Hoy, el verdadero poder está en manos de un puñado de grupos económicos y financieros y de empresas multinacionales con mayor influencia, incluso, que los propios Estados en los asuntos del mundo. Ellos son "los nuevos amos del mundo"*». RAMONET, Ignacio, *La explosión del periodismo,* Ed. Clave Intelectual, Madrid, 2011, pág. 57.

160 Una reflexión en este sentido puede ser la lectura del ensayo de María RESSA, *Cómo luchar contra un dictador ¿Qué estás dispuesto a sacrificar por tu futuro?* Ediciones Península, 2023.
En esta obra cuenta de cómo los modelos democráticos decaen ante la violencia continuada y la inmoralidad de los gobernantes, que utilizan internet, destruyendo nuestras libertades una a una. "Se trata de las numerosas campañas de desinformación que se propagan por las redes sociales: desde la guerra contra las drogas del presidente Duterte, hasta el asalto al Capitolio; desde el Brexit hasta la ciberguerra rusa y china; desde Facebook y el resto de Silicon Valley hasta nuestros propios clics y votos".

información en la red, con todos los riesgos que comporta, precisamos abordar una política audiovisual de conjunto y profundizar en unas nuevas regulaciones adecuadas a nuestro actual desarrollo tecnológico y consumo de la comunicación. Unas regulaciones que no pueden plasmarse en una sola ley, sino en un conjunto de leyes y actuaciones políticas que, desde una misma perspectiva, permitan sentar las bases para la construcción de un nuevo espacio comunicativo coherente con el desarrollo actual de las tecnologías de la comunicación.

Evidentemente, se trata de retos a los que nos enfrentamos las sociedades democráticas avanzadas en la era digital, en la que los derechos y libertades fundamentales de los ciudadanos han adquirido otras dimensiones y otros modos de ejercerlos -disfrutarlos-. Aunque, tampoco puede negarse que estamos ante un tema muy complejo y difícil de resolver en esta transición hacia la sociedad en red, los algoritmos y la inteligencia artificial, en el que también entran en juego la libertad de creación de empresas, la libertad de mercado, la libre competencia y todo un conjunto de libertades económicas fundamentales que constituyen la base de nuestro sistema político y económico. En el que, además, estas libertades y este pluralismo deben abordarse desde múltiples perspectivas: libertad de expresión y derecho a recibir información, pluralismo interno y externo, concentración de medios y competitividad global, libertad editorial frente a control de la información, de los contenidos y de la distribución, avances tecnológicos y acceso a los medios y sus contenidos, relaciones entre los intereses políticos y económicos, organismos reguladores gubernamentales o independientes, etc. Y, todo ello, aderezado desde la perspectiva nacional y desde la perspectiva europea que, por suerte, en estos aspectos está avanzando y nos está marcando unas pautas para seguir avanzando. Otra cuestión es si en España con la regulación actual, hemos sido, o no, buenos alumnos.

Bibliografía de referencia

ABAD ALCALÁ, L. *Las libertades informativas en el ámbito internacional*, Dykinson, Madrid 2020.

AZNAR, H., PEREZ, M., ALONSO, E., y EDO, A. (Ed.) *El derecho de acceso a los medios de comunicación.* Tirant humanidades, Valencia, 2018.

BELANDO GARÍN, B. y MONTIEL ROIG, G. (Coord.) *Contenidos y mercado en la regulación de la Comunicación Audiovisual*, Tirant lo Blanch, Valencia, 2011

BOIX PALOP, A. "El creciente contenido de las administraciones públicas en el control de contenidos audiovisuales y sus formas", AA.VV. *Regulación y control sobre contenidos audiovisuales en España*, Thomson Reuters-Aranzadi, Cizur Menor, 2017.

BOIX, A., MARTÍNEZ, J.M. y MONTIEL, G. (Coord.) *Regulación y control sobre los contenidos audiovisuales en España*, Aranzadi, Cizur Menor, 2017.

BOIX, A. y VIDAL, J.M. *La nueva regulación del audiovisual: medios, derechos y libertades.* Thomson Reuters-Aranzadi, Cizur Menor, 2014.

CARRILLO DONAIRE, J.A. "Autorregulación y corregulación en el sector audiovisual", RGDA, núm. 63, Mayo (2023) Iustel.

CARRILLO, J.A. y MARTÍNEZ, A. "La autorregulación en el mercado audiovisual". RGDA, núm. 30, 2012.

CHAPARRO, M., ESPINAR, L.M. Y LÓPEZ GÓMEZ, S. "La reforma de la Ley General de la Comunicación Audiovisual Española 7/2010 y las recomendaciones de la Directiva Europea 2018/1808. Análisis crítico desde propuestas participativas", Revista Internacional de Comunicación y Desarrollo, núm.4 (16), 2022.

CHINCILLA, M. Y AZPITARTE, M. (Coord.) Estudios sobre la Ley General de Comunicación Audiovisual, aranzadi, Cizur menor, 2011.

COTINO HUESO, L. (ed.) *Libertades de expresión e información en Internet y en redes sociales: ejercicio, amenazas y garantías.* PUV, Valencia, 2011.

FERNANDEZ SALMERÓN, M. A. *Las licencias audiovisuales. Evolución. Régimen. Desafíos*, Marcial Pons, Madrid, 2015.

FERNANDEZ VISO, A. "La autoridad reguladora del Audiovisual: el largo camino hacia la CNMC y su incierto futuro", *Austeridad y clientelismo: política audiovisual en España en el contexto mediterráneo y de la crisis financiera* (Ed. I. FERNANDEZ), Gedisa, Barcelona, 2017, págs. 121-148.

FUENTE COBO, C. "La contracción en los espacios de participación ciudadana en el ámbito del audiovisual: del non nato CEMA a la discutida CNMC", *Derecom*, nº 18, 2014.

GARCÍA LEIVA, M.T. "Política audiovisual europea y diversidad cultural en la era digital". *Comunicación y sociedad*, núm. 27, 2016.

GARCÍA LÓPEZ, J.L. "La CNMC y sus funciones de supervisión sobre los contenidos audiovisuales". (BOIX, A. y VIDAL, J.M. Coord.) *La nueva regulación del audiovisual: medios, derechos y libertades*. Thomson Reuters-Aranzadi, Cizur Menor, 2014.

GUICHOT, E. "La regulación de los contenidos en la Directiva de servicios de comunicación audiovisual y su transposición a España". *Revista de Derecho de la Unión Europea*, número 24, 2013; "El reconocimiento y desarrollo del derecho al olvido en el Derecho europeo y español", Revista de Administración Pública, núm. 209, 2019; "Introducción a la reforma y ámbito de aplicación de la LGCA", RGDA, núm. 63, Mayo (2023) Iustel.

GUICHOT, E. (Coord.) BOIX, A.; CARRILLO, J.A.; DE LA SIERRA, S.; VÁZQUEZ, V.J. *Derecho de la Comunicación*. Iustel, Madrid, 2022.

HARTCOURT, A. « Regulation for Media Concentration: The Emerging Policy of the European Union », Utilities Law Review, vol 7, issue 5, 1997.

JUARISTI-BESALDUCH, E. "Veracidad, alfabetización mediática y conciliación en la nueva LGCA: la autorregulación como instrumento al servicio de los principios generales de la comunicación audiovisual", RGDA, núm. 63, Mayo (2023) Iustel.

LAZKANO BROTÓNS, I "Pluralismo, transparencia de los prestadores y protección de la obra europea en la nueva Ley General de Comunicación Audiovisual", RGDA, núm. 63, Mayo (2023) Iustel.

LINDE, E.; VIDAL, J.M.; Y MEDINA, S. *Derecho Audiovisual*. Ed. Colex, Madrid, 2013.

LÓPEZ DE LERMA GALÁN, J., "El derecho a recibir información veraz en el sistema constitucional. El ejercicio profesional del periodismo como garantía democrática", Estudios de Deusto, vol. 66, núm. 2, 2018.

LÓPEZ GARRIDO, D. *Libertades económicas y derechos fundamentales en el sistema comunitario europeo*. Ed. Tecnos. Madrid 1986.

LOPEZ OLANO, C. "Las autoridades de regulación audiovisual en España. Panorámica y perspectiva del control de la pluralidad", *Miguel Hernández Comunication Journal*, nº 7, 2016.

MALARET, E y TIMÓN, M. "Las competencias de la CNMC en el sector audiovisual", *La Comisión Nacional de Mercados y la Competencia*, (Dir. M. Carlón), Civitas, Madrid, 2014.

MARTINEZ OTERO, J.M. *El ejercicio de la potestad sancionadora de la Administración en el ámbito audiovisual.* Tirant lo Blanch, Valencia, 2021; "Un nuevo marco regulador para el sector audiovisual en Europa: la Directiva 2018/1808 en el contexto de la convergencia mediática y el mercado único digital", *Revista de Derecho Comunitario Europeo,* nº 63, 2019; "Desafíos Para El Mantenimiento De Una Esfera Pública Democrática En La Sociedad Digital", Revista Chilena de Derecho y Ciencia Política, Vol. 11, núm.1, 2020; "El Régimen sancionador de la Ley 13/2022, de 7 de julio, General de la Comunicación Audiovisual". RGDA, núm. 63, Mayo (2023) Iustel.

MARZAL, J., LÓPEZ, C. Y SOLER, M. (ed.) *Participación ciudadana y medios de comunicación públicos.* Tirant Humanidades, Valencia 2021.

PALACIO, M., GARCIA CASTILLEJO, Á., TOMÁS, F., ZALLO, R., BOURDON, J., SCHUMANN, G., CAMPS, V., DEL CORRAL, J., BUSTAMENATE, E. *Cuaderno Central TELOS,* nº 68, julio-septiembre, 2006.

PAVANI, G. "Las autoridades audiovisuales en Europa como instrumento de garantía institucional. Una mirada comparada". *Revista española de Derecho Administrativo,* nº 161, enero/marzo 2014.

RALLO, A. *Pluralismo informativo y Constitución,* Ed. Tirant lo Blanch, Valencia, 2000.

RAMALLO LÓPEZ, F. "La evolución del derecho de acceso a la comunicación audiovisual de las personas con discapacidad sensorial y su concreción en la LGCA", RGDA, núm. 63, Mayo (2023) Iustel.

RAMONET, I. *La explosión del periodismo,* Ed. Clave Intelectual, Madrid, 2011

RESSA, M. *Cómo luchar contra un dictador ¿Qué estás dispuesto a sacrificar por tu futuro?* Ediciones Península, 2023.

SÁDABA, C. Y SALAVERRÍA, R., "Combatir la desinformación con alfabetización mediática: análisis de las tendencias en la Unión Europea", Revista Latina de Comunicación Social, núm. 81, 2022.

SERRANO MAILLO, I. y MARTÍNEZ- PASTOR, E. "Desafíos en la regulación de las plataformas de servicio de intercambio de vídeos: publicidad y menores", RGDA, núm. 63, Mayo (2023) Iustel.

SOLOZÁBAL ECHEVARRIA, J.J, "Aspectos constitucionales de la libertad de expresión y el derecho a la información", Revista Española de Derecho Constitucional, núm. 23, 1988.

SORIANO ARNANZ, A. "La protección de la dignidad y la igualdad de género en el ámbito de la comunicación audiovisual", RGDA, núm. 63, Mayo (2023) Iustel.

TORNOS, J. "El Consejo estatal de Medios Audiovisuales", *Estudios sobre la Ley general de Comunicación Audiovisual* (Coord. C. CHINCILLA y M. AZPITARTE), Thomson Reuters-Aranzadi, Cizur Menor, 2011.

TUR-VIÑES, V. "La protección de los menores en la ley general de comunicación audiovisual", RGDA, núm. 63, Mayo (2023) Iustel.

VALERO-PASTOR, J.M. (Coord.), Plataformas, consumo mediático y nuevas realidades digitales: hacia una perspectiva integradora, Dykinson, 2021.

VIDAL, J.M. y BOIX, A. "El marco constitucional y regulatorio de los medios de comunicación audiovisual en España" (BOIX, A. y VIDAL, J.M. Coord.) *La nueva regulación del audiovisual: medios, derechos y libertades.* Thomson Reuters-Aranzadi, Cizur Menor, 2014, págs. 27-42.

VIDAL, J.M. *Libertades informativas y medios de comunicación.* Tirant Humanidades, Valencia, 2019; "Pluralismo, concentración y libertad de los medios de comunicación en la Unión Europea". En Revista de Derecho de la Unión Europea, nº 24, 1er. semestre 2013; "Perspectiva jurídica sobre el derecho de acceso y la participación ciudadana en las decisiones sobre contenidos y programación de los medios de comunicación públicos". En *Participación ciudadana y medios de comunicación públicos.* Editores Marzal, J., López, C. y Soler, M. Ed. Tirant Humanidades, Valencia 2021; "Política y autoridades audiovisuales en la Ley 13/2022, de 7 de julio, General de Comunicación Audiovisual. Naturaleza y régimen jurídico. Análisis crítico". RGDA, núm. 63, Mayo (2023) Iustel.

ZALLO ELGUEZÁBAL, R. "El anteproyecto de la Ley General de Comunicación Audiovisual: una guía crítica de lectura", CIC. Cuadernos de Información y Comunicación, núm. 26, 2021.

tirant PRIME

Inteligencia jurídica
en expansión

Trabajamos para
mejorar el día a día
del **operador jurídico**

Adéntrese en el universo
de **soluciones jurídicas**

96 369 17 28

atencionalcliente@tirantonline.com

prime.tirant.com/es/